AMIGURUMIS

soft & cosy!

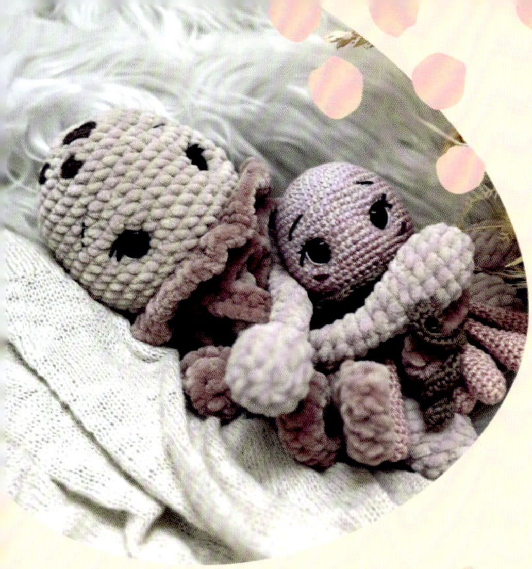

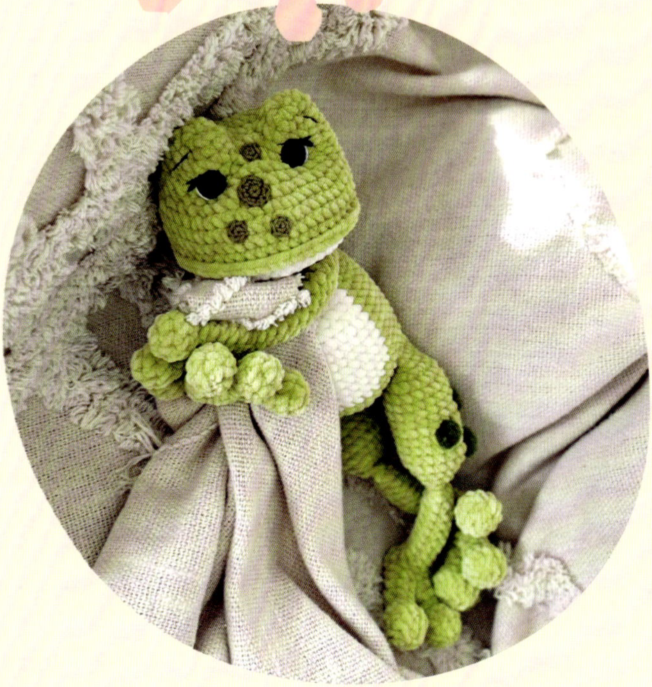

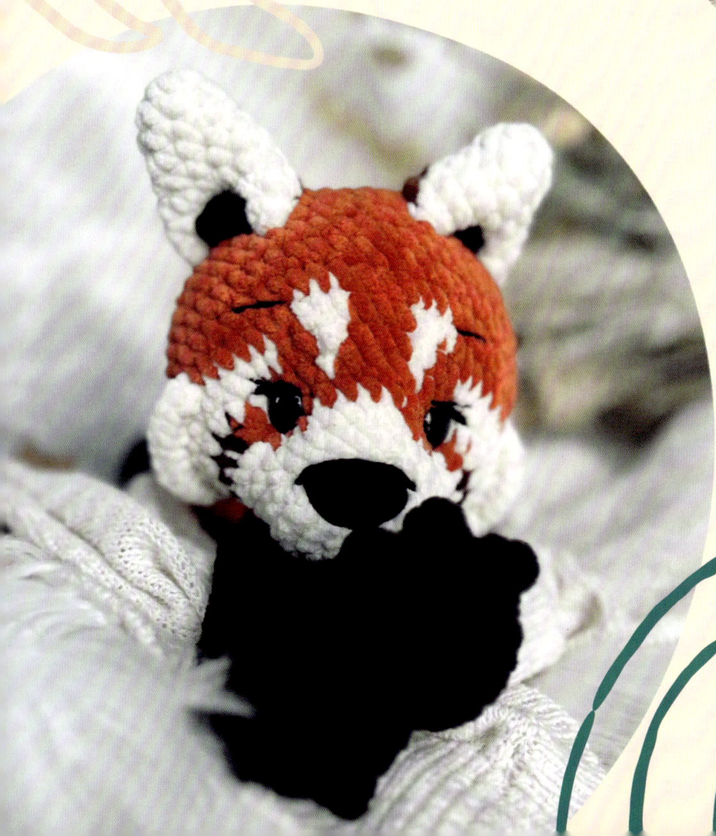

AMIGURUMIS

soft & cosy!

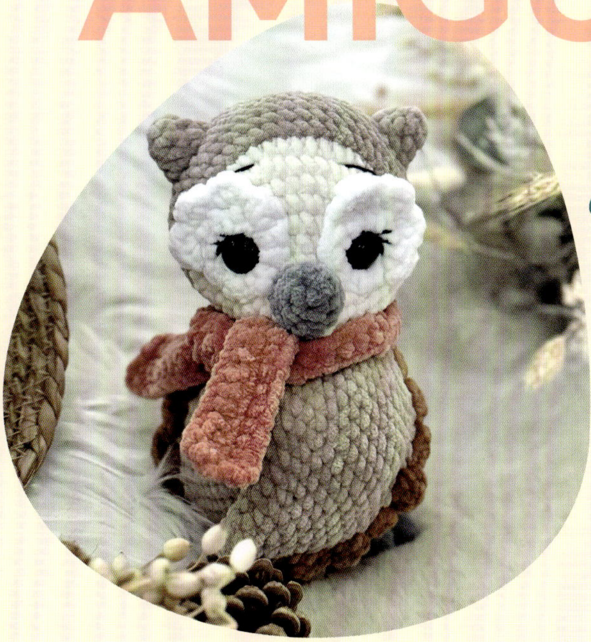

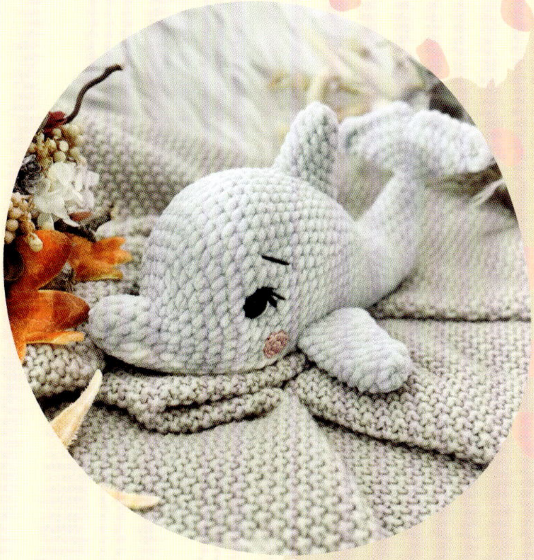

Annemarie Sichermann

EMF

EIN BUCH DER
EDITION MICHAEL FISCHER

Inhalt

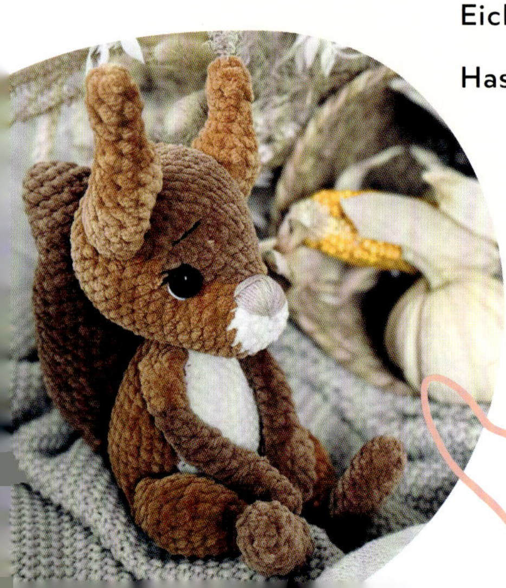

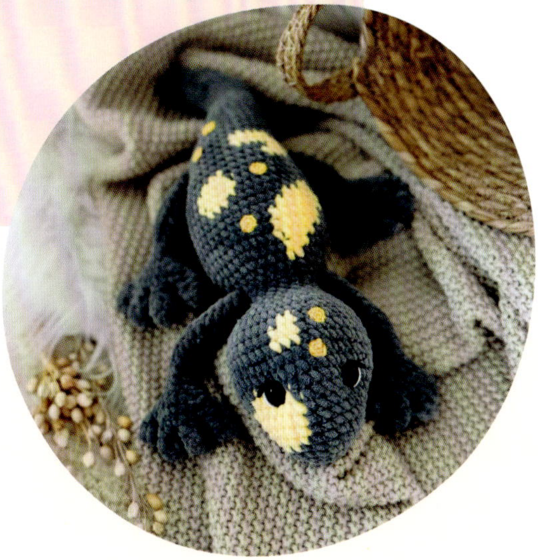

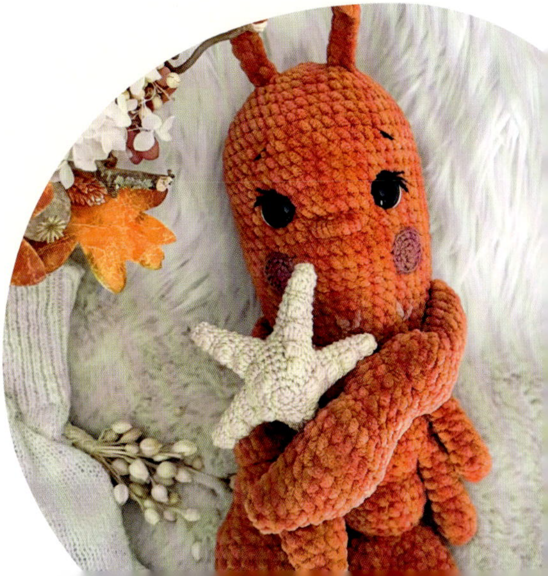

Vorwort

Hallo liebe*r Nadelkünstler*in,

ich heiße Annemarie, bin 32 Jahre alt und wohne zusammen mit meinem Mann Christian und meinen drei Kindern Tabea, Ben und Jan im schönen fränkischen Seenland. Hier haben wir uns ein Haus gebaut und genießen die schöne Lage direkt am See.

Ich bin gelernte Elektronikerin und habe lange nach dem richtigen Hobby gesucht, in dem ich meine Kreativität ausleben kann.

In meiner ersten Schwangerschaft 2016 habe ich auf Pinterest gestöbert und bin immer wieder auf süße Häkeltiere gestoßen. Ab da war für mich klar, dass ich das auch machen möchte. Beim Häkeln finde ich Ruhe und kann meine Gedanken direkt in süße Tiere umsetzen.

Unter dem Namen *@nadelkunst.handmade* findest du auf Instagram alle meine Werke. Da sie so schnell auch andere begeisterten, habe ich 2020 dann mein Kleingewerbe angemeldet und schreibe seitdem Anleitungen, von denen du einige auch in meinem ersten Buch „Amigurumis small & sweet" findest.

Neben den Anleitungen habe ich mich auch mit der Spielzeugsicherheit beschäftigt und verkaufe einige meiner Tiere als fertiges Produkt. Es vergeht kaum ein Tag, an dem ich meine Häkelnadel nicht in der Hand halte.

Ich freue mich sehr darüber, dass du Interesse an meinem zweiten Buch hast. Vielleicht kennst du mein erstes ja auch schon? Nun geht es in die zweite Runde und die Vielfalt der Wasser- und Landtiere wird in kuschelig fortgeführt. Das Chenillegarn gehört zu meinen liebsten Garnarten, weswegen ich sehr viel Spaß am Design der Tiere hatte. Ich hoffe, du hast genauso viel Spaß beim Häkeln!

Verlinke mich auf Instagram gerne auf deinen Arbeiten und verwende den *#softandcosy*, damit ich auf deine Fotos aufmerksam werde.

Deine Anne,

NADELKUNSTHANDMADE

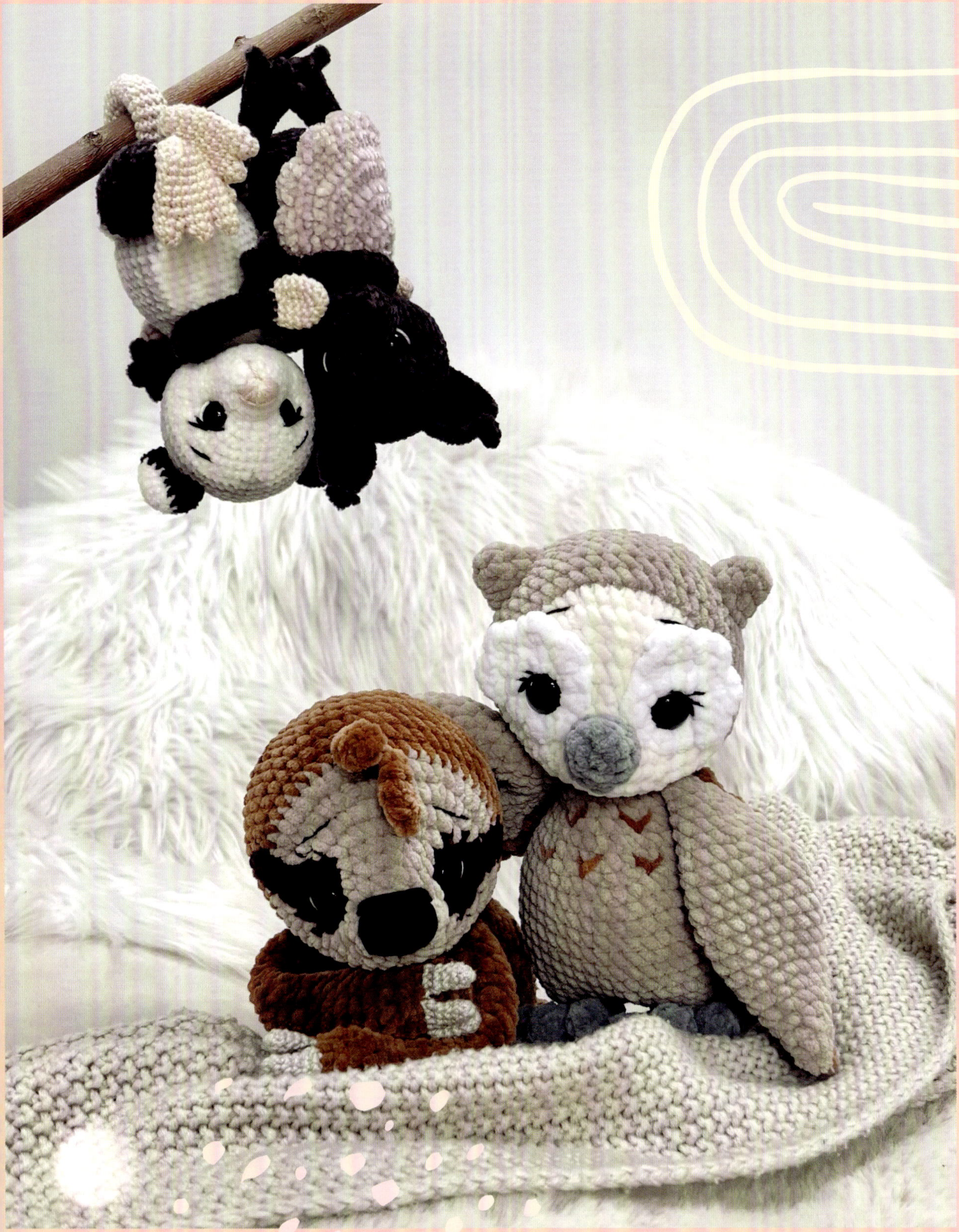

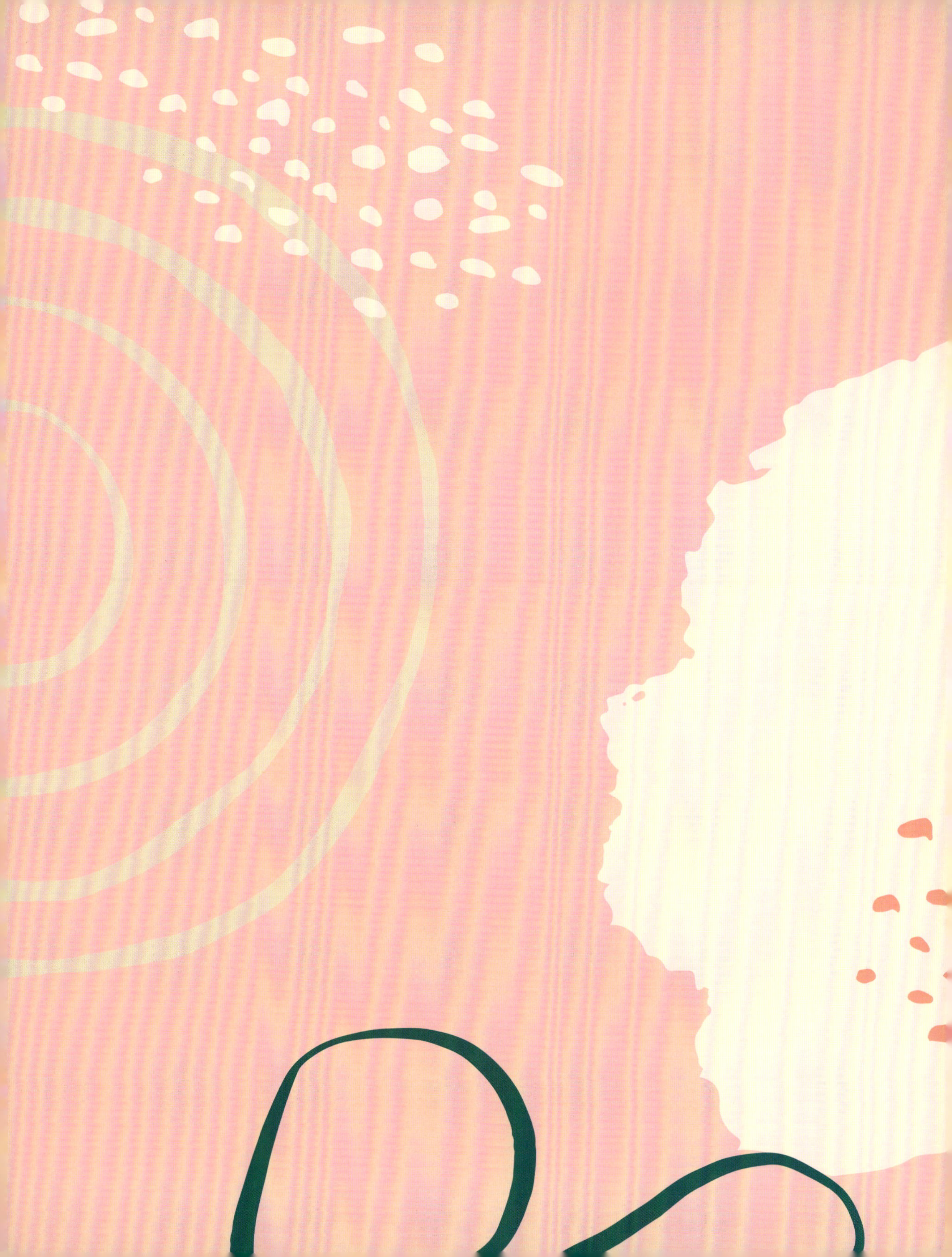

GRUNDLAGEN

Grundlagen

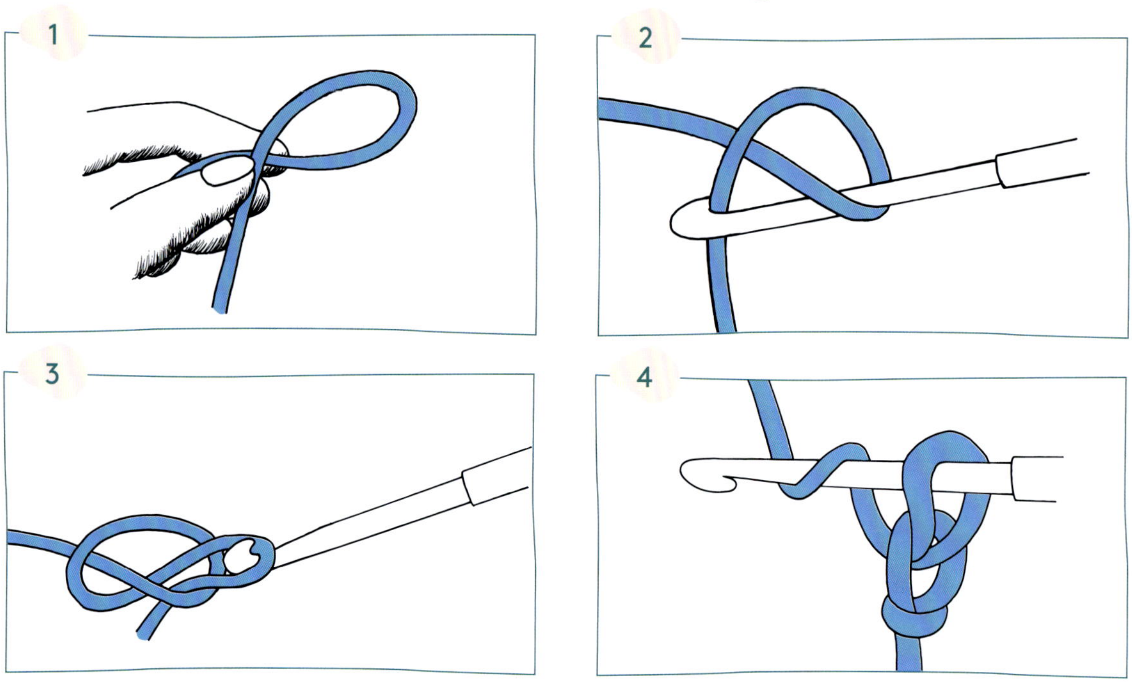

Luftmaschen anschlagen

1. Lege den Faden zu einer Schlinge und fixiere ihn mithilfe deines Daumens und Zeigefingers. Der Arbeitsfaden befindet sich unten.
2. Stich nun mit der Nadel durch die Schlaufe und hole den Faden durch die Öffnung.
3. Ziehe die so entstandene Schlaufe leicht fest, indem du an beiden Fäden, dem Fadenende und dem Arbeitsfaden, ziehst. So entsteht die Anfangsschlinge, in die du nun weitere Luftmaschen häkeln kannst.
4. Um weitere Luftmaschen anzuschlagen, die Anfangsschlinge gut festhalten, mit der Nadel durch die Schlinge stechen, den Faden holen und wieder durch die Schlinge ziehen. So oft wie nötig wiederholen.

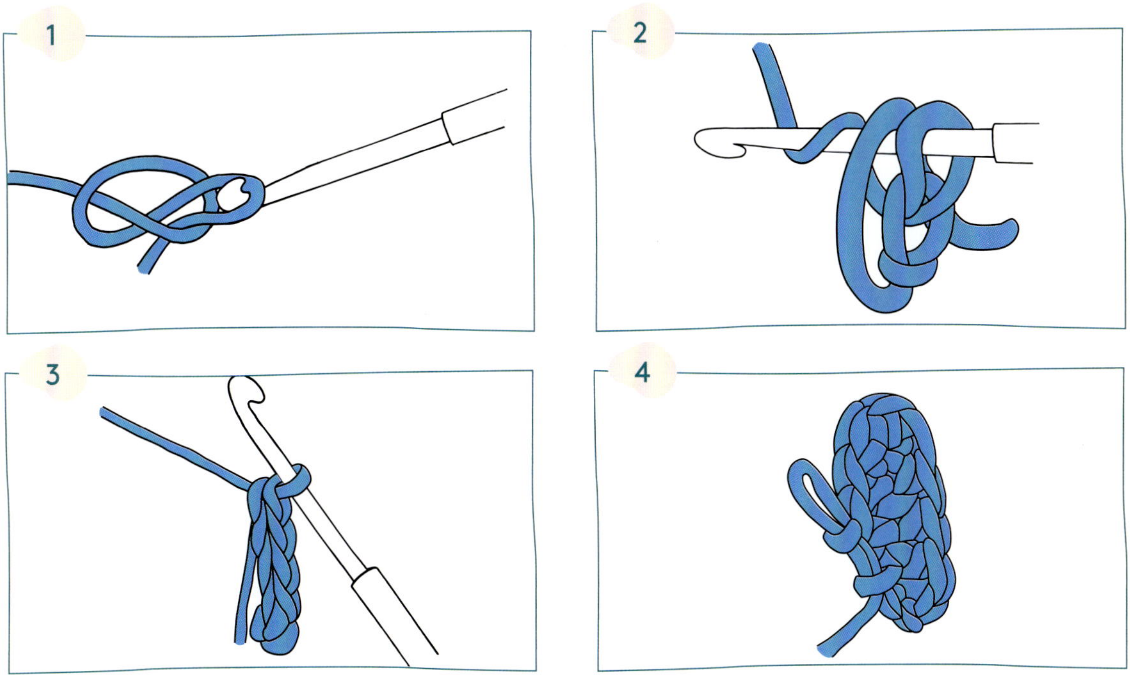

Doppelte Luftmaschenkette

1. Bei der doppelten Luftmaschenkette kannst du beide Seiten mit festen Maschen behäkeln. Beginne mit einer einfachen Anfangsschlinge.
2. Nun legst du den bereits abgeschnittenen Faden (nicht den Anfangsfaden, mit dem du sonst weiterhäkeln würdest!) einmal um die Nadel und holst den Faden durch beide Schlingen auf der Nadel.
3. Lege den abgeschnittenen Faden erneut um die Häkelnadel und hole den Faden wieder durch beide Schlingen. Wiederhole diesen Schritt so oft wie in der Anleitung beschrieben. So sieht deine Luftmaschenkette nun aus.
4. Stich in die erste Masche ab der Nadel ein und häkle feste Maschen. Du kannst im Oval beide Seiten der Luftmaschenkette entlanghäkeln.

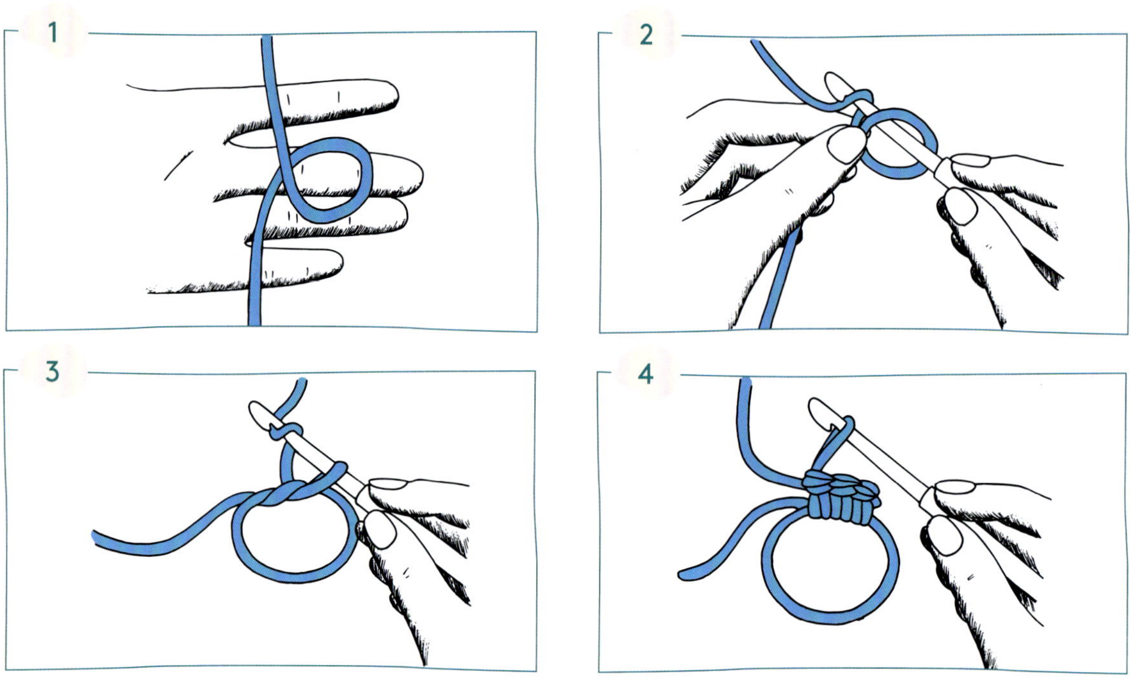

Fadenring

1. Bilde mit dem Garn eine Schlaufe, wobei das Ende des Fadens nach unten zeigt. Lege den Rest des Garnes nach hinten über den Zeigefinger und fixiere das Garn zwischen Ring- und Mittelfinger.
2. Halte die Schlaufe mit dem Daumen und dem Zeigefinger fest, führe die Nadel durch die Schlaufe, hole den Faden und ziehe diesen durch die Schlaufe.
3. Hole den Arbeitsfaden erneut und ziehe ihn durch die Schlinge. So wird der Ring fixiert.
4. Ab jetzt können die Maschen wie gewohnt gehäkelt werden. Stich dabei immer um den Ring herum, nicht in die Schlaufen des Ringes hinein. Sind alle Maschen gehäkelt, kann der Ring durch Ziehen am Fadenende zusammengezogen werden.

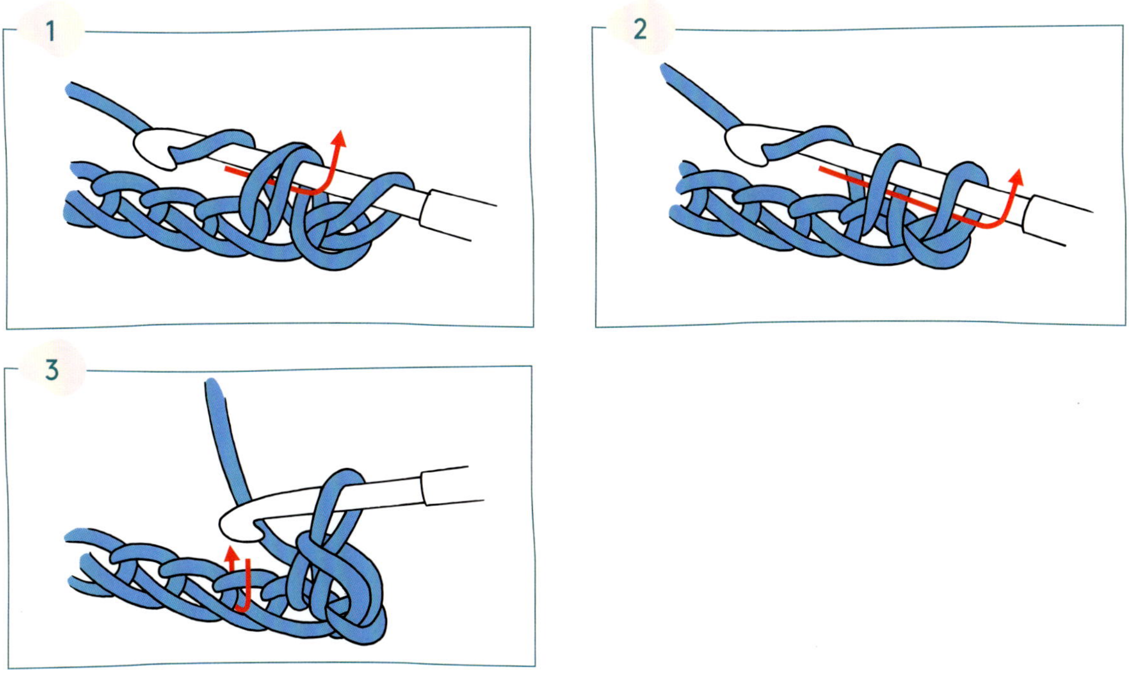

Feste Masche

1. Stich mit der Nadel durch die folgende Masche und hole den Faden. Es befinden sich nun zwei Schlingen auf der Nadel.
2. Hole den Arbeitsfaden erneut und ziehe ihn durch beide Schlingen auf der Nadel. Nun ist die erste feste Masche entstanden.
3. In die nächste Einstichstelle stechen und den Vorgang wiederholen.

TIPP **Ich häkle alle meine festen Maschen mit x-Maschen (siehe S. 21).**

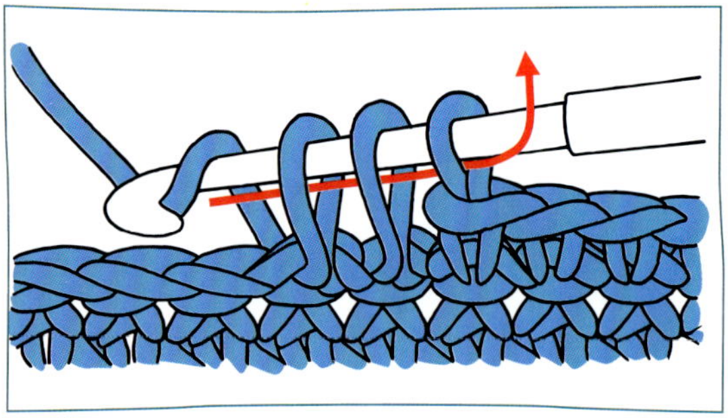

Feste Maschen abnehmen

Um Maschen abzunehmen, werden diese zusammen abgemascht. Bei festen Maschen wie folgt vorgehen: Die Nadel wie beim Häkeln einer festen Masche durch die folgende Masche ziehen und den Faden holen, diese feste Masche jedoch nicht beenden. Nun in die folgende Masche einstechen und erneut den Faden holen. Es liegen drei Schlingen auf der Nadel. Den Faden erneut holen und durch alle drei Schlingen ziehen. Die Maschenzahl hat sich somit um eine feste Masche verringert.

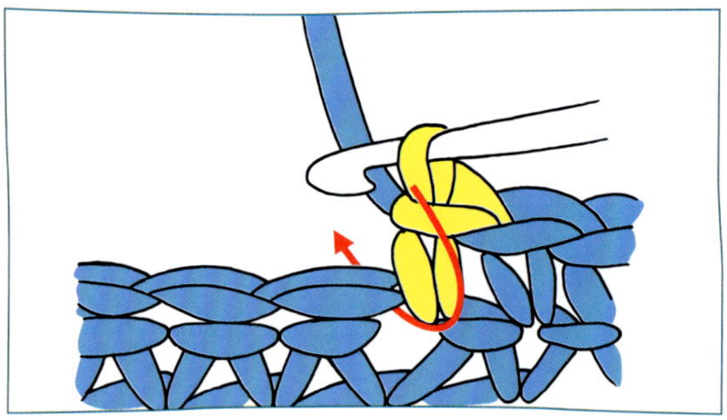

Maschen zunehmen

Um Maschen jeglicher Art zu verdoppeln, wird einfach in eine Einstichstelle zweimal eingestochen. Die Masche dann wie gewohnt häkeln.

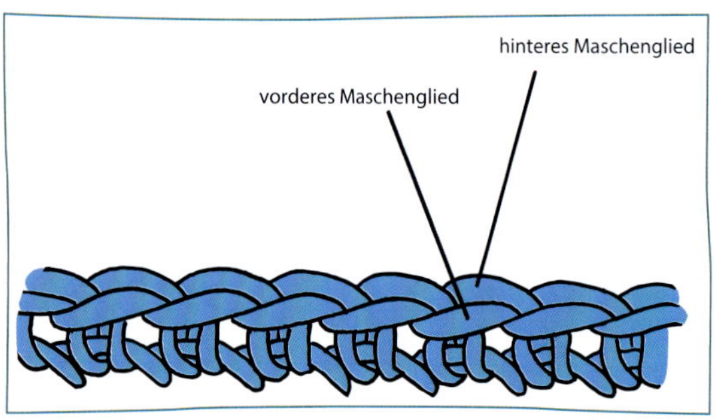

Maschenglieder

Bei manchen Anleitungen wird angegeben, dass man nur in ein Maschenglied häkeln soll. Diese Illustration verdeutlicht, wo sich das vordere bzw. das hintere Maschenglied befindet.

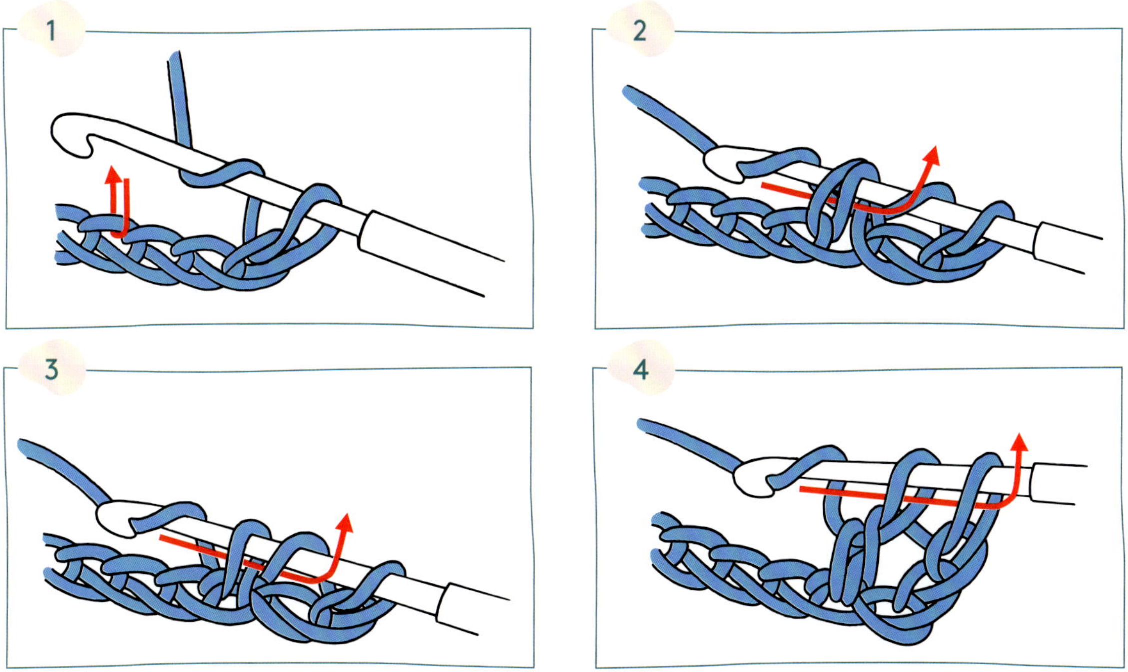

Stäbchen

1. Lege den Faden einmal um die Nadel (Umschlag). Stich dann in die folgende Masche ein…
2. … und hole den Faden. Es befinden sich nun drei Schlingen auf der Nadel.
3. Hole den Faden erneut und ziehe ihn durch die ersten beiden Schlingen auf der Nadel. Es liegen nun noch zwei Schlingen auf der Nadel.
4. Den Faden wieder holen und durch die letzten beiden Schlingen ziehen. Nun ist das erste Stäbchen entstanden.

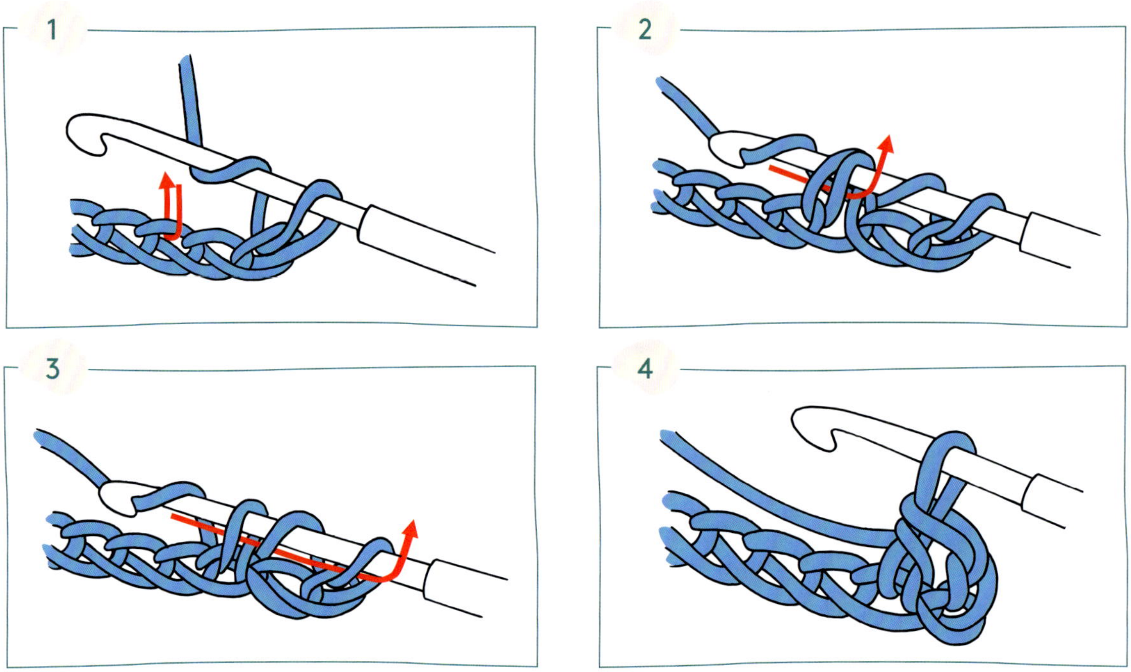

Halbe Stäbchen

1. Lege den Faden einmal um die Nadel (mache einen Umschlag). Stich dann in die folgende Masche ein …
2. … und hole den Faden. Es befinden sich dann drei Schlingen auf der Nadel.
3. Hole den Faden erneut und ziehe ihn durch alle drei auf der Nadel befindlichen Schlingen.
4. So sieht das fertige halbe Stäbchen aus.

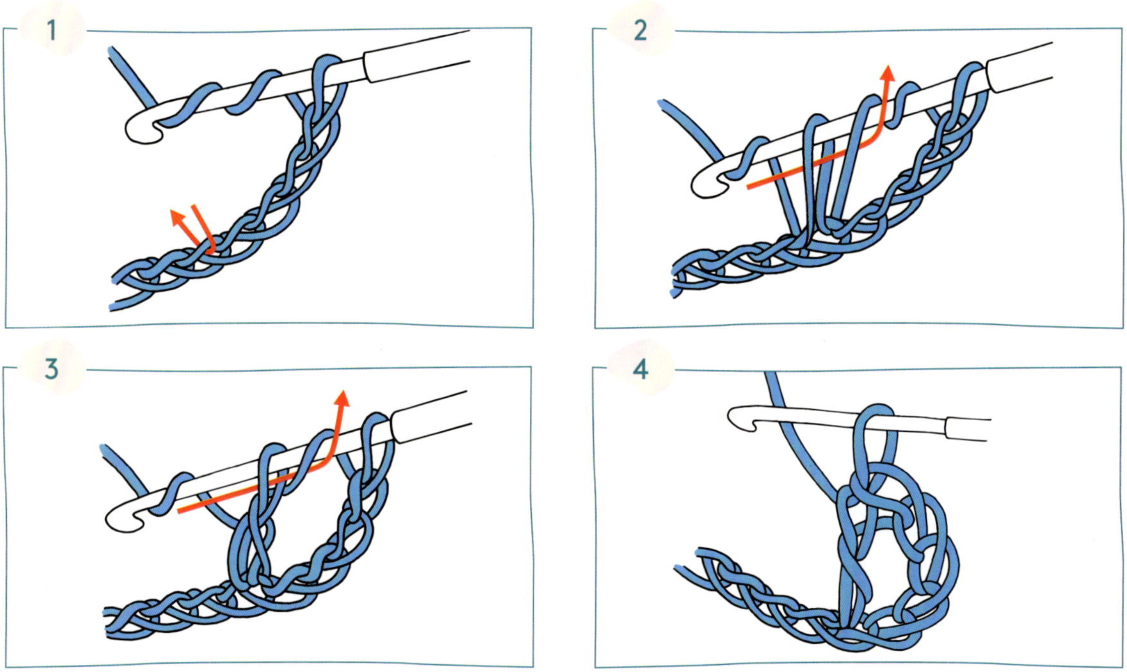

Doppelstäbchen

1. Lege den Faden zweimal um die Nadel und stich dann in die folgende Masche ein und hole den Faden. Es liegen nun vier Schlingen auf der Nadel.
2. Hole den Faden erneut und ziehe ihn durch die ersten beiden Schlingen auf der Nadel. Es liegen dann noch drei Schlingen auf der Nadel.
3. Hole erneut den Faden und ziehe ihn durch die ersten beiden Schlingen auf der Nadel. Es liegen dann nur noch zwei Schlingen auf der Nadel.
4. Hole den Faden erneut und ziehe ihn nun noch durch die letzten beiden Schlingen. Fertig ist das Doppelstäbchen.

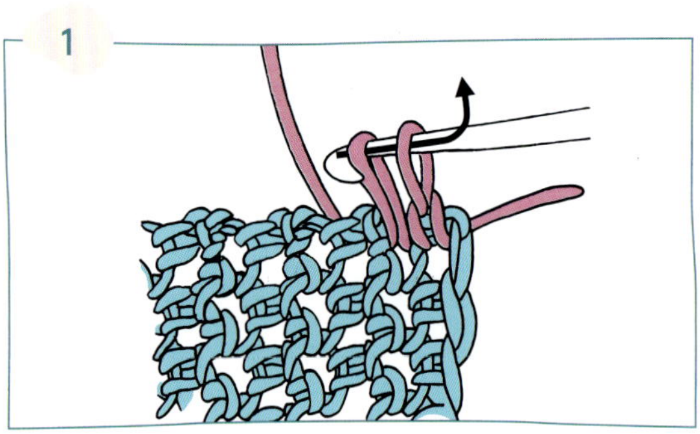

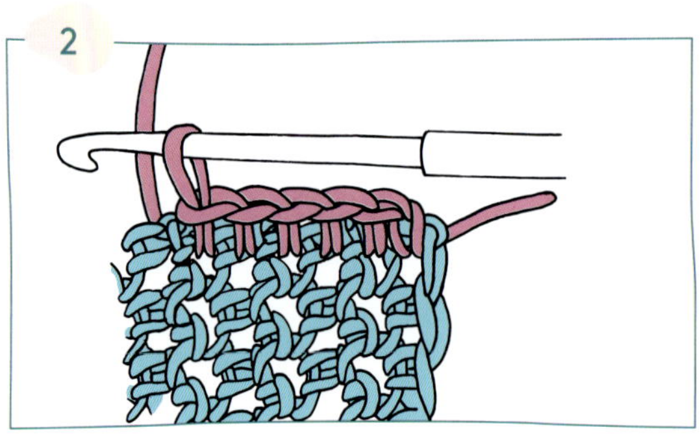

Kettmasche

Kettmaschen sind sehr vielfältig. Sie werden nicht nur verwendet, um Kanten zu verzieren, mit ihnen schließt man auch Runden.

1. Um eine Kante zu verzieren, schlinge den Faden an einer Kante des Häkelstücks an. Stich unterhalb der Wendeluftmasche in die folgende Reihe ein, hole den Faden zur Schlinge und ziehe ihn durch die Schlaufe.

2. So sieht eine mit Kettmaschen verzierte Abschlusskante aus.

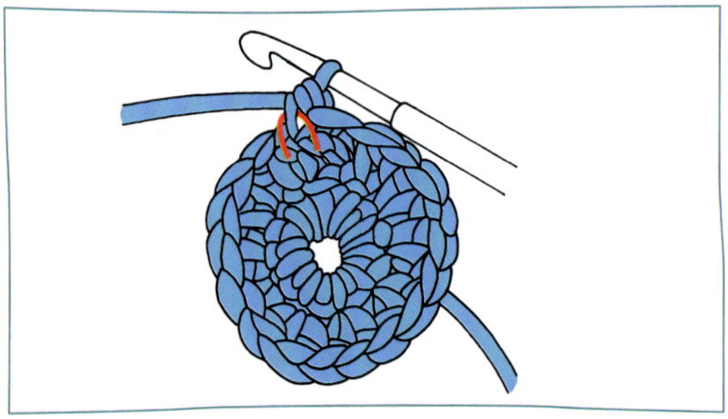

Spiralrunden

Wird in Spiralrunden gehäkelt, so wird am Ende der Runde keine Kettmasche und am Anfang der Runde keine Luftmasche gehäkelt. Die Runde läuft also einfach schneckenförmig weiter. Du kannst dir den Anfang der Runde mit einem Faden, einem Maschenmarkierer oder einer Sicherheitsnadel markieren. Das erleichtert das Zählen der Maschen.

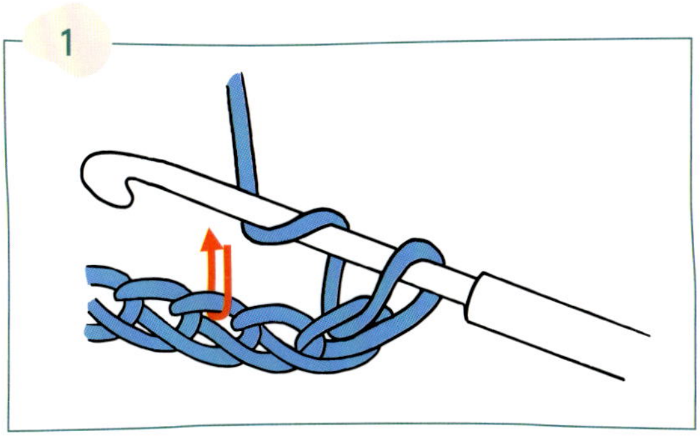

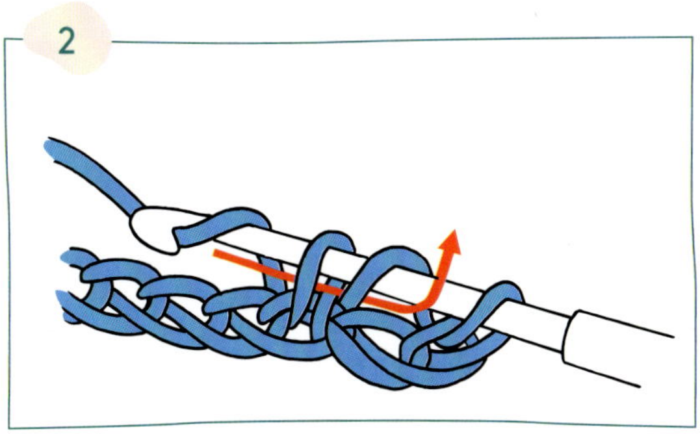

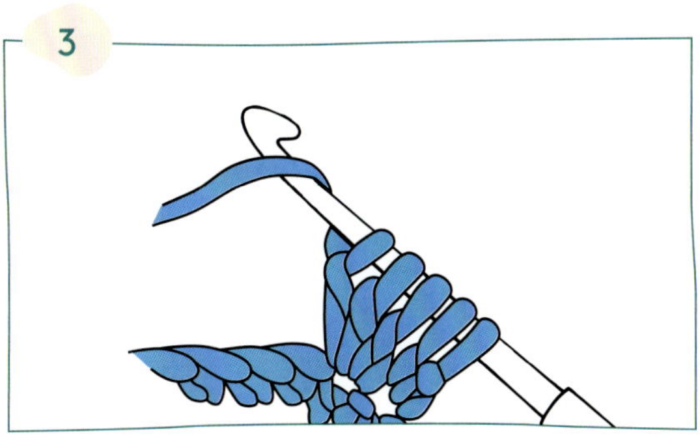

Popcornmasche

1. Lege den Faden um die Nadel (Umschlag), stich dann in die folgende Masche ein und hole den Faden. Es befinden sich drei Schlingen auf der Nadel.
2. Hole den Faden erneut und ziehe ihn durch zwei der Schlingen auf der Nadel. Es befinden sich zwei Schlingen auf der Nadel.
3. Wiederhole die Schritte 1 und 2 immer in dieselbe Masche, bis du insgesamt 5 Schlingen auf der Nadel hast. Hole dann den Faden und zieh ihn durch alle fünf Maschen auf der Nadel. Die fertige Popcornmasche kannst du jetzt noch mit einer festen Masche fixieren.

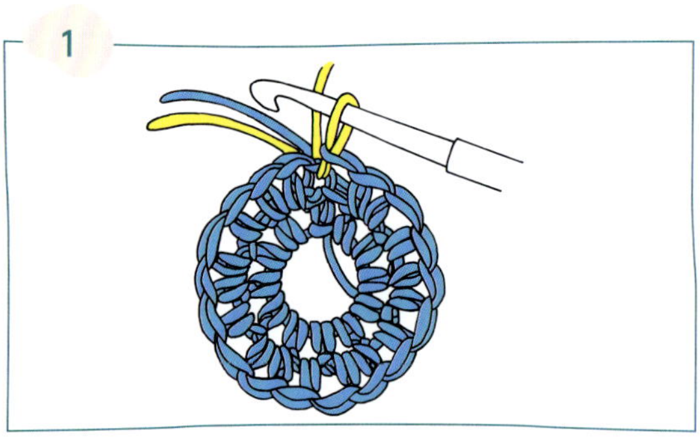

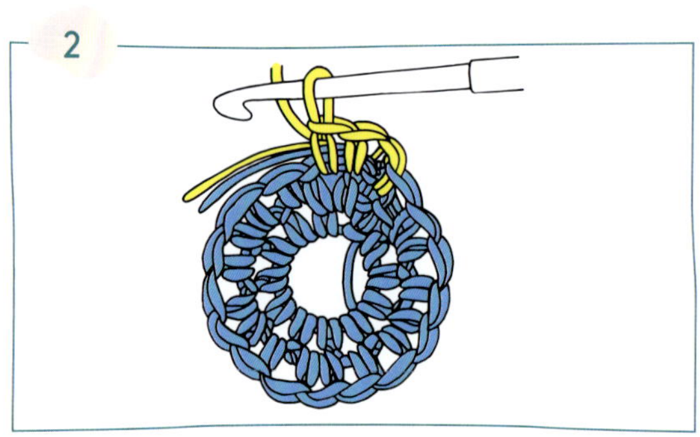

Farbwechsel

1. Für einen Farbwechsel stichst du in die nächste Masche ein, die schon die neue Farbe haben soll. Hole den Faden in der neuen Garnfarbe. Du hast nun zwei unterschiedlichfarbige Schlingen auf der Nadel. Den Faden in der alten Farbe kannst du abschneiden und entweder bei den folgenden Maschen mit einhäkeln, oder später vernähen.

2. Nun häkelst du deine feste Masche wie gewohnt: Hole den Faden (in der neuen Farbe) erneut und ziehe ihn durch beide Schlingen. Jetzt kannst du weiterhäkeln, wie in der Anleitung angegeben.

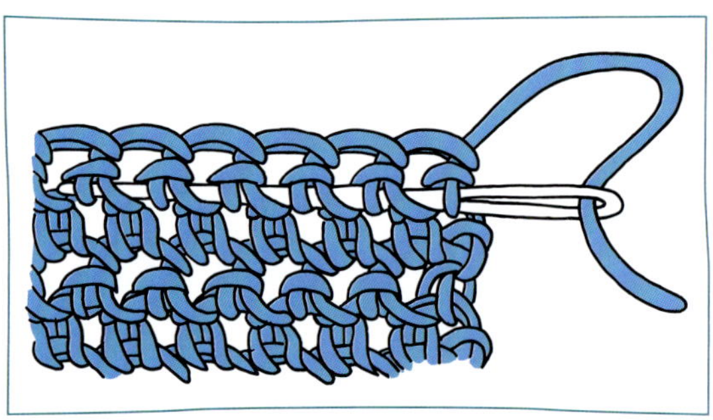

Fäden vernähen

Um Fäden unsichtbar zu vernähen, fädle den Endfaden in eine Stopfnadel und ziehe die Nadel durch die Maschen auf der Rückseite deiner Arbeit. Schneide den Faden im Anschluss ab.

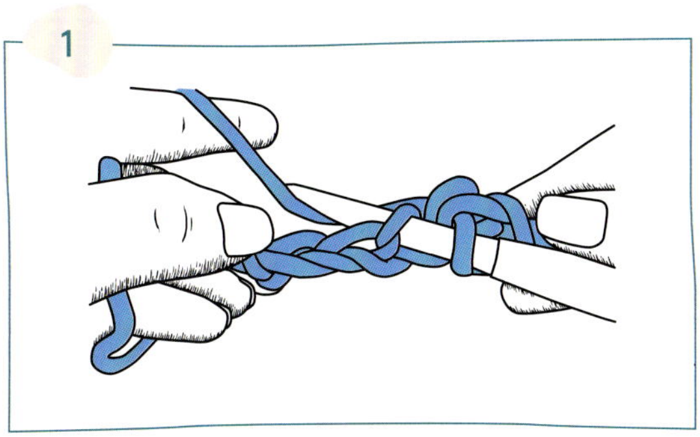

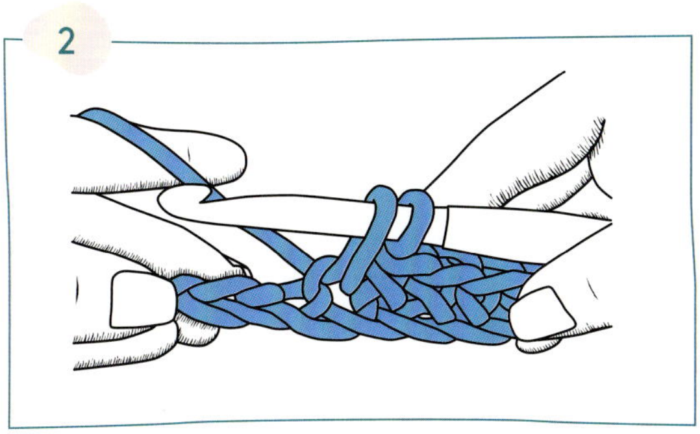

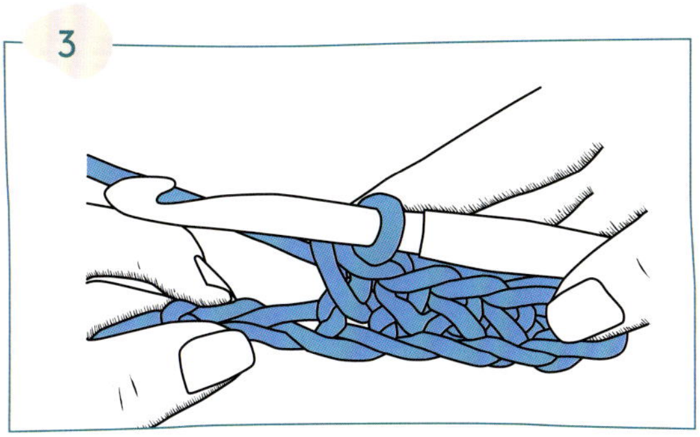

x-Masche

1. Eine umgedrehte feste Masche. Stich mit der Nadel durch die folgende Masche und hole den Faden von links. Der Faden befindet sich dabei unter der Häkelnadel. Ziehe nun den Faden durch.
2. Es befinden sich nun zwei Schlingen auf der Nadel.
3. Hole den Arbeitsfaden erneut und ziehe ihn durch beide Schlingen auf der Nadel. Nun ist die erste x-Masche entstanden.

Abkürzungen

abn/Abn	abnehmen/Abnahme(n)
dLmk	doppelte Luftmaschenkette
dStb	doppelte(s) Stäbchen
Fb	Farbe(n)
fM	feste Masche(n)
hStb	halbe(s) Stäbchen
ihM	ins hintere Maschenglied
ivM	ins vordere Maschenglied
Km	Kettmasche(n)
LL	Lauflänge
Lm	Luftmasche(n)
Lmk	Luftmaschenkette
M	Masche(n)
Mg	Maschenglied(er)
pop	Popcornmasche(n)
R	Reihe(n)
Rd	Runde(n)
Stb	Stäbchen
überspr	überspringen
wdh	wiederholen
zun/Zun	zunehmen/Zunahme(n)
*	ab hier die Anweisung noch so oft wiederholen wie angegeben

Schwierigkeitsgrade

leicht

mittel

schwer

Gesichter gestalten

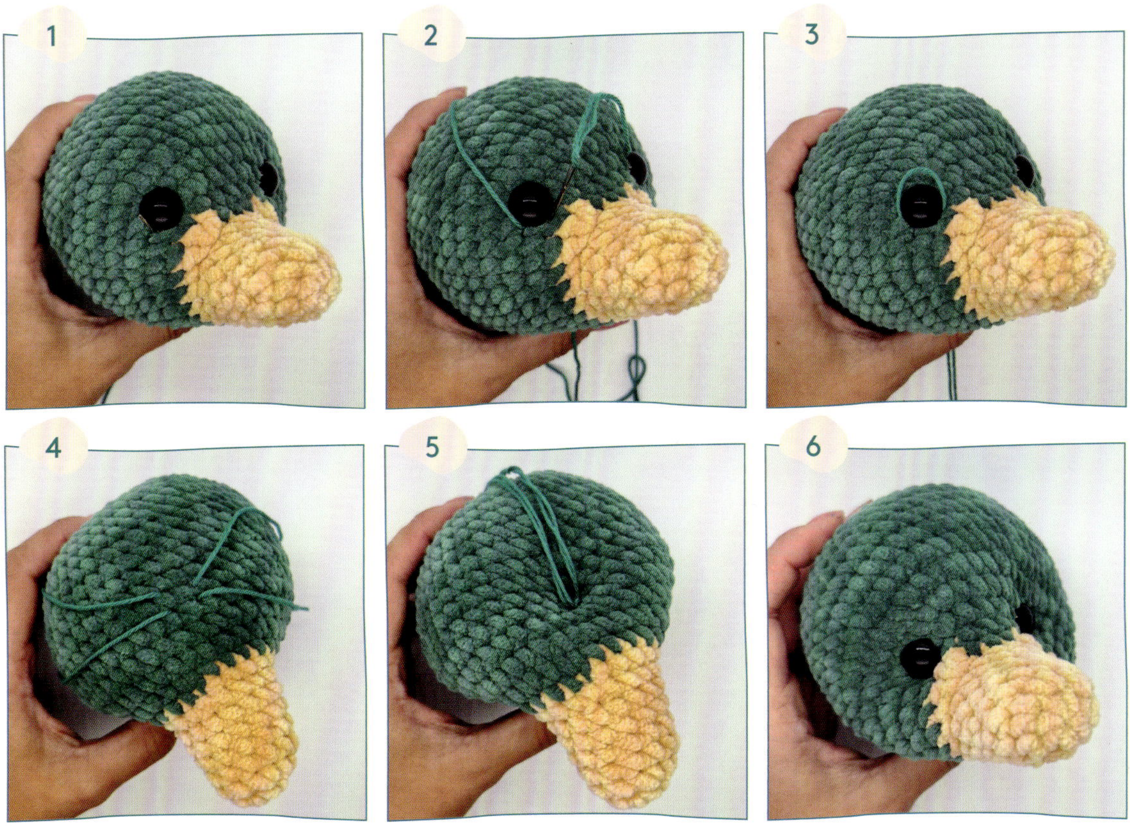

Augen vertiefen

Um die Augen deines Tieres zu vertiefen, nimmst du dir einen Baumwollfaden in einer passenden Farbe. Stich von unten (da, wo der Körper später angenäht wird) ein und komme so nah wie möglich am Auge unten wieder raus. Lege eine Schlaufe um das Auge und gehe unten am Auge wieder zurück zum Hals. Das Gleiche wiederholst du auf der anderen Seite. Verknote die vier Fäden fest, sodass sich das Gesicht schön formt. Die Fäden kannst du entweder vernähen, oder im Inneren des Körper verstecken.

7

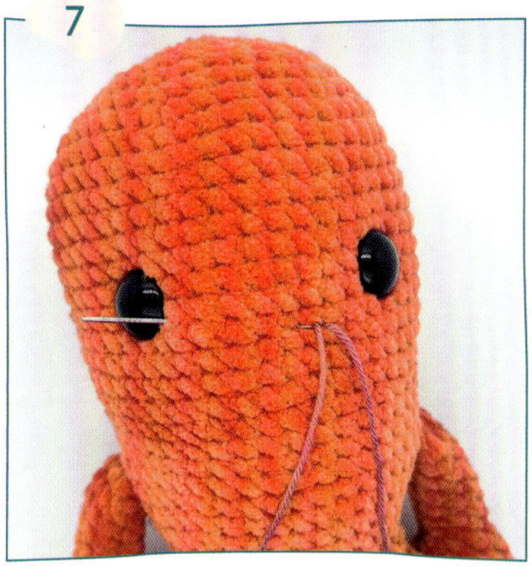

8

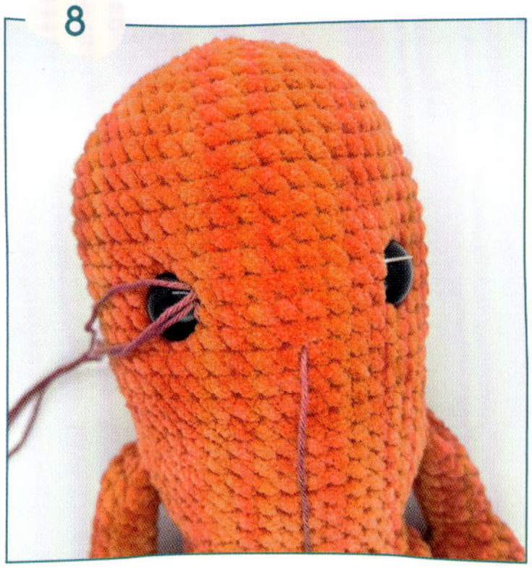

9

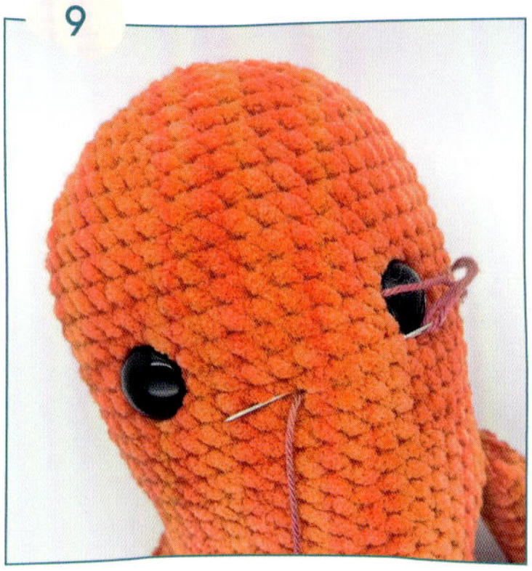

10

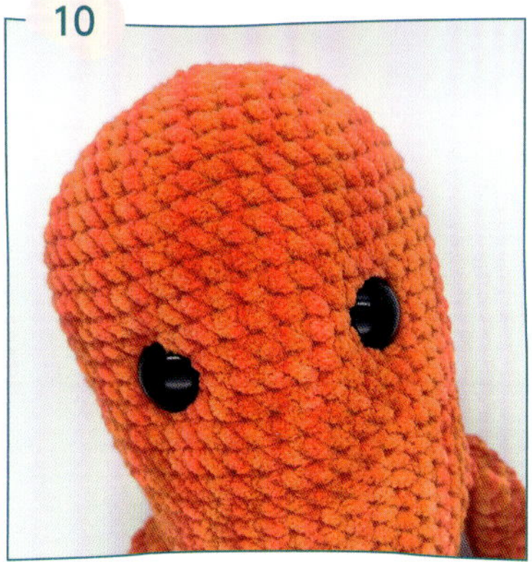

Bei Tieren, bei denen der Kopf nicht angenäht werden muss, kannst du einfach mit einem Baumwollfaden zwischen den Augen einstechen. Dann gehst du mit deinem Faden zum Innenwinkel vom ersten Auge, stichst eine Masche versetzt ein und gehst zum anderen Auge. Wieder eine Masche versetzt gehst du mit dem Faden zurück zum Anfangspunkt. Ziehe die Fäden so fest, dass die Augen eine schöne Vertiefung haben. Verknote die Fäden mehrmals und ziehe sie nach innen.

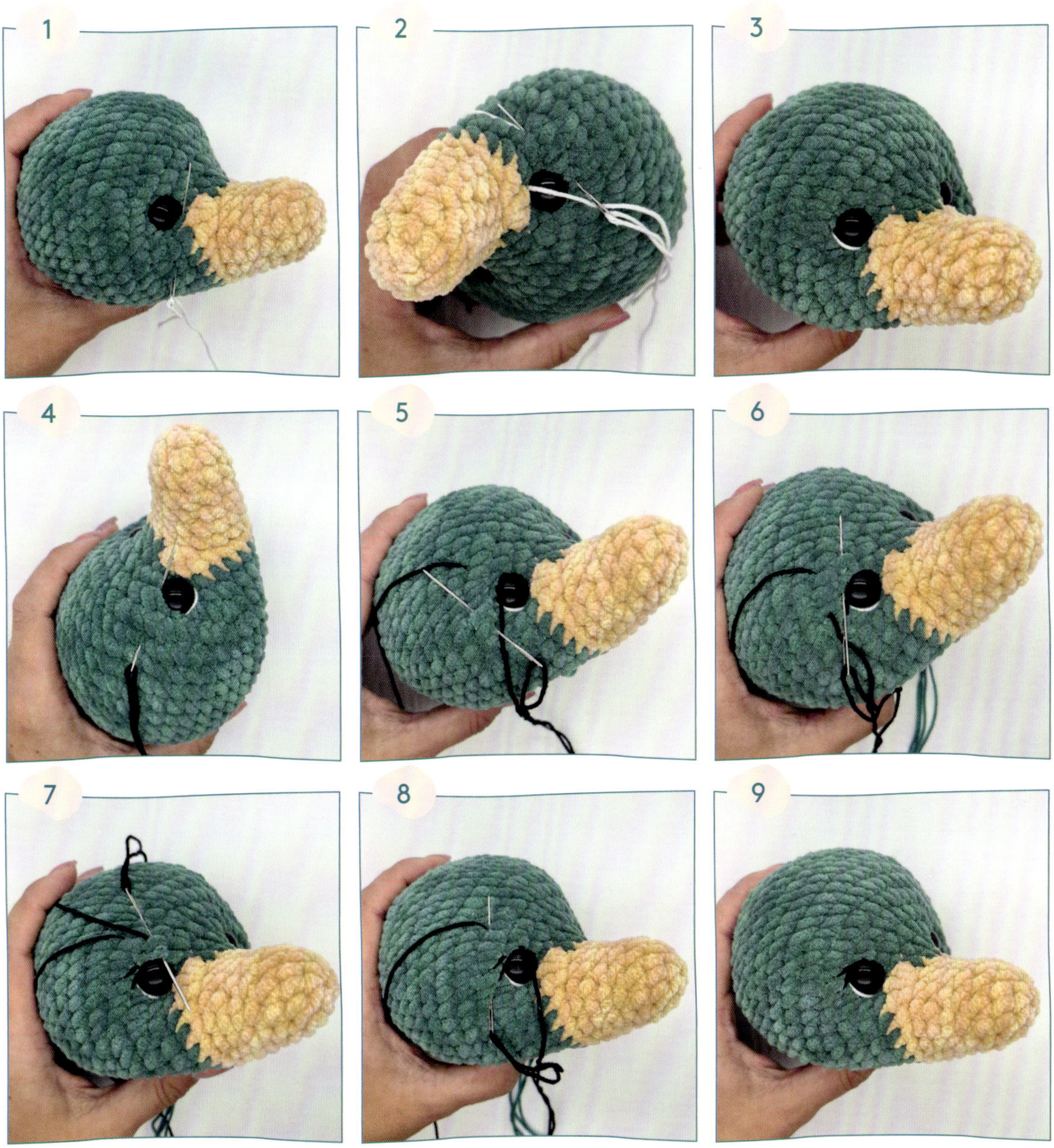

Augendetails aufsticken

Für die Details an den Augen nimmst du dir zuerst ein weißes Baumwollgarn und stickst es über das untere Drittel des Auges. Danach gehst du mit einem schwarzen Garn über dem Auge entlang.

Wie du die Brauen aufstrickst, zeige ich dir auf Seite 26. Verknote zum Schluss immer den Anfangs- und Endfaden miteinander und ziehe sie nach innen.

1

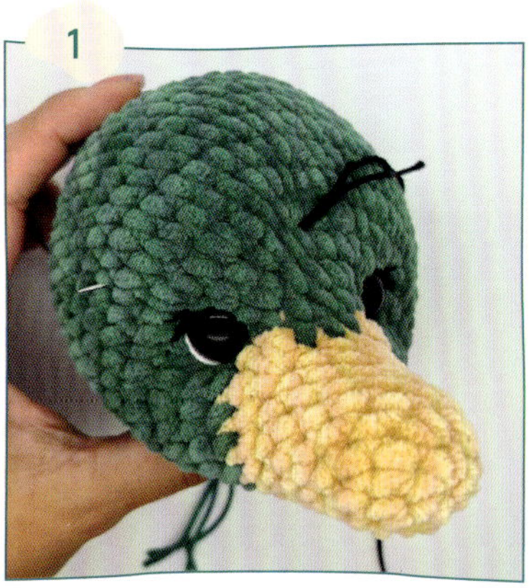

2

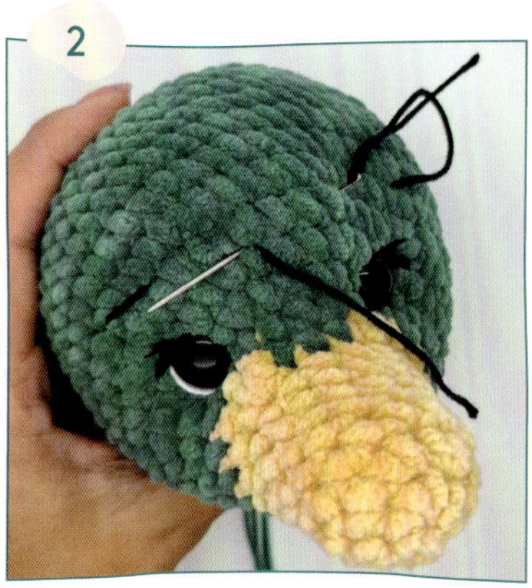

3

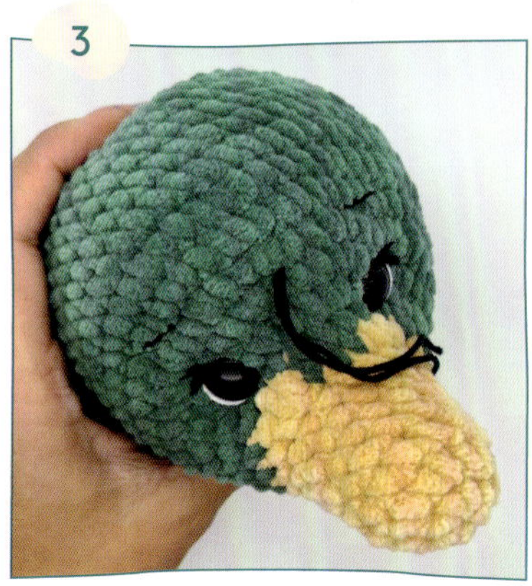

4

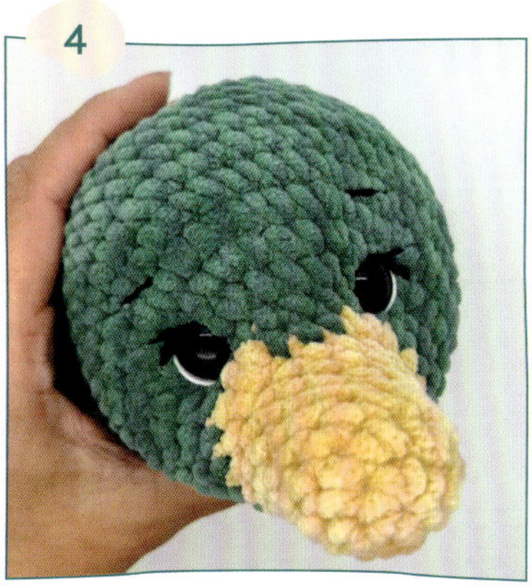

Augenbrauen aufsticken

Sticke die Augenbrauen in einer Farbe nach Wahl (hier Schwarz) auf.
Stich zwischen den Augen ein und komme zwei Runden über dem ersten Auge wieder raus. Jetzt führst du die Nadel über 3–4 Maschen nach rechts und eine Runde nach vorn versetzt zum zweiten Auge. Du hast zwei Runden Abstand zum Auge. Stich über 3–4 Maschen und eine Runde nach vorne versetzt zum Anfangspunkt zurück. Achte darauf, dass die Brauen nicht zu fest und nicht zu locker sind. Den Anfangs- und Endfaden verknotest du mehrmals miteinander und ziehst sie nach innen.

Körperteile anhäkeln

In fast allen Anleitungen, die du im Buch findest, werden die Arme, Beine und der Schwanz direkt mit angehäkelt. Dabei stichst du mit deiner Häkelnadel immer durch beide Maschen (z. B. von Arm und Körper). Den Endfaden kannst du entweder vernähen, oder du häkelst ihn einfach mit ein.

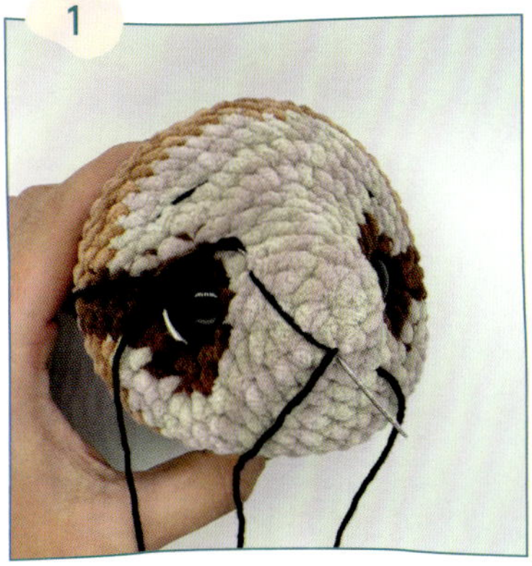

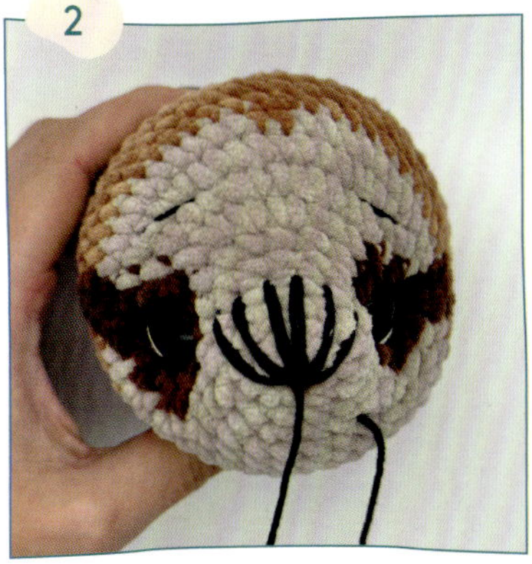

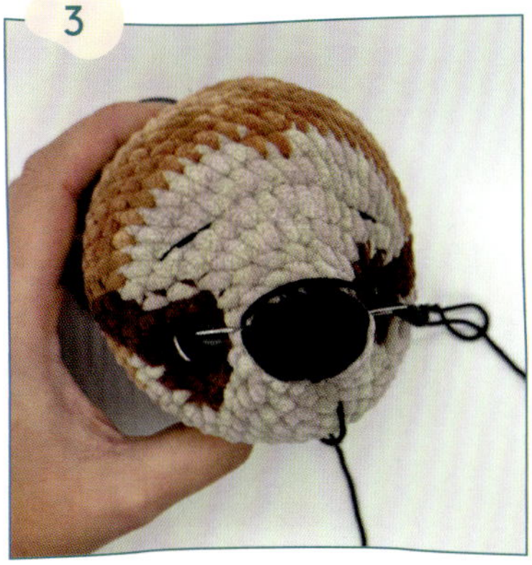

Nase aufsticken

Die Nase stickst du bei fast allen Tieren gleich auf. Nimm dir dafür ein Baumwollgarn in der Farbe deiner Wahl. Stich in eine beliebige Masche der Schnauze ein und lass den Faden schön lang. Jetzt suchst du dir die richtige Position für die Nase und stickst immer wieder von oben nach unten. Bilde dabei ein Dreieck. Die Ausstichstelle bleibt immer gleich. Wenn du zufrieden bist, gehst du mit deinem Faden zwei- bis dreimal über der Nase entlang. Zum Schluss kannst du noch einen kleinen Steg sticken. Verknote den Anfangs- und Endfaden miteinander und ziehe sie nach innen.

Das solltest du wissen

- Ich häkle alle meine Tiere mit x-Maschen (siehe S. 21 – die sind ein bisschen fester als normale feste Maschen). Alle Anleitungen wurden von mir und meinem Team sorgfältig getestet. Trotzdem kann es sein, dass sich die Position von Armen und Beinen mal verschiebt. Diese kannst du dann einfach durch mehr oder weniger feste Maschen in den jeweiligen Runden etwas anpassen.
- Die Größe deiner Häkelfiguren kann durch die Nadelstärke, die du verwendest, die Garnart und je nachdem, wie fest du häkelst, variieren. Behalte diese Info im Hinterkopf und passe gegebenenfalls die Größe deiner Sicherheitsaugen an.
- Bei den Anleitungen, bei denen auch eine kleinere Version des Tiers auf dem Foto zu sehen ist, wurde diese nach derselben Anleitung mit feinerer Wolle und einer kleineren Nadel gehäkelt

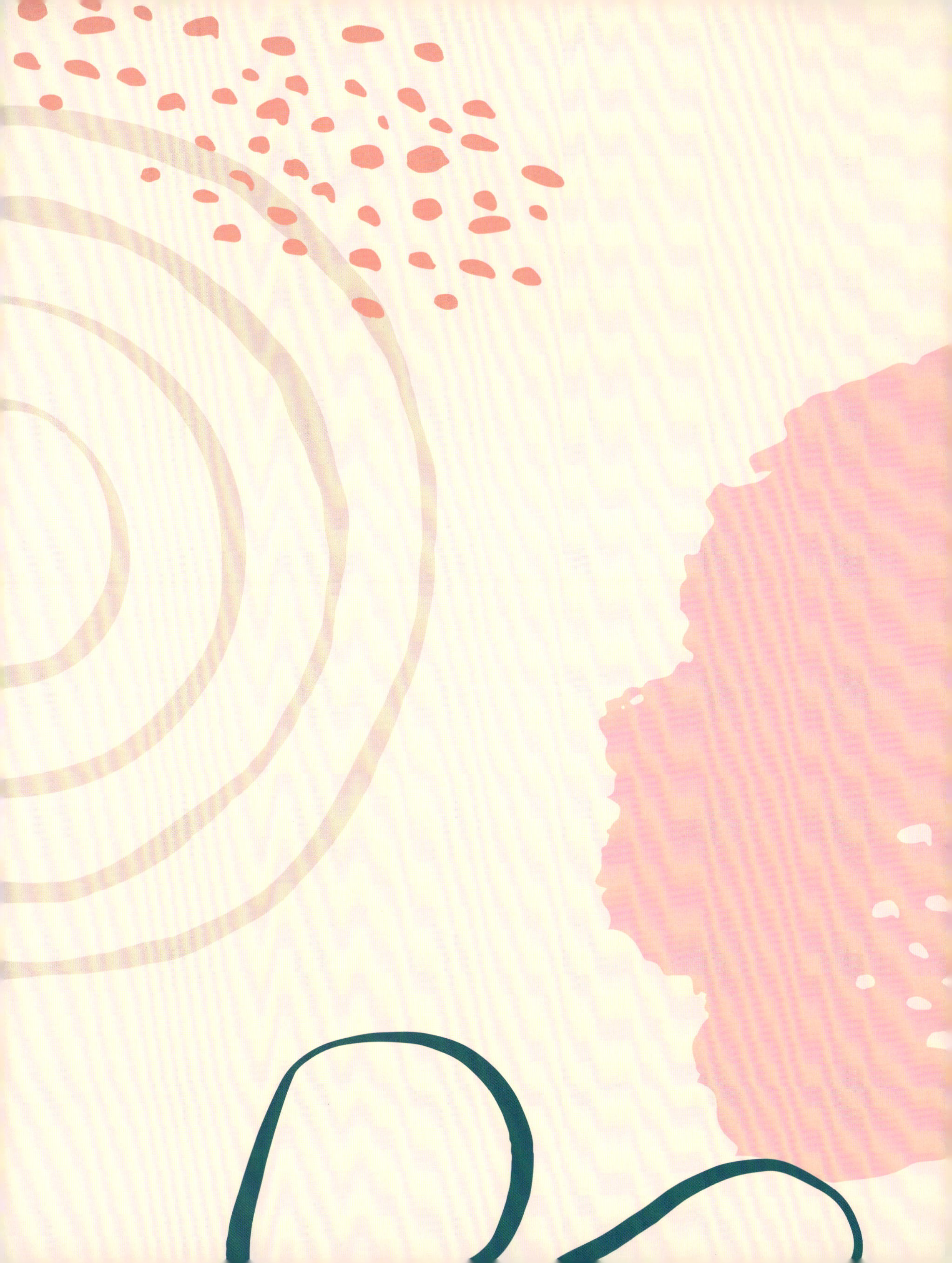

PROJEKTE

Faultier Henni

DAS BENÖTIGST DU:

- Gründl Funny uni (100 % Polyester, LL 120 m/100 g)
  - Beige (Fb 19) 30 g
  - Hellbraun (Fb 26) 150 g
  - Braun (Fb 20) 10 g
- Schachenmayr Catania (100 % Baumwolle, LL 125 m/50 g)
  - Leinen (Fb 248) 20 g
- Sicherheitsaugen Ø 15/16 mm
- Füllwatte
- Stickgarn in Weiß und Schwarz
- Stopfnadel zum Vernähen
- Stecknadeln
- Maschenmarkierer
- Häkelnadel 4,0 mm & 2,5 mm
- Schere

So wird's gemacht

Wenn nicht anders angegeben, häkelst du alles in Spiralrunden. Der Kopf wird später angenäht.

Kopf (in Beige, Braun & Hellbraun)

Beginne mit der Farbe Beige.
1. Rd: 6 fM in einen Fadenring häkeln [6].
2. Rd: 6 x 1 M zun [12].
3. Rd: 12 fM häkeln [12].
4. Rd: * 1 fM, 1 M zun; ab * noch 5 x wdh [18].
Ab jetzt häkelst du die markierten M in der Farbe **Braun.**
5. Rd: 3 fM, 1 M zun, **2 x 1 M zun**, 6 fM, **2 x 1 M zun**, 1 M zun, 3 fM [24].
6. Rd: 3 fM, 1 M zun, **1 fM, * 1 M zun, 1 fM; ab * noch 1 x wdh**, 6 fM, *** 1 fM, 1 M zun; ab * noch 1 x wdh, 1 fM**, 1 M zun, 3 fM [30].
7. Rd: 3 fM, 1 M zun, 1 fM, **7 fM**, 1 fM, 4 x 1 M zun, 1 fM, **7 fM**, 1 fM, 1 M zun, 3 fM [36].
8. Rd: 5 fM, 1 M zun, 1 fM, **5 fM**, 1 fM, * 1 M zun, 2 fM; ab * noch 2 x wdh, 1 M zun, 1 fM, **5 fM**, 1 fM, 1 M zun, 5 fM [42].
9. Rd: 7 fM, 1 M zun, 1 fM, **3 fM**, 1 fM, 1 M zun, 2 fM, 1 M zun, 8 fM, 1 M zun, 2 fM, 1 M zun, 1 fM, **3 fM**, 1 fM, 1 M zun, 7 fM [48].

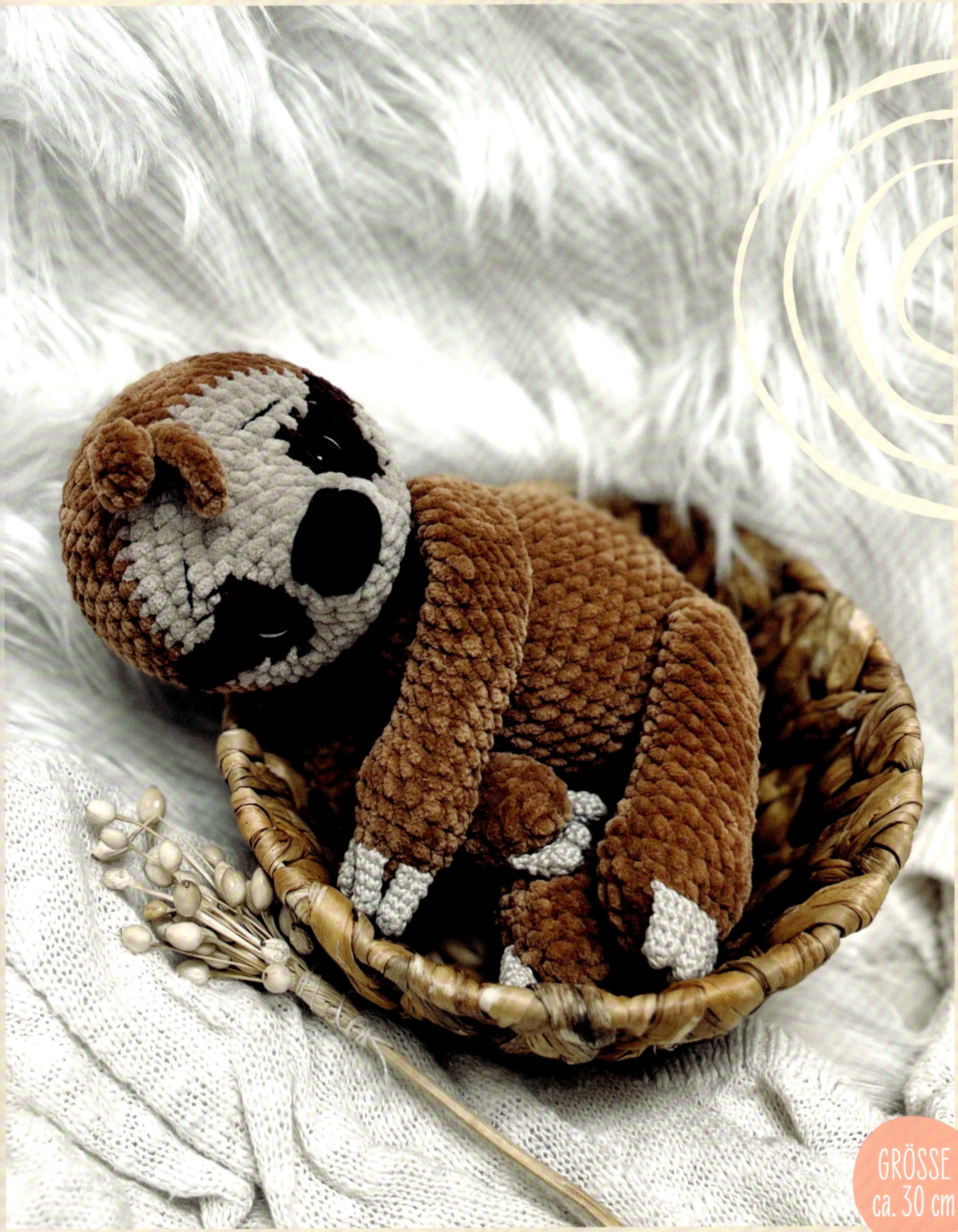

GRÖSSE
ca. 30 cm

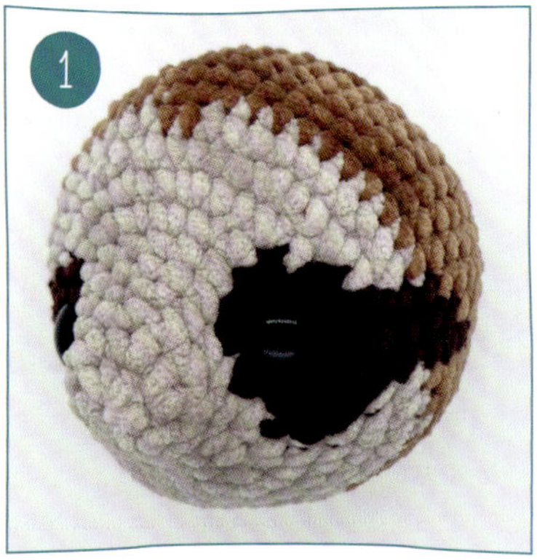

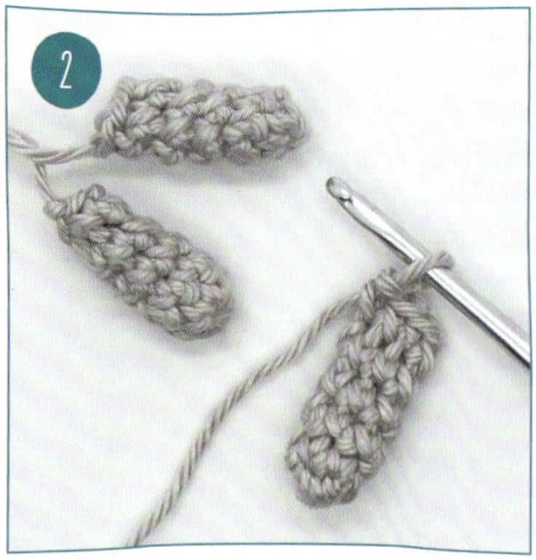

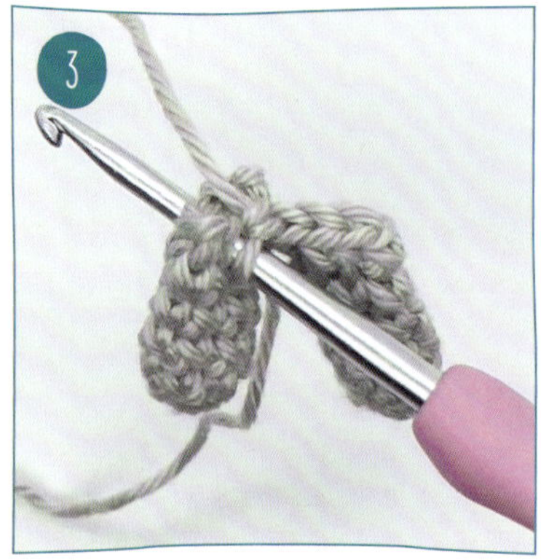

Die markierten mittleren 2 fM der nächsten Rd häkelst du in der Farbe **Hellbraun**. Die markierten 3 fM am Anfang und Ende in **Braun**.

10. Rd: 10 fM, **3 fM**, 10 fM, **2 fM**, 10 fM, **3 fM**, 10 fM [48].

Ab jetzt häkelst du in der Farbe Hellbraun weiter. Alle markierten M werden in **Braun** gehäkelt.

11. Rd: 10 fM, **3 fM**, 22 fM, **3 fM**, 10 fM [48].

12. Rd: 10 fM, **2 fM**, 24 fM, **2 fM**, 10 fM [48].

13. Rd: 10 fM, **1 fM**, 26 fM, **1 fM**, 10 fM [48].

Ab jetzt häkelst du nur noch in der Farbe Hellbraun weiter. Sicherheitsaugen nach Rd 6 mit einem Abstand von 8 sichtbaren M anbringen.

14.–17. Rd: 48 fM häkeln [48].

18. Rd: * 6 fM, 1 M abn; ab * noch 5 x wdh [42].

19. Rd: * 5 fM, 1 M abn; ab * noch 5 x wdh [36].

20. Rd: * 4 fM, 1 M abn; ab * noch 5 x wdh [30].

Kopf mit Füllmaterial füllen.

21. Rd: * 3 fM, 1 M abn; ab * noch 5 x wdh [24].

22. Rd: * 2 fM, 1 M abn; ab * noch 5 x wdh [18].

23. Rd: * 1 fM, 1 M abn; ab * noch 5 x wdh [12].

Komplett mit Füllmaterial füllen.

24. Rd: 6 x 1 M abn [6].

Beenden und den Faden vernähen. Vertiefe die Augen.

→ BILD 1

Krallen (12 x in Leinen)

1. Rd: 6 fM in einen Fadenring häkeln [6].

2.–5. Rd: 6 fM häkeln [6].

Die einzelnen Krallen werden nicht gefüllt. Zwei der Krallen beendest du mit 1 Km. Mit dem Endfaden der übrigen Kralle häkelst du die anderen zusammen. Diese Kralle zusammenlegen und mit 3 fM die Öffnung am Ende zusammenhäkeln. Jetzt legst du die zweite Kralle ebenfalls zusammen und häkelst sie an die aktuelle Kralle mit 3 fM an. Du häkelst also auch hier durch beide M. Wdh es mit der dritten Kralle. Vernähe alle Fäden. Insgesamt brauchst du vier von diesen Krallen-Trios.

→ BILD 2–4

TIPP Du kannst für das Anhäkeln der Krallen eine 2,5-mm-Nadel verwenden. Danach häkelst du einfach mit der 4,0-mm-Nadel weiter. Die Krallen kannst du natürlich auch in Chenille häkeln, verwende dafür z. B. die Farbe Beige. Eventuell musst du dafür die Größe anpassen.

Arme (2 x in Hellbraun)

1. Rd: 6 fM in einen Fadenring häkeln [6].

2. Rd: 6 x 1 M zun [12].

3. Rd: * 3 fM, 1 M zun; ab * noch 2 x wdh [15].

Jetzt häkelst du die Krallen mit an.

→ BILD 5–6

4. Rd: Kralle mit 9 fM anhäkeln, 6 fM [15].

5.–6. Rd: 15 fM häkeln [15].

7. Rd: * 3 fM, 1 M abn; ab * noch 2 x wdh [12].

8.–21. Rd: 12 fM häkeln [12].

Fülle nur den vorderen Teil mit Füllmaterial.

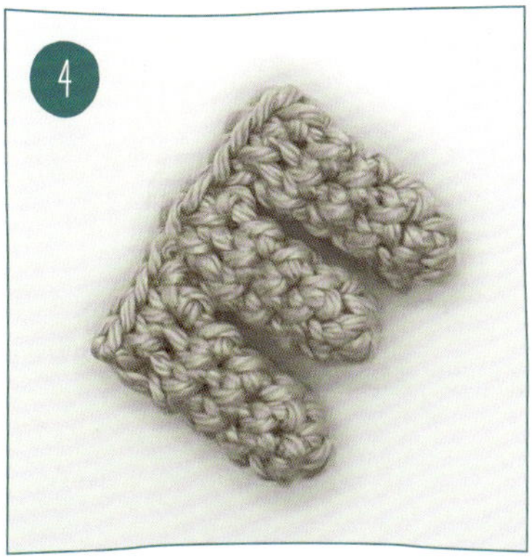

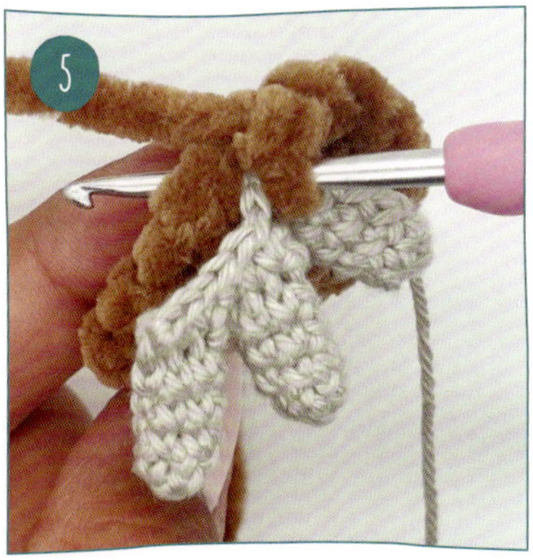

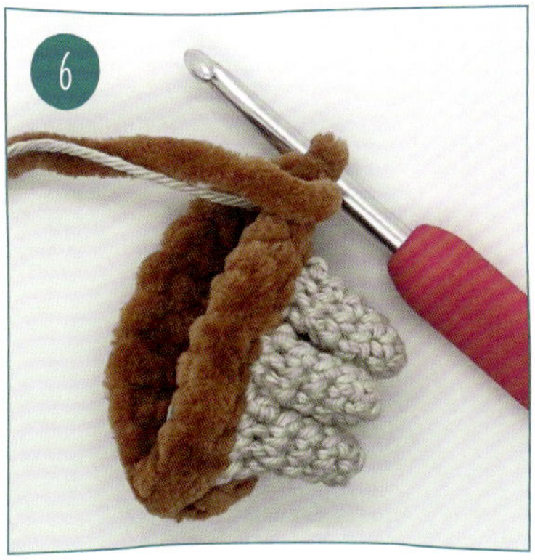

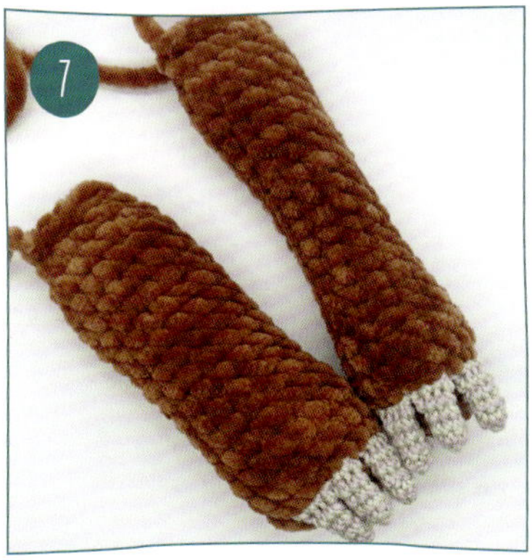

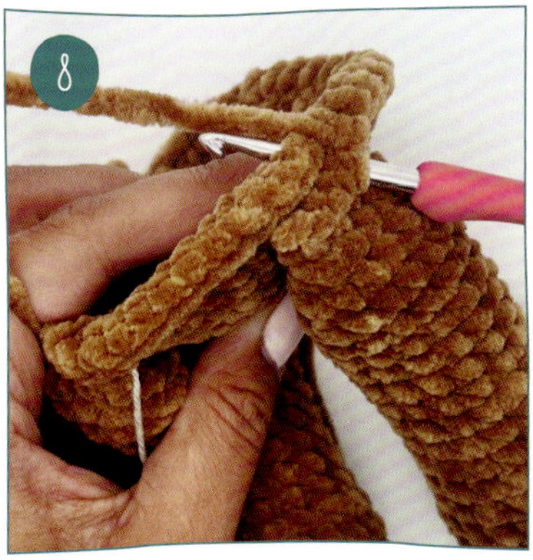

22. Rd: * 2 fM, 1 M abn; ab * noch 2 x wdh [9]. Der restliche Arm wird nicht gefüllt. Zusammenlegen und mit 4 fM zusammenhäkeln. Der Abschluss ist parallel zu den Krallen.

TIPP **Damit die Krallen nicht zu weit auseinanderstehen, kannst du sie vorne zusammennähen.**

Beine (2x in Hellbraun)

1. Rd: 6 fM in einen Fadenring häkeln [6].
2. Rd: 6 x 1 M zun [12].
3. Rd: * 1 fM, 1 M zun; ab * noch 5 x wdh [18].
Jetzt häkelst du die Krallen mit an.
4. Rd: Kralle mit 9 fM anhäkeln, 9 fM [18].
5.–6. Rd: 18 fM häkeln [18].
7. Rd: * 4 fM, 1 M abn; ab * noch 2 x wdh [15].
8.–17. Rd: 15 fM häkeln [15].
18. Rd: * 3 fM, 1 M abn; ab * noch 2 x wdh [12].
19. Rd: * 2 fM, 1 M abn; ab * noch 2 x wdh [9].
Fülle nur den unteren Teil vom Bein. Zusammenlegen und mit 4 fM zusammenhäkeln. Der Abschluss liegt parallel zu den Krallen.
→ BILD 7

Schwanz (in Braun und Hellbraun)

Beginne mit der Farbe Braun.
1. Rd: 6 fM in einen Fadenring häkeln [6].
2. Rd: 6 x 1 M zun [12].
Jetzt häkelst du mit der Farbe Hellbraun weiter.
3.–4. Rd: 12 fM häkeln [12].
5. Rd: * 2 fM, 1 M abn; ab * noch 2 x wdh [9].
Der Schwanz wird nicht gefüllt. Zusammenlegen und mit 4 fM zusammenhäkeln.

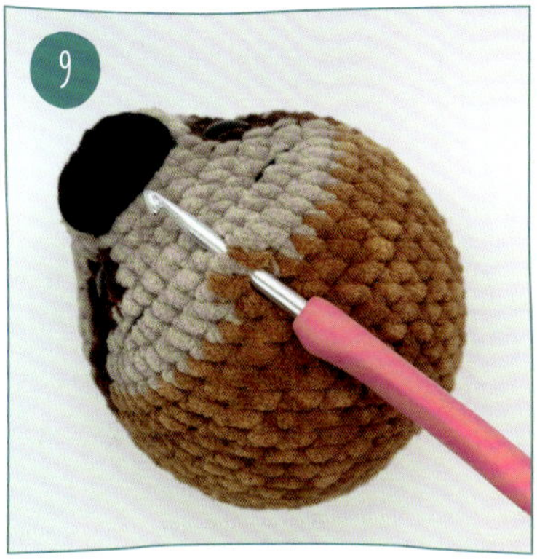

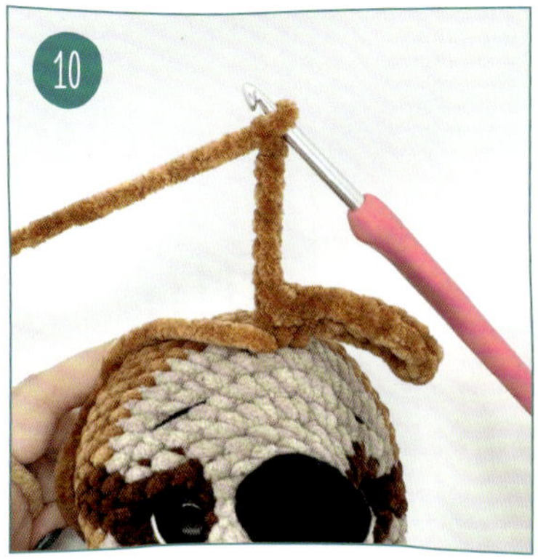

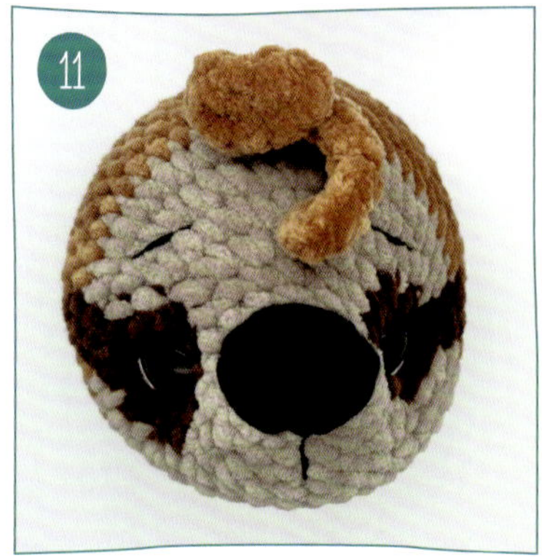

Körper (in Hellbraun)

1. Rd: 6 fM in einen Fadenring häkeln [6].
2. Rd: 6 x 1 M zun [12].
3. Rd: * 1 fM, 1 M zun; ab * noch 5 x wdh [18].
4. Rd: * 2 fM, 1 M zun; ab * noch 5 x wdh [24].
5. Rd: * 3 fM, 1 M zun; ab * noch 5 x wdh [30].
6. Rd: * 4 fM, 1 M zun; ab * noch 5 x wdh [36].
7. Rd: * 5 fM, 1 M zun; ab * noch 5 x wdh [42].
In der nächsten Rd werden der Schwanz und die Beine angehäkelt. Achte darauf, dass die Krallen nach außen zeigen.
→ **BILD 8**
8. Rd: Schwanz mit 4 fM anhäkeln, 7 fM, erstes Bein mit 4 fM anhäkeln, 16 fM, zweites Bein mit 4 fM anhäkeln, 7 fM [42].
9.–15. Rd: 42 fM häkeln [42].
16. Rd: * 5 fM, 1 M abn; ab * noch 5 x wdh [36].
17.–18. Rd: 36 fM häkeln [36].
19. Rd: * 4 fM, 1 M abn; ab * noch 5 x wdh [30].
20. Rd: 30 fM häkeln [30].
21. Rd: * 3 fM, 1 M abn; ab * noch 5 x wdh [24].
22. Rd: 24 fM häkeln [24].
In der nächsten Rd werden die Arme angehäkelt. Achte darauf, dass die Krallen nach außen zeigen.
23. Rd: 7 fM, ersten Arm mit 4 fM anhäkeln, 8 fM, zweiten Arm mit 4 fM anhäkeln, 1 fM [24].
24. Rd: * 2 fM, 1 M abn; ab * noch 5 x wdh [18].
Mit 1 Km beenden und den Faden abschneiden. Fülle den Körper mit Füllmaterial.

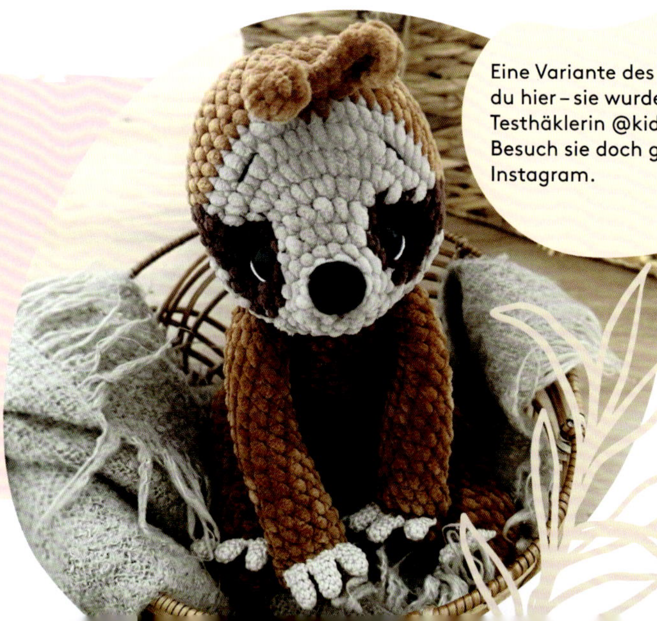

Eine Variante des Faultiers siehst du hier – sie wurde von meiner Testhäklerin @kidzkram gehäkelt. Besuch sie doch gerne mal auf Instagram.

Fertigstellung

Nähe den Kopf mit einem Baumwollfaden an den Körper. Den Anfangs- und Endfaden kannst du miteinander verknoten und nach innen ziehen. Für die Haarsträhnen stichst du von hinten in Rd 10 mittig am Kopf durch eine M.

→ BILD 9

Hole dir den Faden und häkle 1 Lm, in die gleiche M häkelst du 1 fM. Häkle eine weitere fM in die nächste M. 5 Lm. Stich in die dritte M von der Nadel aus ein und häkle 3 hStb in diese M, 2 hStb. Um die Strähne zu beenden, häkelst du 1 fM in die Anfangsmasche. Wdh das Gleiche bei der zweiten Haarsträhne.

→ BILD 10–11

Den Anfangs- und Endfaden kannst du miteinander verknoten und nach innen ziehen. Sticke deinem Faultier ein paar schöne Augendetails, eine Nase und Brauen auf (siehe Seite 25–27).

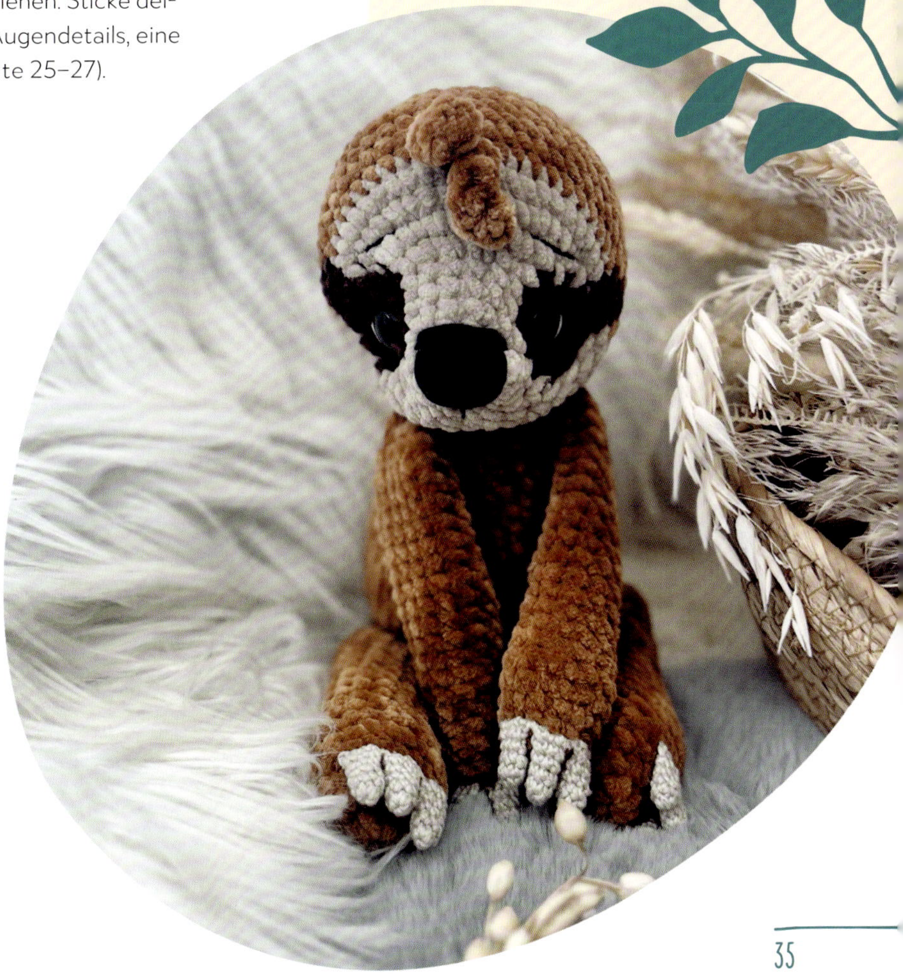

Waschbär Noah

DAS BENÖTIGST DU:

- LEAMI Chenille Soft UNI (100 % Polyester, LL 120 m/100 g)
  - Schwarz (Fb 112) 20 g
  - Natur (Fb 103) 10 g
  - Dunkelgrau (Fb 110) 150 g
- Sicherheitsaugen Ø 14/15 mm (großer Waschbär), Ø 9 mm (kleiner Waschbär)
- Füllwatte
- Stickgarn in Weiß und Schwarz
- Stopfnadel zum Vernähen
- Stecknadeln
- Maschenmarkierer
- Häkelnadel 4,0 mm
- Schere

So wird's gemacht

Wenn nicht anders angegeben, häkelst du alles in Spiralrunden. Der Kopf, die Ohren und das Bauchfell werden später angenäht.

Kopf (in Natur, Dunkelgrau, Schwarz)

Beginne mit der Farbe Natur.

1. Rd: 6 fM in einen Fadenring häkeln [6].

2. Rd: 6 x 1 M zun [12].

Häkel die nächsten Rd wie folgt in den Farben Natur und **Dunkelgrau**.

→ **BILD 1–2**

3. Rd: 1 fM, 3 x 1 M zun, 1 fM, **2 fM**, 1 fM, 3 x 1 M zun, 1 fM [18].

4.–5. Rd: 8 fM, **2 fM**, 8 fM [18].

Ab jetzt kommt auch die Farbe **Schwarz** dazu.

6. Rd: 5 fM, **3 x 1 M zun**, **2 fM**, **3 x 1 M zun**, 5 fM [24].

7. Rd: 3 fM, 1 M zun, *** 1 fM, 1 M zun; ab * noch 1 x wdh, 3 fM**, **2 fM**, **3 fM**, * **1 M zun, 1 fM; ab * noch 1 x wdh**, 1 M zun, 3 fM [30].

8. Rd: 3 fM, 1 M zun, 1 fM, **1 fM, * 1 M zun, 2 fM; ab * noch 1 x wdh, 1 fM**, 1 fM, **2 fM**, 1 fM, **3 fM, 1 M zun, 2 fM, 1 M zun, 1 fM**, 1 fM, 1 M zun, 3 fM [36].

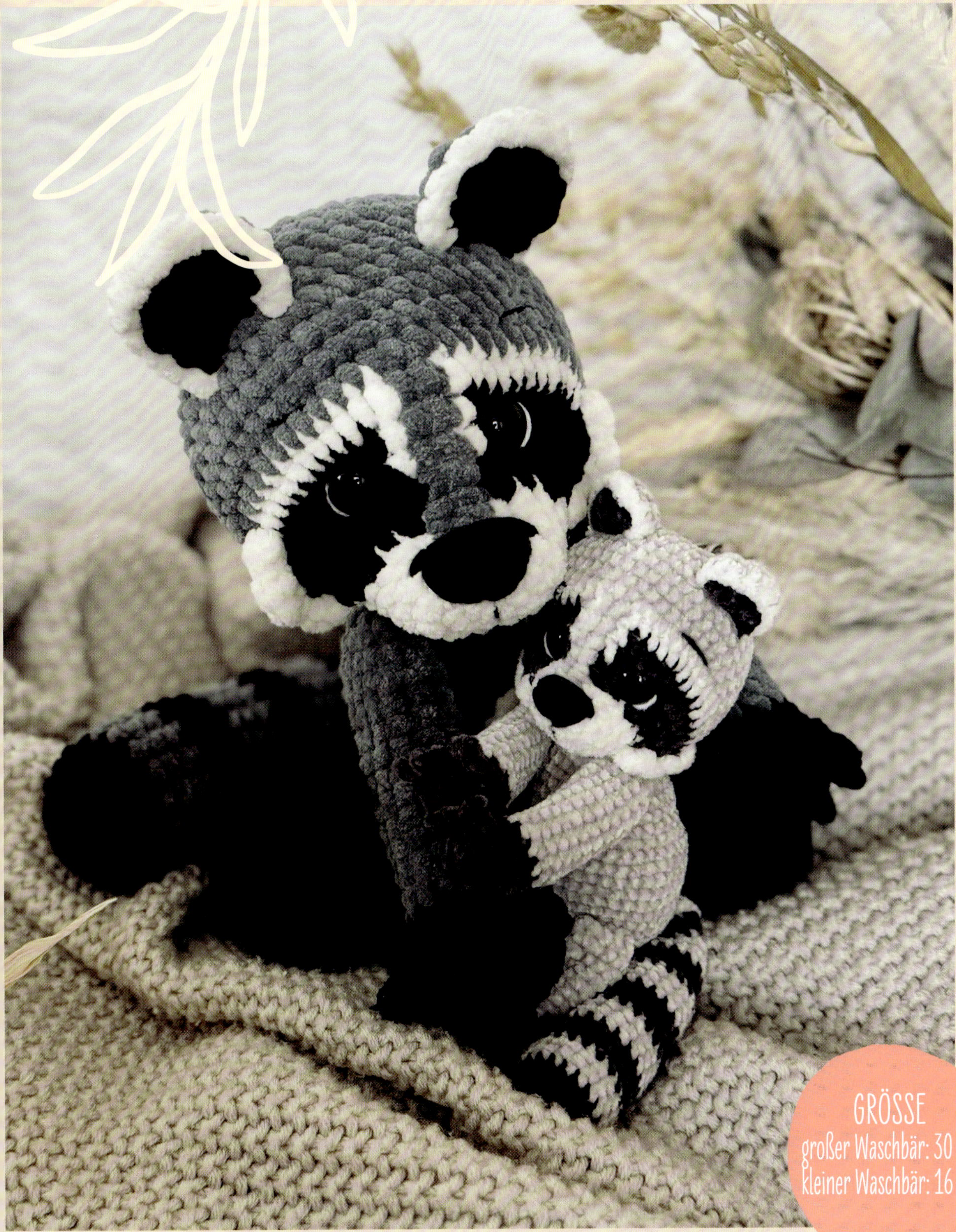
GRÖSSE
großer Waschbär: 30 cm
kleiner Waschbär: 16 cm

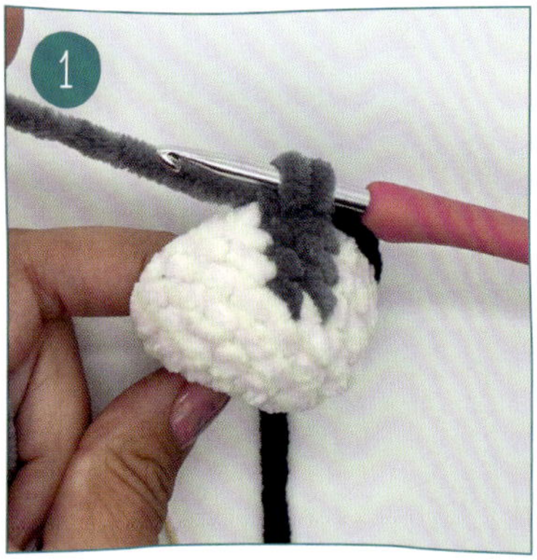

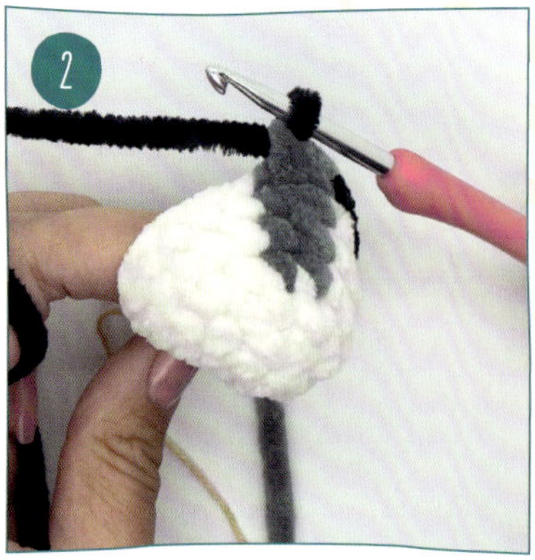

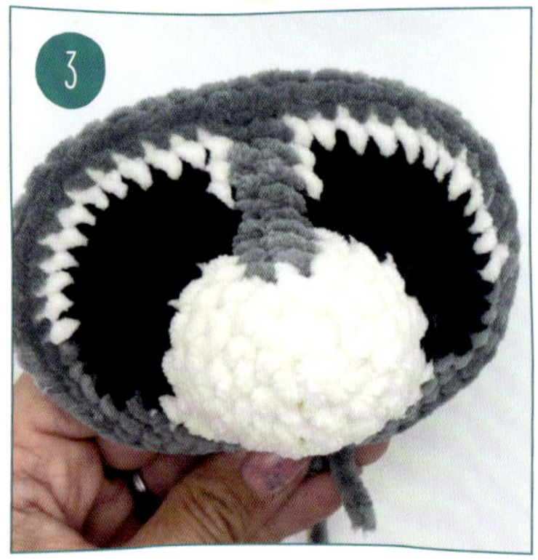

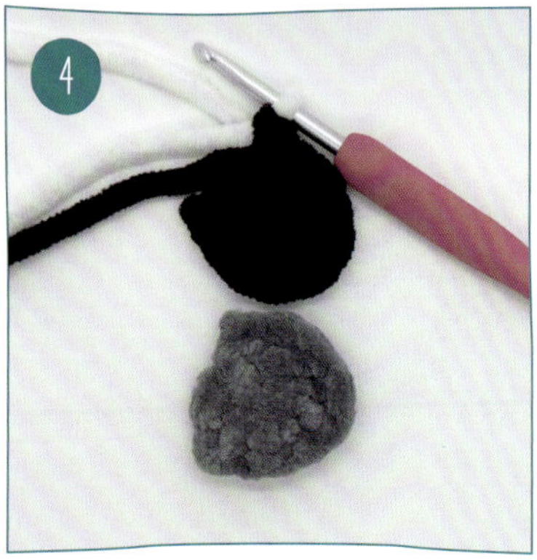

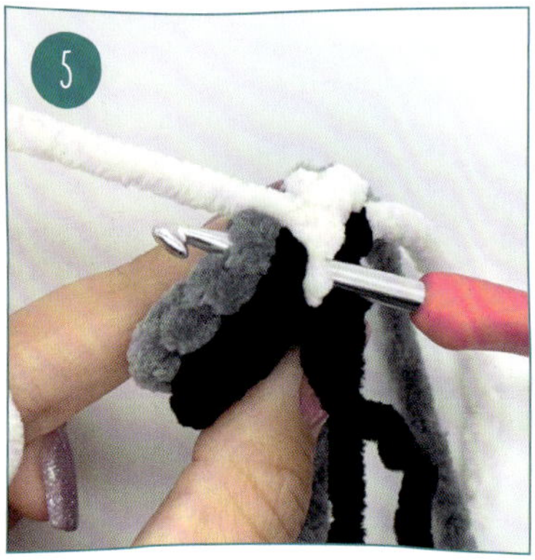

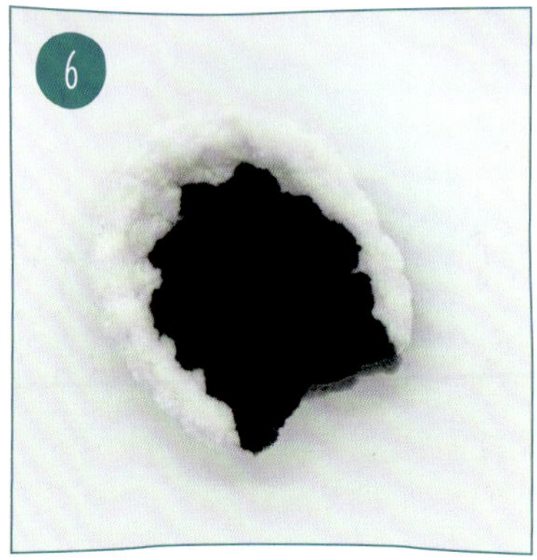

9. Rd: 7 fM, * 1 fM, 3 fM in eine M; ab * noch 2 x wdh, 3 fM, 1 fM, **2 fM,** 1 fM, **3 fM, * 3 fM in eine M, 1 fM, ab * noch 2 x wdh, 7 fM** [48].

10. Rd: 11 fM, 12 fM, **2 fM,** 12 fM, **11 fM** [48].

Ab jetzt häkelst du in der Farbe Dunkelgrau weiter.

→ BILD 3

11.–17. Rd: 48 fM häkeln [48].

Sicherheitsaugen nach Rd 8 mit einem Abstand von 8 sichtbaren M anbringen.

18. Rd: * 6 fM, 1 M abn; ab * noch 5 x wdh [42].

19. Rd: * 5 fM, 1 M abn; ab * noch 5 x wdh [36].

20. Rd: * 4 fM, 1 M abn; ab * noch 5 x wdh [30].

Den Kopf mit Füllmaterial füllen. Achte darauf, dass die Schnauze gut gefüllt ist.

21. Rd: * 3 fM, 1 M abn; ab * noch 5 x wdh [24].

22. Rd: * 2 fM, 1 M abn; ab * noch 5 x wdh [18].

23. Rd: * 1 fM, 1 M abn; ab * noch 5 x wdh [12].

Komplett mit Füllmaterial füllen.

24. Rd: 6 x 1 M abn [6].

Beenden und den Faden vernähen. Vertiefe die Augen.

TIPP Du kannst beim Farbwechsel den Faden entweder innen mitführen oder jedes Mal abschneiden und verknoten.

Ohren (2 x in Dunkelgrau, Schwarz und Natur)

Beginne mit der Farbe Dunkelgrau.

1. Rd: 7 fM in einen Fadenring häkeln [7].

1 Lm, Arbeit wenden.

2. Rd: 2 fM, 1 M zun (Stb), 1 M zun (dStb), 1 M zun (Stb), 2 fM [10].

Faden abschneiden und vernähen oder im Inneren verstecken. Diesen Teil häkelst du noch einmal in der Farbe Schwarz.

→ BILD 4

Nach der letzten M wechselst du zur Farbe Natur.

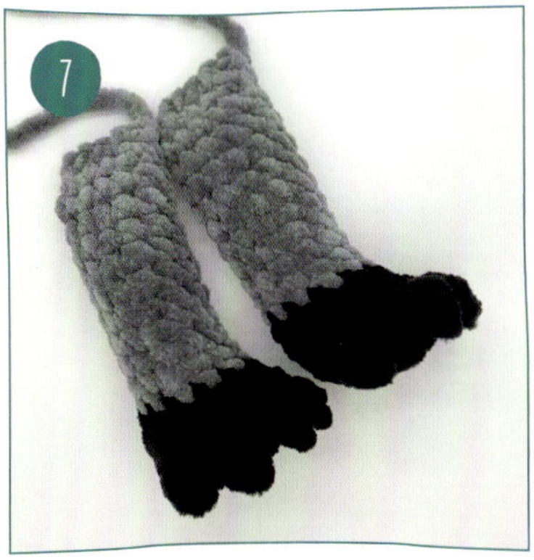

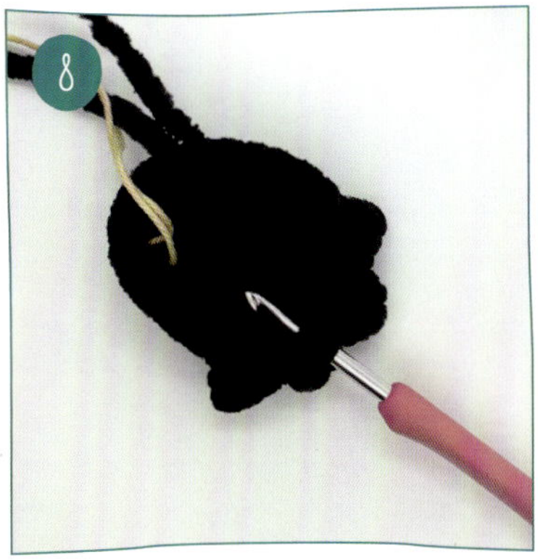

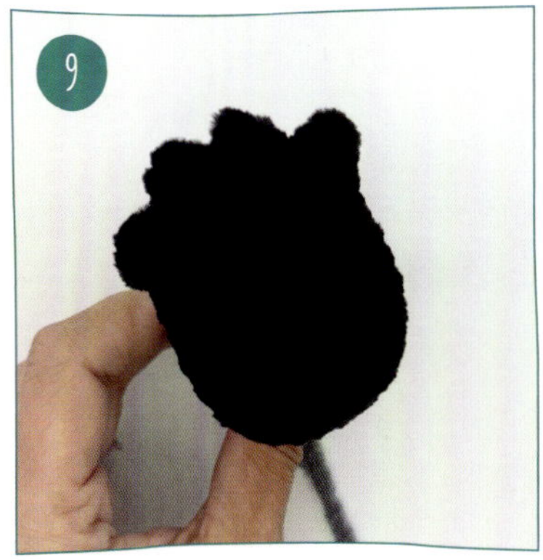

Lege die zwei Teile zusammen und häkle sie mit 3 fM, 4 M zun (Stb), 3 fM zusammen. Gehe dabei durch beide M. Die schwarze Seite befindet sich dabei vorne. Faden abschneiden und vernähen oder im Inneren verstecken.

→ **BILD 5–6**

Arme (2 x in Schwarz und Dunkelgrau)

Beginne mit der Farbe Schwarz.

1. Rd: 6 fM in einen Fadenring häkeln [6].

2. Rd: 6 x 1 M zun [12].

3. Rd: * 1 fM, 1 M zun; ab * noch 5 x wdh [18].

Jetzt werden die Zehen gehäkelt.

4. Rd: ihM häkeln 5 fM, ivM häkeln * 1 fM, 2 Lm, stich in die zweite M von der Nadel aus ein, 1 fM, 1 fM in die gleiche M wie die erste fM, 1 Km; ab * noch 3 x wdh, ihM häkeln 5 fM [22, ohne Lm].

In der nächsten Rd behäkelst du erst die ganze M. An den Zehen häkelst du ihM von Rd 4, dann wieder in die ganze M.

5. Rd: 18 fM häkeln [18].

6. Rd: 3 fM, 6 x 1 M abn, 3 fM [12].

Ab jetzt häkelst du in der Farbe Dunkelgrau weiter.

7.–18. Rd: 12 fM häkeln [12].

Fülle den Arm mit Füllmaterial.

19. Rd: * 2 fM, 1 M abn; ab * noch 2 x wdh [9].

Der restliche Arm wird nur leicht gefüllt. Zusammenlegen und mit 4 fM zusammenhäkeln. Faden abschneiden. Der Abschluss zeigt zu den Zehen.

→ **BILD 7**

Beine (2 x in Schwarz und Dunkelgrau)

Beginne mit der Farbe Schwarz.

1. Rd: dLmk mit 6 M häkeln [6].

Stich in die zweite M von der Nadel aus ein.

2. Rd: 1 M zun, 3 fM, 3 fM in die letzte M, 4 fM [12].

3. Rd: 2 x 1 M zun, 3 fM, 3 x 1 M zun, 3 fM, 1 M zun [18].

4. Rd: * 1 M zun, 1 fM; ab * noch 1 x wdh, 3 fM, * 1 M zun, 1 fM; ab * noch 2 x wdh, 3 fM, 1 M zun, 1 fM [24].

Jetzt werden die Zehen gehäkelt.

5. Rd: ihM häkeln 11 fM, ivM häkeln * 1 fM, 2 Lm, stich in die zweite M von der Nadel aus ein, 1 fM, 1 fM in die gleiche M wie die erste fM, 1 Km; ab * noch 3 x wdh, ihM häkeln 5 fM [28, ohne Lm].

In der nächsten Rd behäkelst du erst die ganze M. An den Zehen häkelst du ins hMg von Rd 5, dann wieder in die ganze M.

→ **BILD 8**

6. Rd: 24 fM häkeln [24].

7. Rd: 8 fM, 6 x 1 M abn, 4 fM [18].

8. Rd: * 4 fM, 1 M abn; ab * noch 2 x wdh [15].

Ab jetzt häkelst du in der Farbe Dunkelgrau weiter.

9.–14. Rd: 15 fM häkeln [15].

→ **BILD 9**

Fülle den Fuß mit Füllmaterial.

15. Rd: * 3 fM, 1 M abn; ab * noch 2 x wdh [12].

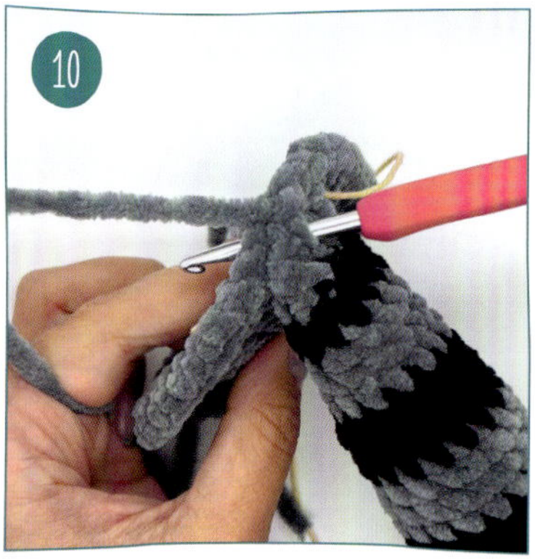

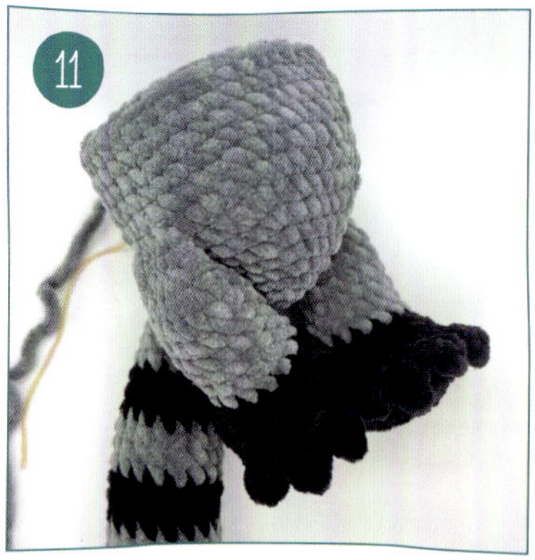

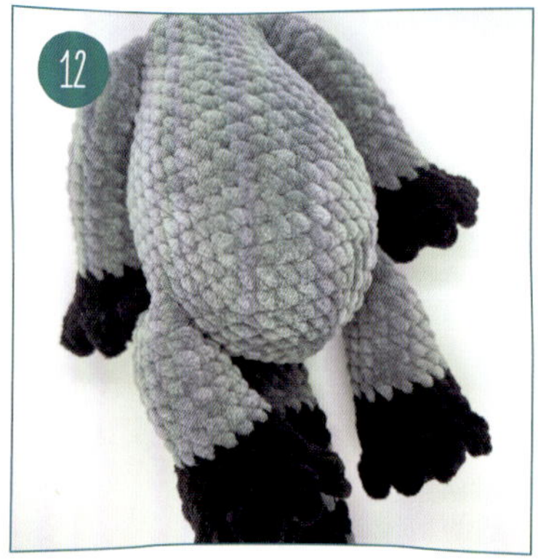

16. Rd: * 2 fM, 1 M abn; ab * noch 2 x wdh [9].
Das restliche Bein wird nur leicht gefüllt. Zusammenlegen und mit 4 fM zusammenhäkeln. Faden abschneiden. Der Abschluss zeigt zu den Zehen.

Schwanz (in Schwarz und Dunkelgrau)

Beginne mit der Farbe Schwarz.
1. Rd: 6 fM in einen Fadenring häkeln [6].
2. Rd: 6 x 1 M zun [12].
3. Rd: * 1 fM, 1 M zun; ab * noch 5 x wdh [18].
4. Rd: 18 fM häkeln [18].
Jetzt häkelst du immer je 3 Runden in der Farbe Dunkelgrau und dann in Schwarz.
Fülle den Schwanz nach und nach mit Füllmaterial.
5.–19. Rd: 18 fM häkeln [18].
Du bist jetzt bei der Farbe Schwarz.
20. Rd: 18 fM häkeln [18].
21. Rd: * 4 fM, 1 M abn; ab * noch 2 x wdh [15].
22. Rd: 15 fM häkeln [15].
Wechsle zur Farbe Dunkelgrau.
23. Rd: 15 fM häkeln [15].
24. Rd: * 3 fM, 1 M abn; ab * noch 2 x wdh [12] .
25. Rd: 12 fM häkeln [12].
Wechsle zur Farbe Schwarz.
26. Rd: 12 fM häkeln [12].
27. Rd: * 2 fM, 1 M abn; ab * noch 2 x wdh [9].
Wechsle zur Farbe Dunkelgrau.
28. Rd: 9 fM häkeln [9].
Fülle den Schwanz mit Füllmaterial. Er sollte nicht zu fest gefüllt sein. Zusammenlegen und mit 4 fM zusammenhäkeln.

Körper (in Dunkelgrau)

1. Rd: 6 fM in einen Fadenring häkeln [6].
2. Rd: 6 x 1 M zun [12].
3. Rd: * 1 fM, 1 M zun; ab * noch 5 x wdh [18].
4. Rd: * 2 fM, 1 M zun; ab * noch 5 x wdh [24].
5. Rd: * 3 fM, 1 M zun; ab * noch 5 x wdh [30].
6. Rd: * 4 fM, 1 M zun; ab * noch 5 x wdh [36].
7. Rd: * 5 fM, 1 M zun; ab * noch 5 x wdh [42].
Jetzt werden der Schwanz und die Beine angehäkelt. Achte darauf, dass die Zehen nach vorne zeigen. Der Rundenanfang liegt dabei hinten.
8. Rd: Schwanz mit 4 fM anhäkeln, 6 fM häkeln, erstes Bein mit 4 fM anhäkeln, 18 fM, zweites Bein mit 4 fM anhäkeln, 6 fM [42].
→ BILD 10–11
9.–15. Rd: 42 fM häkeln [42].
16. Rd: * 5 fM, 1 M abn; ab * noch 5 x wdh [36].
17. Rd: 36 fM häkeln [36].
18. Rd: * 4 fM, 1 M abn; ab * noch 5 x wdh [30].
19. Rd: 30 fM häkeln [30].
20. Rd: * 3 fM, 1 M abn; ab * noch 5 x wdh [24].
21.–22. Rd: 24 fM häkeln [24].
Jetzt werden die Arme mit angehäkelt. Achte darauf, dass die Zehen nach vorne zeigen.
23. Rd: 6 fM, ersten Arm mit 4 fM anhäkeln, 7 fM, zweiten Arm mit 4 fM anhäkeln, 3 fM [24].
24. Rd: * 2 fM, 1 M abn; ab * noch 5 x wdh [18].
Mit 1 Km beenden und den Faden abschneiden. Fülle den Körper mit Füllmaterial.
→ BILD 12

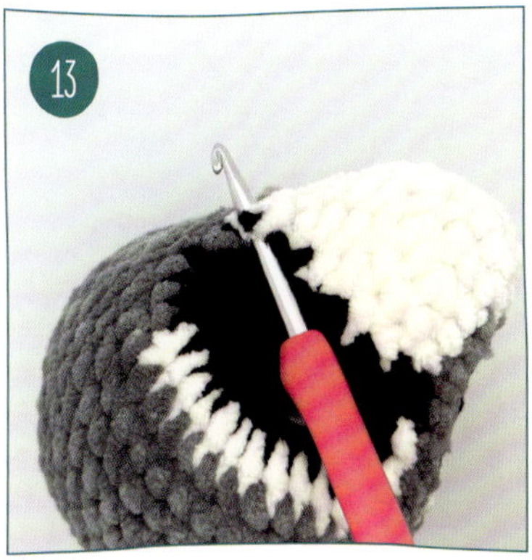

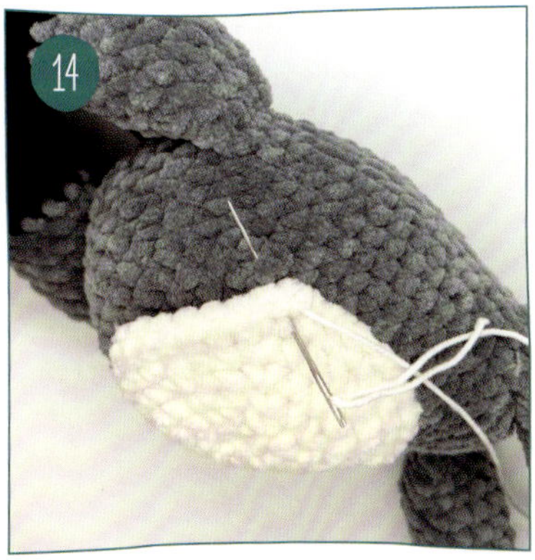

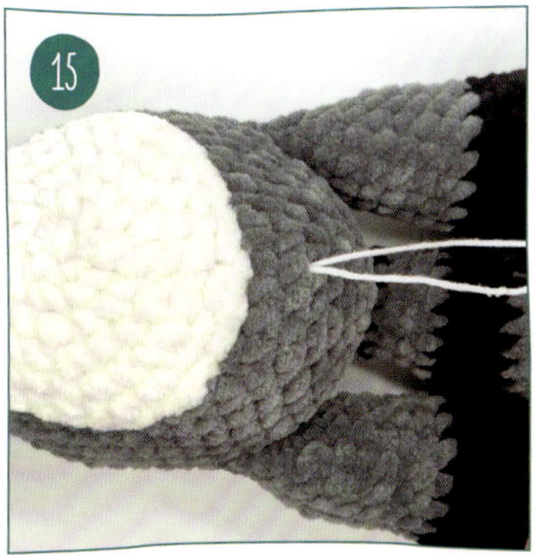

Bauchfell (in Natur)

1. Rd: 6 fM in einen Fadenring häkeln [6].
2. Rd: 6 x 1 M zun [12].
3. Rd: * 1 fM, 1 M zun; ab * noch 5 x wdh [18].
4. Rd: * 2 fM, 1 M zun; ab * noch 5 x wdh [24].
5. Rd: * 3 fM, 1 M zun; ab * noch 5 x wdh [30].
6. Rd: * 4 fM, 1 M zun; ab * noch 5 x wdh [36].
Passe das Bauchfell deinem Waschbären an.
Mit 1 Km beenden und den Faden abschneiden.

Fertigstellung

Für die Details an den Wangen stichst du direkt an dem Übergang von Schwarz auf Dunkelgrau mit der Nadel ein.
→ BILD 13
Verwende die Farbe Natur. Hole dir den Faden und häkle 1 Lm. In die gleiche M häkelst du 3 hStb. In die nächste M 1 Km. Anschließend häkelst du 3 Stb in eine M, 1 Km, 3 hStb in eine M, 1 Km. Den Anfangs- und Endfaden kannst du miteinander verknoten und nach innen ziehen. Das Gleiche machst du auf der linken Seite. Stich dafür auf Augenhöhe (genau am Farbwechsel von Schwarz auf Dunkelgrau) mit der Nadel ein.
Nähe die Ohren nach Rd 14 mit einem Abstand von 5–6 M mit einen Baumwollfaden an den Kopf. Forme sie dabei wie einen Halbkreis. Den Kopf nähst du dann anschließend an den Körper. Verwende dafür auch einen Baumwollfaden. Das Bauchfell nähst du ebenfalls mit einem Baumwollfaden zwischen Rd 7 und 19 an den Bauch deines Waschbären.
→ BILD 14–15
Sticke ihm außerdem noch ein paar schöne Augendetails, Brauen und eine Nase auf (siehe Seite 25–27).

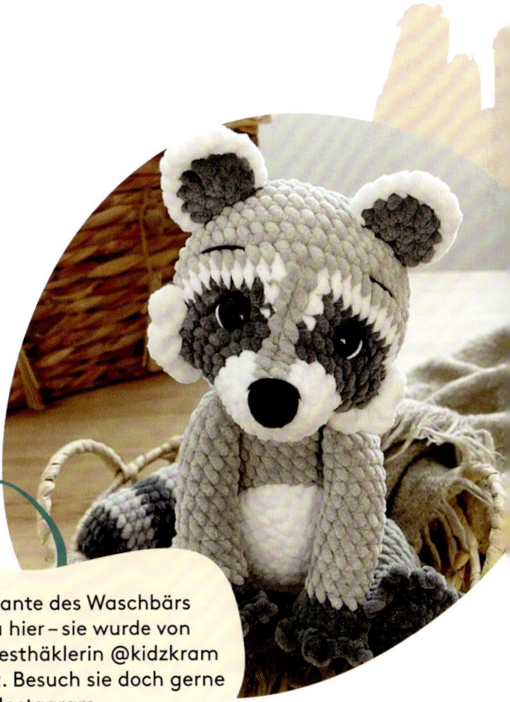

Eine Variante des Waschbärs siehst du hier – sie wurde von meiner Testhäklerin @kidzkram gehäkelt. Besuch sie doch gerne mal auf Instagram.

Fledermaus Yuna

DAS BENÖTIGST DU:

- LEAMI Chenille Soft UNI (100 % Polyester, LL 120 m/100 g)
  - Dunkelgrau (Fb 110) 100 g
  - Beige (Fb 113) 20 g
- Sicherheitsaugen Ø 14 mm (große Fledermaus), Ø 9 mm (kleine Fledermaus)
- Füllwatte
- Stickgarn in Weiß und Schwarz
- Stopfnadel zum Vernähen
- Stecknadeln
- Maschenmarkierer
- Häkelnadel 4,0 mm
- Schere

So wird's gemacht

Wenn nicht anders angegeben, häkelst du alles in Spiralrunden. Die Flügel, die Ohren und der Kopf werden später angenäht.

Kopf (in Dunkelgrau)

1. Rd: dLmk mit 5 M [5].
Stich in die zweite M von der Nadel aus ein.
2. Rd: 1 M zun, 2 fM, 3 fM in die letzte M, 3 fM [10].
3. Rd: 2 x 1 M zun, 2 fM, 3 x 1 M zun, 2 fM, 1 M zun [16].
4.–5. Rd: 16 fM häkeln [16].
6. Rd: 2 fM, 6 x 1 M zun, 8 fM [22].
7. Rd: 22 fM häkeln [22].
8. Rd: * 1 M zun, 1 fM; ab * noch 7 x wdh, 6 fM [30].
9. Rd: 5 fM, * 1 M zun, 2 fM; ab * noch 5 x wdh, 7 fM [36].
10. Rd: 5 fM, * 1 M zun, 3 fM; ab * noch 5 x wdh, 7 fM [42].
11.–17. Rd: 42 fM häkeln [42].
Sicherheitsaugen nach Rd 8 mit einem Abstand von 7 sichtbaren M anbringen.
18. Rd: * 5 fM, 1 M abn; ab * noch 5 x wdh [36].
19. Rd: * 4 fM, 1 M abn; ab * noch 5 x wdh [30].
20. Rd: * 3 fM, 1 M abn; ab * noch 5 x wdh [24].

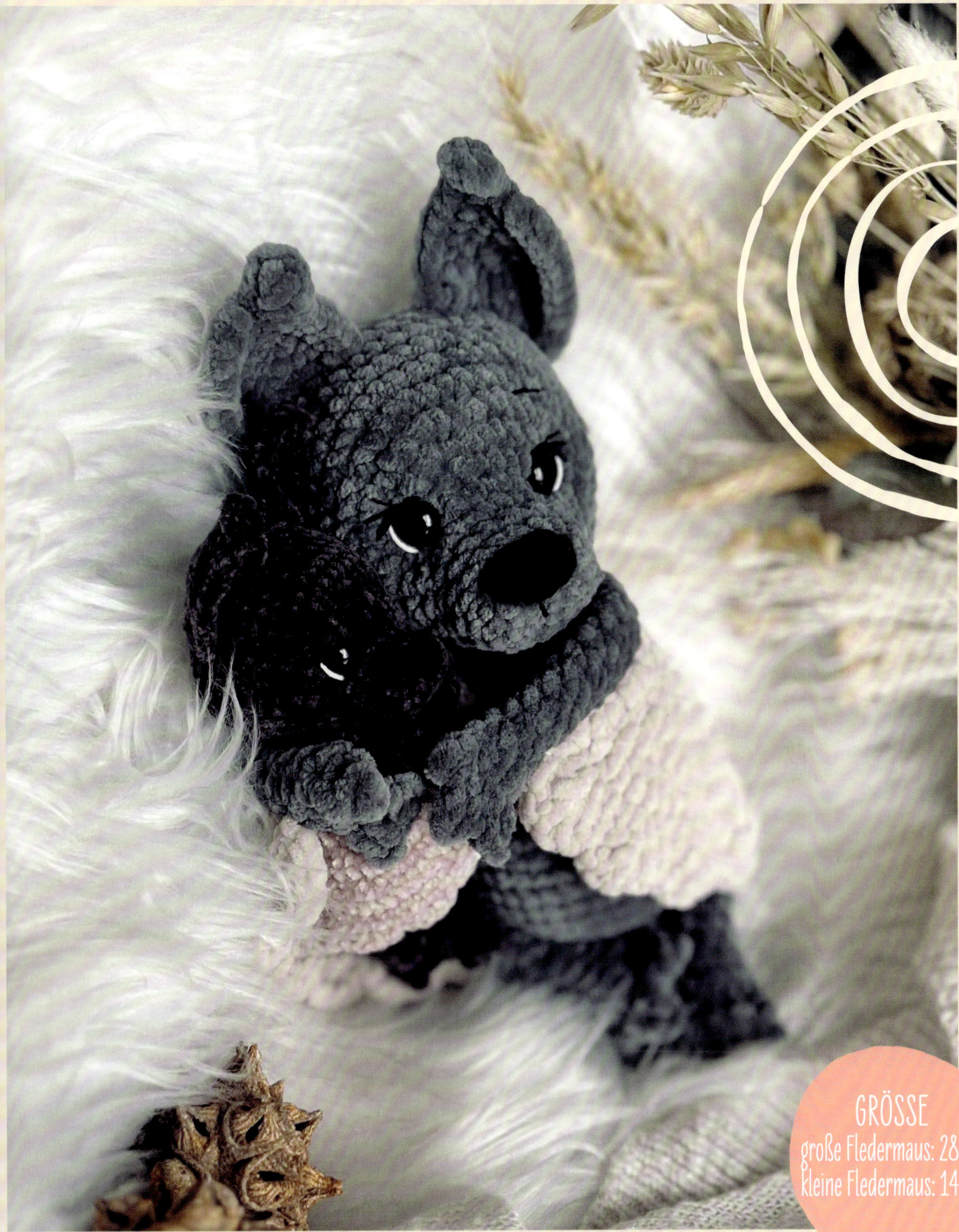

GRÖSSE
große Fledermaus: 28 cm
kleine Fledermaus: 14 cm

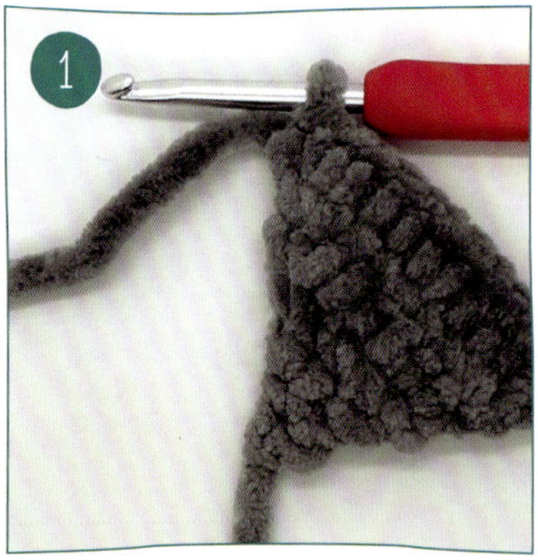

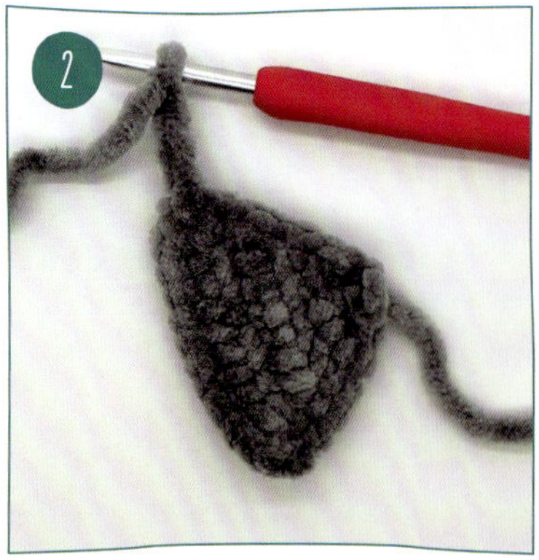

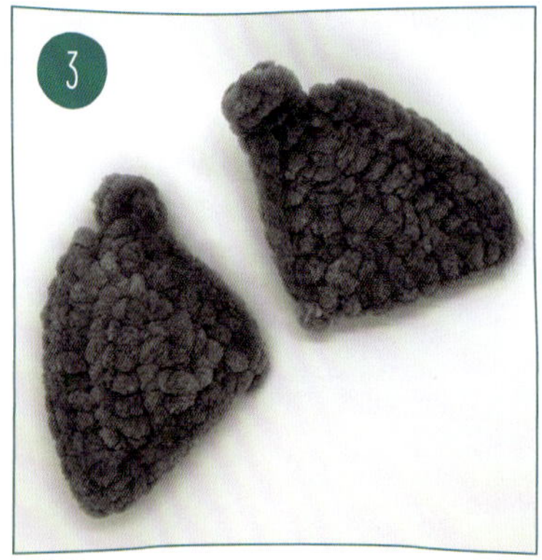

Fülle den Kopf mit Füllmaterial. Achte darauf, dass die Schnauze gut gefüllt ist.
21. Rd: * 2 fM, 1 M abn; ab * noch 5 x wdh [18].
22. Rd: * 1 fM, 1 M abn; ab * noch 5 x wdh [12].
Komplett mit Füllmaterial füllen.
23. Rd: 6 x 1 M abn [6].
Beenden und den Faden vernähen. Vertiefe die Augen.

TIPP Die Lm am Ende werden nicht mitgezählt, da sie nur für das Erreichen der Höhe in der nächsten Rd gehäkelt werden.

Ohren (2x in Dunkelgrau)

1. Rd: Lmk mit 2 M [2].
Stich in die erste M von der Nadel aus ein.
2. Rd: 1 M Zun, 1 Lm, wenden [2].
3. Rd: 2 x 1 M zun, 1 Lm, wenden [4].
4. Rd: 1 M zun, 2 fM, 1 M zun, 1 Lm, wenden [6].
5. Rd: 1 M zun, 4 fM, 1 M zun, 1 Lm, wenden [8].
6. Rd: 1 M zun, 6 fM, 1 M zun,1 Lm, wenden [10].
7. Rd: 1 M zun, 8 fM, 1 M zun, 1 Lm, wenden [12].
8. Rd: 12 fM häkeln [12].
Jetzt häkelst du erst 1 Lm und dann 7 fM seitlich zurück zur ersten Rd. 1 Lm und 7 fM zurück zu Rd 8. 4 Lm, stich in die dritte M von der Nadel aus ein und häkle 9 hStb zurück zu Rd 1. Mit 1 Km beenden und den Faden abschneiden.
→ BILD 1–3

Schwanz (in Dunkelgrau)

1. Rd: 6 fM in einen Fadenring häkeln [6].
2. Rd: * 1 fM, 1 M zun; ab * noch 2 x wdh [9].
3. Rd: 9 fM häkeln [9].
4. Rd: * 2 fM, 1 M zun; ab * noch 2 x wdh [12].
Der Schwanz wird nicht gefüllt. Zusammenlegen und mit 6 fM zusammenhäkeln. Den Faden lang abschneiden.

Flügel (2x in Beige)

1. Rd: Lmk mit 2 Lm [2].
Stich in die erste M ein.
2. Rd: 1 M zun, 2 Lm, wenden [2].
Ab jetzt häkelst du mit hStb weiter.
3. Rd: 1 M zun, 1 hStb, 2 Lm, wenden [3].
4. Rd: 1 M zun, 1 hStb, 1 M zun, 2 Lm, wenden [5].
5. Rd: * 1 M zun, 1 hStb; ab * noch 1 x wdh, 1 M zun, 2 Lm, wenden [8].
6. Rd: 1 M zun, 1 hStb, 1 M zun, 2 hStb, 1 M zun, 1 hStb, 1 M zun, 2 Lm, wenden [12].
7. Rd: 1 hStb, * 1 M zun, 2 hStb; ab * noch 2 x wdh, 1 M zun, 1 hStb, 2 Lm, wenden [16].
8. Rd: 2 hStb, 1 M zun, 3 hStb, 1 M zun, 2 hStb, 1 M zun, 3 hStb, 1 M zun, 2 hStb, 2 Lm, wenden [20].
9. Rd: * 1 hStb, 1 M zun; ab * noch 1 x wdh, 12 hStb, * 1 M zun, 1 hStb; ab * noch 1 x wdh, 2 Lm, wenden [24].
10. Rd: 1 hStb, 1 M zun, 2 hStb, 1 M zun, 14 hStb, 1 M zun, 2 hStb, 1 M zun, 1 hStb, 1 Lm [28].

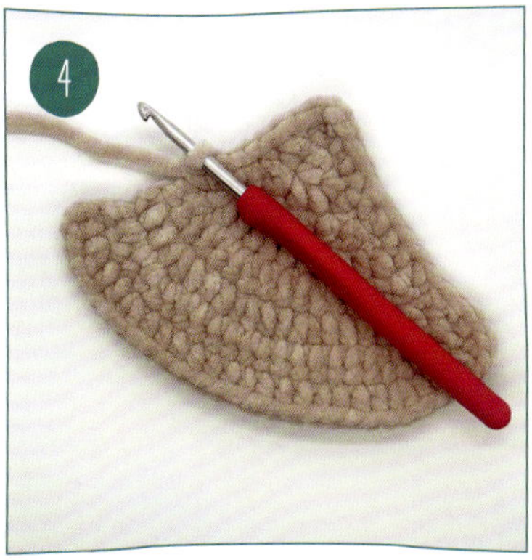

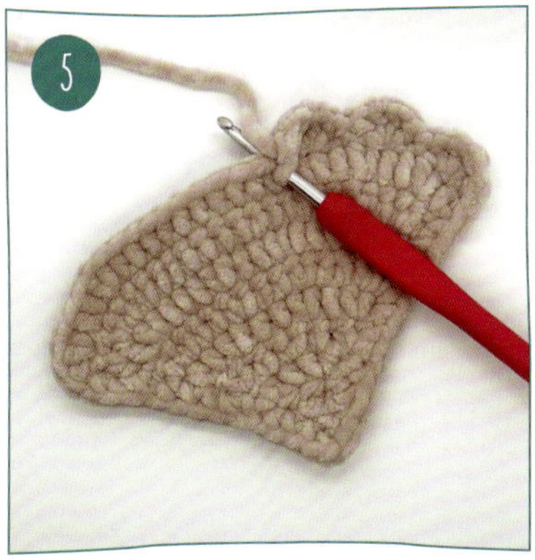

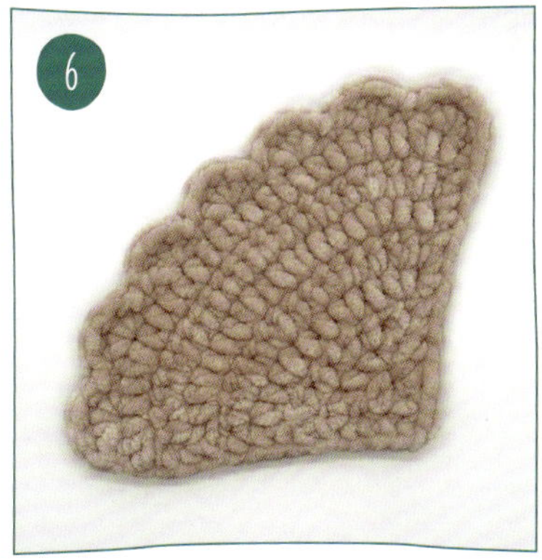

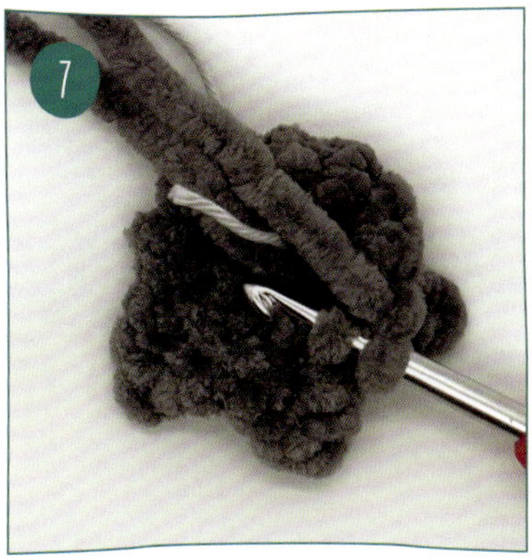

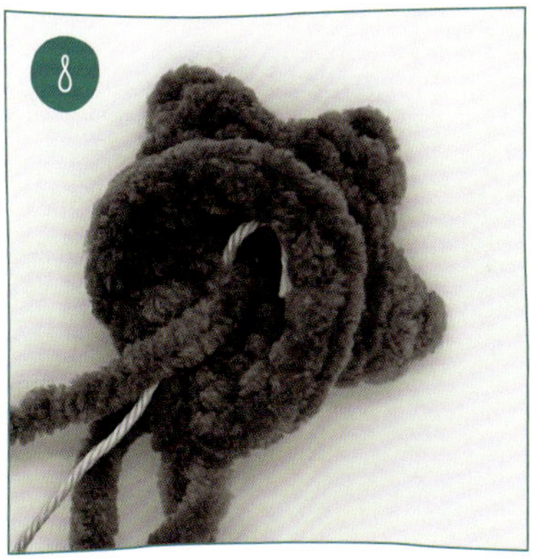

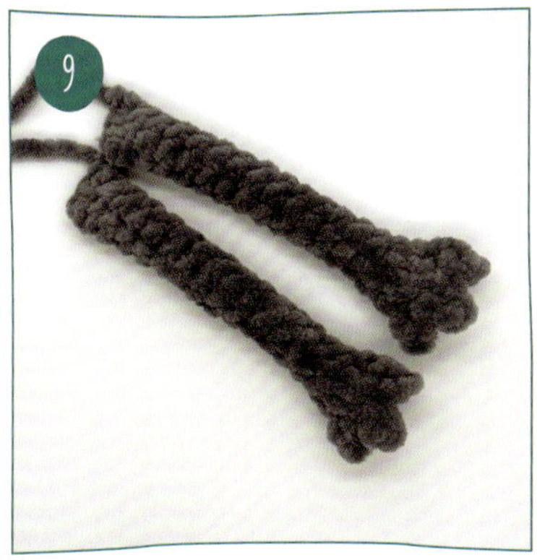

Jetzt häkelst du 12 fM zurück zur Rd 1, 1 Lm, 12 fM zurück zu Rd 11.
11. Rd: * 1 M überspr, 4 Stb in eine M, 1 M überspr, 1 Km; ab * noch 6 x wdh [35].
→ BILD 4–6
Faden abschneiden. Anfangs- und Endfaden vernähen.

Arme (2 x in Dunkelgrau)

1. Rd: 8 fM in einen Fadenring häkeln [8].
In der nächsten Rd werden die Krallen gehäkelt.
2. Rd: 3 fM, * ivM häkeln 1 fM, 2 Lm, stich in die zweite M von der Nadel aus ein, 1 fM, 1 Km in die gleiche M wie die erste fM; ab * noch 2 x wdh, in die ganze M häkeln 2 fM [18, ohne Lm].
In der nächsten Rd behäkelst du erst die ganze M. An den Zehen häkelst du ihM von Rd 2, dann wieder in die ganze M.
3. Rd: 8 fM häkeln [8].
4. Rd: 2 fM, 2 x 1 M abn, 2 fM [6].
5.–18. Rd: 6 fM häkeln [6].
Die Arme werden nicht gefüllt. Zusammenlegen und mit 3 fM zusammenhäkeln. Faden abschneiden. Der Abschluss ist parallel zu den Krallen.
→ BILD 7–9

Beine (2 x in Dunkelgrau)

1. Rd: 6 fM in einen Fadenring häkeln [6].
2. Rd: 6 x 1 M zun [12].
In der nächsten Rd werden die Krallen gehäkelt.
3. Rd: ihM häkeln 3 fM, *ivM häkeln 1 fM, 2 Lm, stich in die zweite M von der Nadel aus ein, 1 fM, 1 fM in die gleiche M wie die erste fM, 1 Km; ab * noch 2 x wdh, ihM häkeln 3 fM [15].
In der nächsten Rd behäkelst du erst die ganze M. An den Zehen häkelst du ihM von Rd 3, dann wieder in die ganze M.

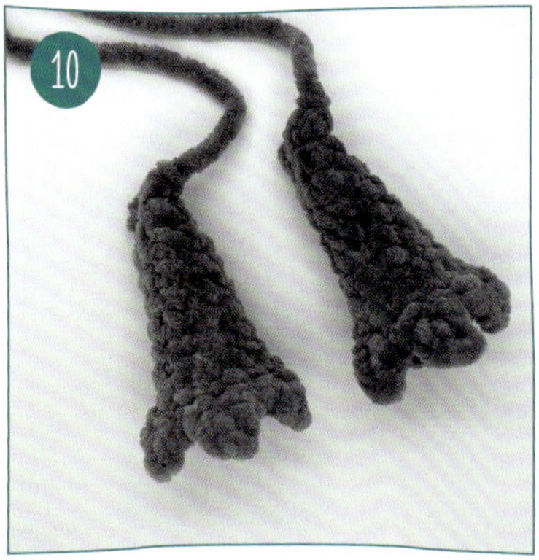

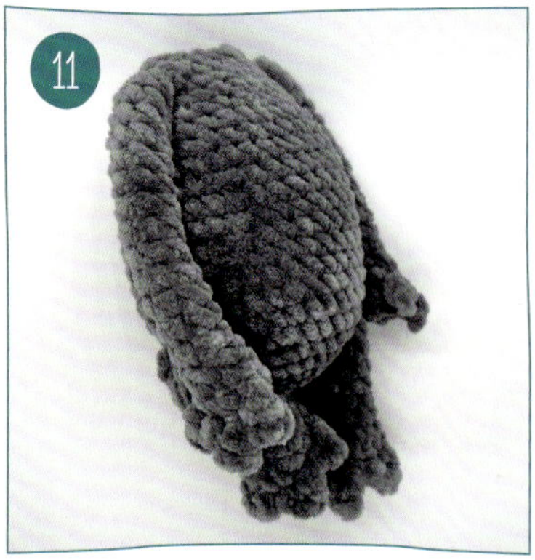

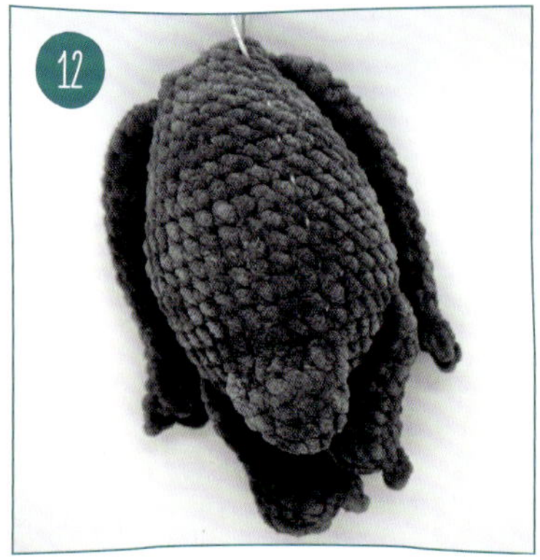

4. Rd: 12 fM häkeln [12].
5. Rd: * 2 fM, 1 M abn; ab * noch 2 x wdh [9].
6.–10. Rd: 9 fM häkeln [9].
Fülle das Bein leicht mit Füllmaterial.
11. Rd: * 1 fM, 1 M abn; ab * noch 2 x wdh [6].
Zusammenlegen und mit 3 fM zusammenhäkeln. Faden abschneiden. Der Abschluss zeigt zu den Krallen.
→ **BILD 10**

Körper (in Dunkelgrau)

1. Rd: 6 fM in einen Fadenring häkeln [6].
2. Rd: 6 x 1 M zun [12].
3. Rd: * 1 fM, 1 M zun; ab * noch 5 x wdh [18].
4. Rd: * 2 fM, 1 M zun; ab * noch 5 x wdh [24].
5. Rd: * 3 fM, 1 M zun; ab * noch 5 x wdh [30].
6. Rd: * 4 fM, 1 M zun; ab * noch 5 x wdh [36].
Jetzt werden der Schwanz und die Beine mit angehäkelt. Achte darauf, dass die Krallen nach vorne zeigen. Der Rundenanfang liegt dabei hinten.
7. Rd: Schwanz mit 6 fM anhäkeln, 5 fM, erstes Bein mit 3 fM anhäkeln, 14 fM, zweites Bein mit 3 fM anhäkeln, 5 fM [36].
8.–15. Rd: 36 fM häkeln [36].
16. Rd: * 4 fM, 1 M abn; ab * noch 5 x wdh [30].
17. Rd: 30 fM häkeln [30].
18. Rd: * 3 fM, 1 M abn; ab * noch 5 x wdh [24].
19. Rd: 24 fM häkeln [24].
20. Rd: * 2 fM, 1 M abn; ab * noch 5 x wdh [18].
Jetzt werden die Arme mit angehäkelt. Achte darauf, dass die Krallen nach oben zeigen.
21. Rd: 6 fM, ersten Arm mit 3 fM anhäkeln, 5 fM, zweiten Arm mit 3 fM anhäkeln, 1 fM [18].
22. Rd: * 4 fM, 1 M abn; ab * noch 2 x wdh [15].
Mit einer Km beenden und den Faden abschneiden. Fülle den Körper mit Füllmaterial.
→ **BILD 11–12**

Fertigstellung

Stecke die Flügel mithilfe von Stecknadeln an der Rückseite deiner Fledermaus fest. Der untere Teil endet dabei genau am Schwanz. Der obere Teil beim Arm nach Rd 5. Die Spitze steckst du unter der Achsel fest. Nimm dir einen Baumwollfaden und nähe die Flügel am Körper an. Jetzt nähst du die Ohren nach Rd 15 mit einem Abstand von 4–5 M an den Kopf. Verwende auch hierfür einen Baumwollfaden. Den Anfangs- und Endfaden kannst du dann miteinander verknoten und nach innen ziehen. Anschließend nähst du den Kopf an den Körper. Sticke deiner Fledermaus noch ein paar schöne Augendetails, Brauen und eine Nase auf (siehe Seite 25–27).
→ **BILD 13–18**

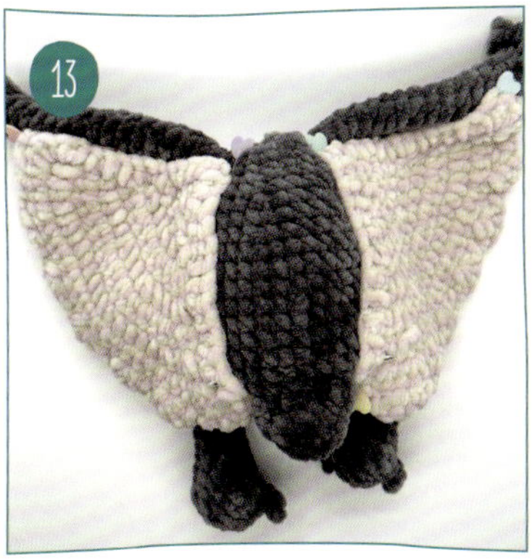

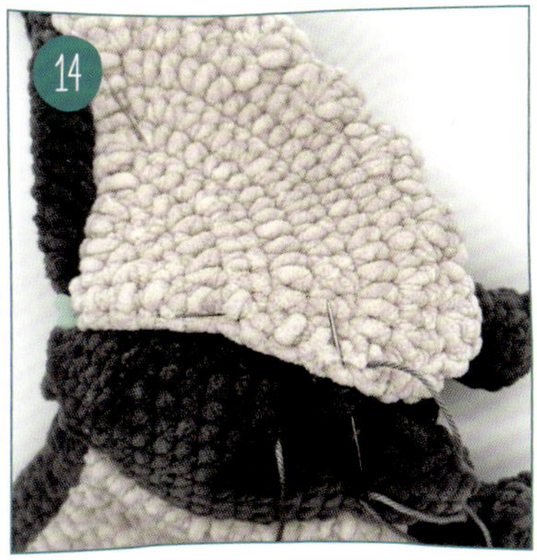

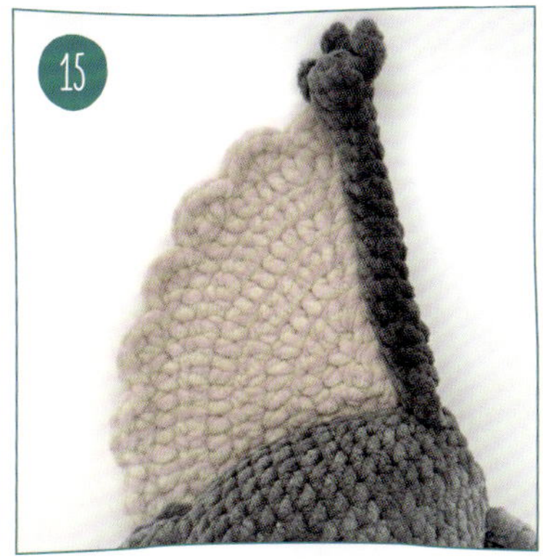

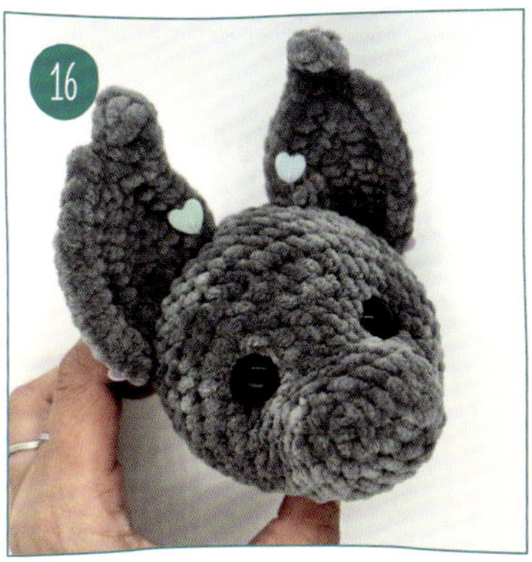

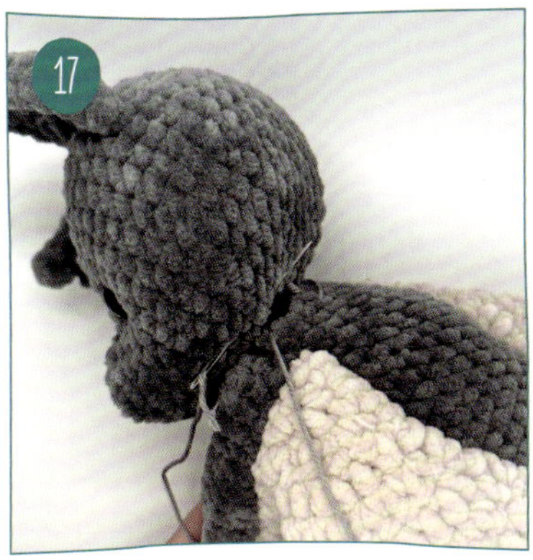

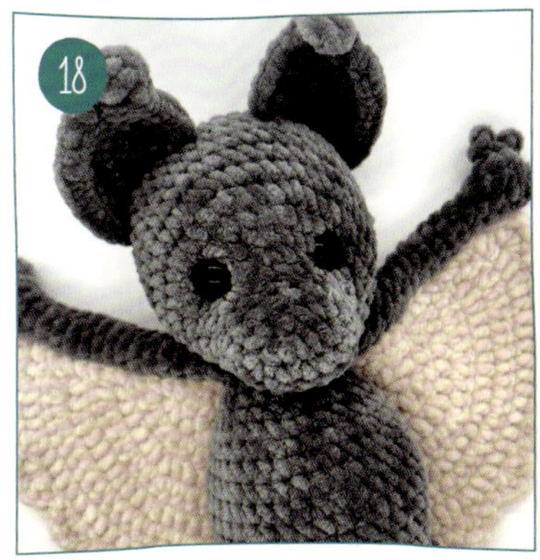

Eine Variante der Fledermaus siehst du hier – sie wurde von meiner Testhäklerin @elenas_nadelzauber gehäkelt. Besuch sie doch gerne mal auf Instagram.

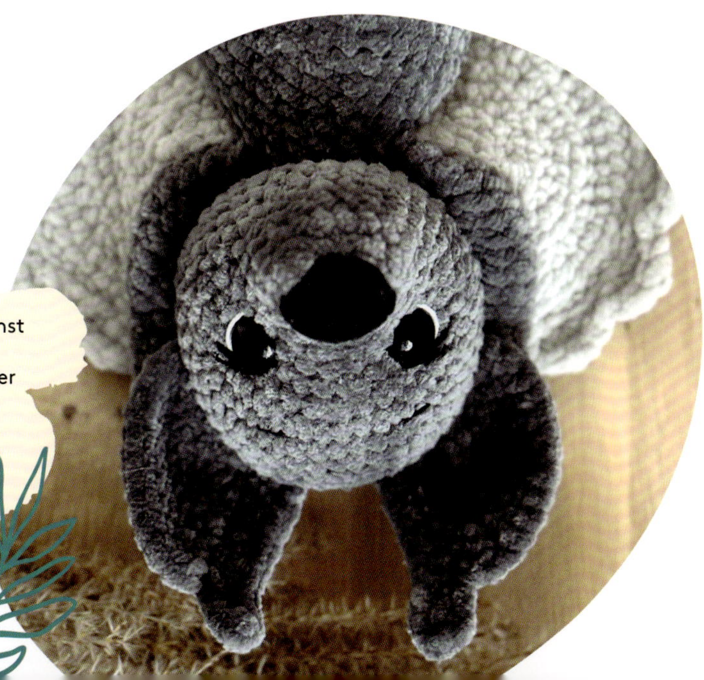

Eule Aria

DAS BENÖTIGST DU:

- LEAMI Chenille Soft Uni (100 % Polyester, LL 120 m/100 g)
  - Weiß (Fb 101) 5 g
  - Naturweiß (Fb 103) 15 g
  - Grau (Fb 108) 15 g
  - Hellbraun (Fb 121) 100 g
  - Braun (Fb 151) 15 g
- Sicherheitsaugen Ø 16 mm
- Füllwatte
- Stickgarn in Weiß und Schwarz
- Stopfnadel zum Vernähen
- Stecknadeln
- Maschenmarkierer
- Häkelnadel 4,0 mm
- Schere

So wird's gemacht

Wenn nicht anders angegeben, häkelst du alles in Spiralrunden. Der Kopf, die Ohren und die Augenpartie werden später angenäht.

Kopf (in Grau, Naturweiß und Hellbraun)

Beginne mit der Farbe Grau.
1. Rd: 6 fM in einen Fadenring häkeln [6].
2. Rd: 6 fM häkeln [6].
3. Rd: * 1 fM, 1 M zun; ab * noch 2 x wdh [9].
4. Rd: 3 fM, 3 x 1 M zun, 3 fM [12].
Ab jetzt häkelst du mit der Farbe Naturweiß weiter. Um einen geraden Farbwechsel zu bekommen, holst du dir bei der nächsten M zunächst den alten Faden (Grau) und beendest die M mit dem neuen Faden (Naturweiß). Häkle so die komplette nächste Rd.
→ BILD 1–3
5. Rd: 12 fM häkeln [12].
6. Rd: 3 fM, 6 x 1 M zun, 3 fM [18].
7. Rd: 3 fM, * 1 M zun, 1 fM; ab * noch 5 x wdh, 3 fM [24].
8. Rd: 4 fM, * 1 M zun, 2 fM; ab * noch 5 x wdh, 2 fM [30].
9. Rd: 5 fM, * 1 M zun, 3 fM; ab * noch 5 x wdh, 1 fM [36].

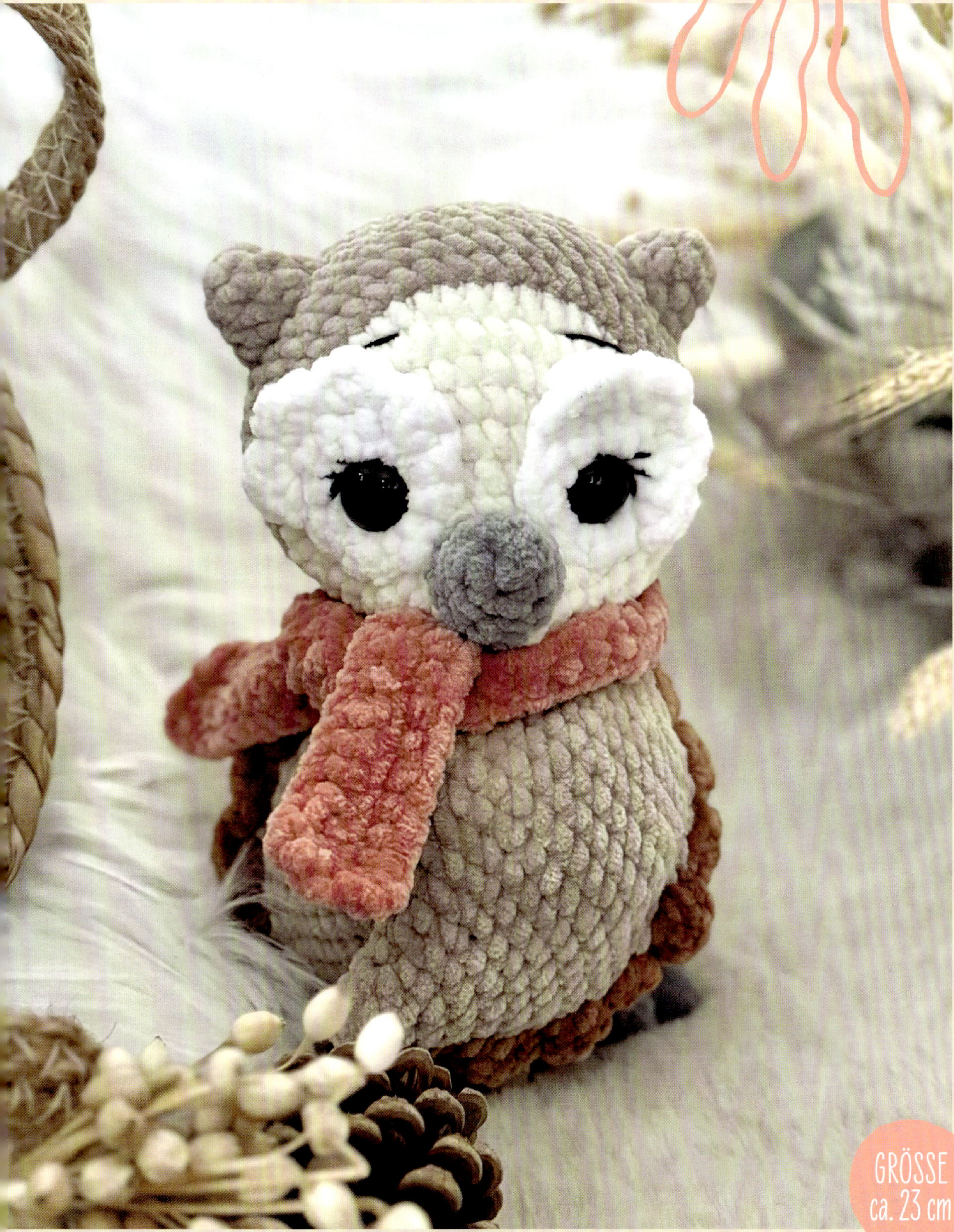

GRÖSSE
ca. 23 cm

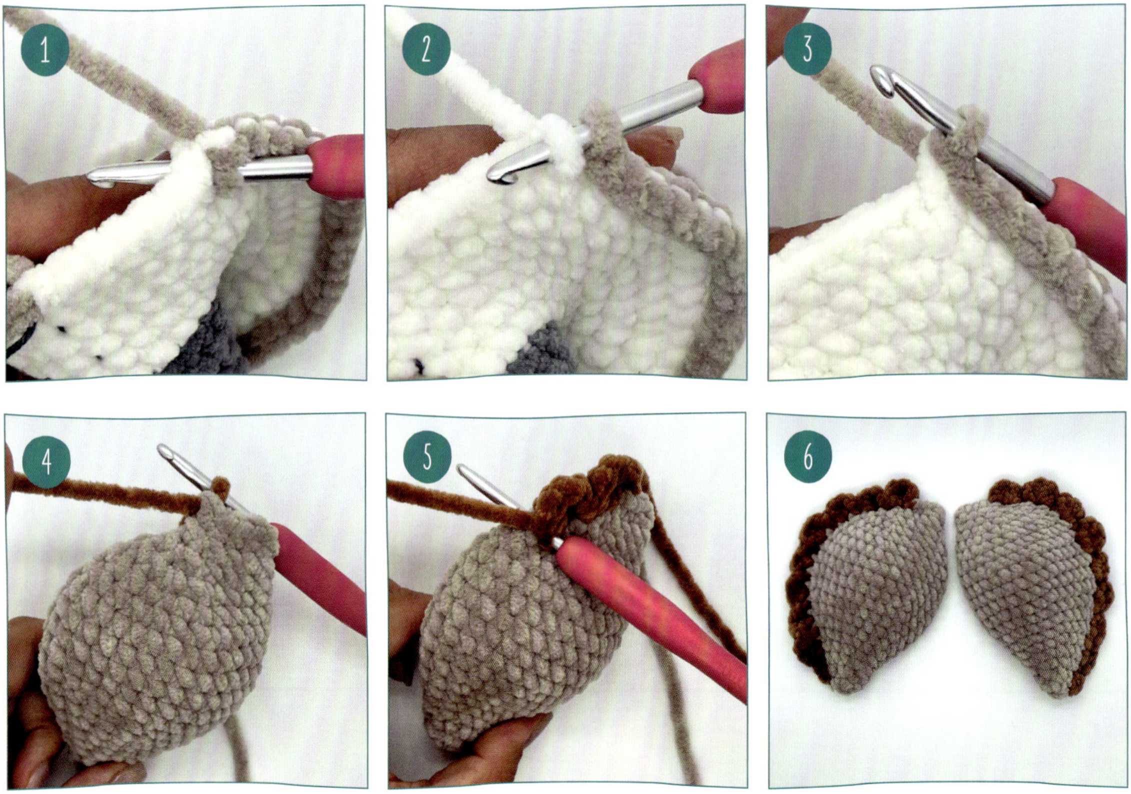

10. Rd: 5 fM, * 1 M zun, 4 fM; ab * noch 5 x wdh, 1 fM [42].
11. Rd: 6 fM, * 1 M zun, 5 fM; ab * noch 5 x wdh [48].
12. Rd: 48 fM häkeln [48].
Jetzt häkelst du mit der Farbe Hellbraun weiter. Häkel den Farbwechsel genau wie beim Schnabel.
13.–19. Rd: 48 fM häkeln [48].
20. Rd: * 6 fM, 1 M abn; ab * noch 5 x wdh [42].
21. Rd: * 5 fM, 1 M abn; ab * noch 5 x wdh [36].
22. Rd: * 4 fM, 1 M abn; ab * noch 5 x wdh [30].
Fülle den Kopf mit Füllmaterial. Achte darauf, dass der Schnabel gut gefüllt ist.
23. Rd: * 3 fM, 1 M abn; ab * noch 5 x wdh [24].
24. Rd: * 2 fM, 1 M abn; ab * noch 5 x wdh [18].
25. Rd: * 1 fM, 1 M abn; ab * noch 5 x wdh [12].
Komplett mit Füllmaterial füllen.
26. Rd: 6 x 1 M abn [6].
Beenden und den Faden vernähen.

Flügel (2 x in Hellbraun und Braun)

Beginne mit der Farbe Hellbraun.
1. Rd: 6 fM in einen Fadenring häkeln [6].
2. Rd: 6 fM häkeln [6].
3. Rd: 6 x 1 M zun [12].
4. Rd: 12 fM häkeln [12].
5. Rd: * 1 fM, 1 M zun; ab * noch 5 x wdh [18].
6. Rd: 18 fM häkeln [18].
7. Rd: * 2 fM, 1 M zun; ab * noch 5 x wdh [24].
8. Rd: 24 fM häkeln [24].
9. Rd: * 3 fM, 1 M zun; ab * noch 5 x wdh [30].
10.–14. Rd: 30 fM häkeln [30].
15. Rd: 3 fM, * 1 M abn, 2 fM; ab * noch 5 x wdh, 3 fM [24].
16. Rd: 24 fM häkeln [24].
17. Rd: 3 fM, * 1 M abn, 1 fM; ab * noch 5 x wdh, 3 fM [18].
18. Rd: 3 fM, 6 x 1 M abn, 3 fM [12].

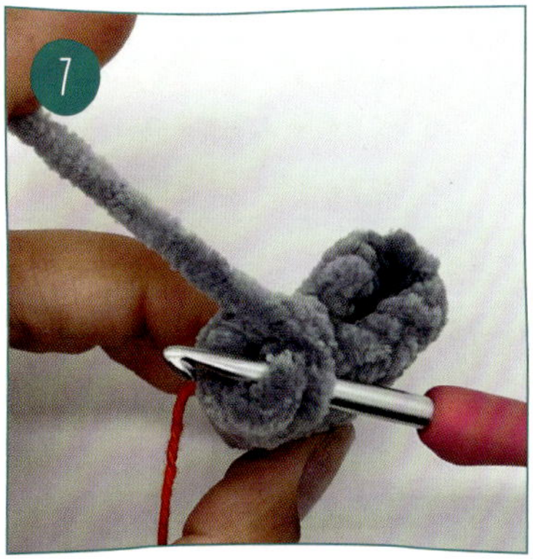

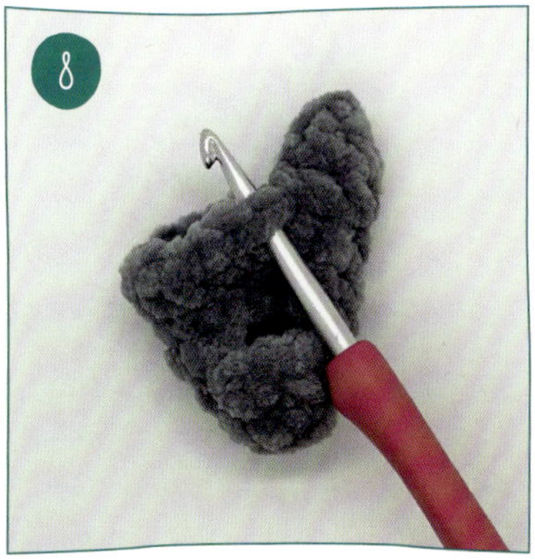

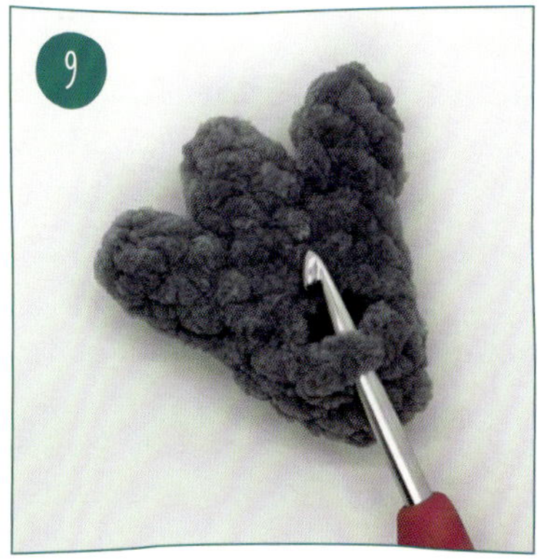

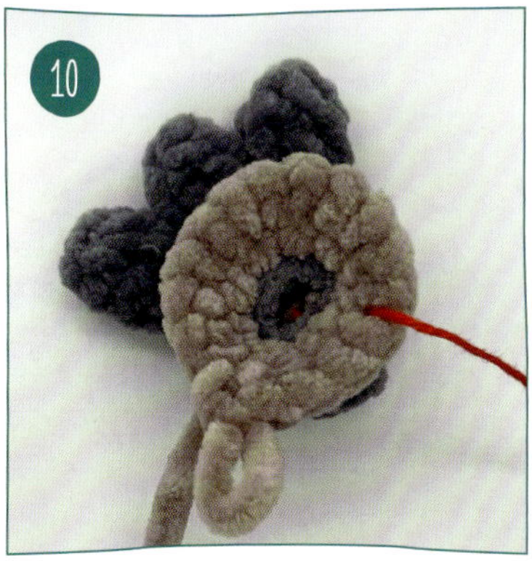

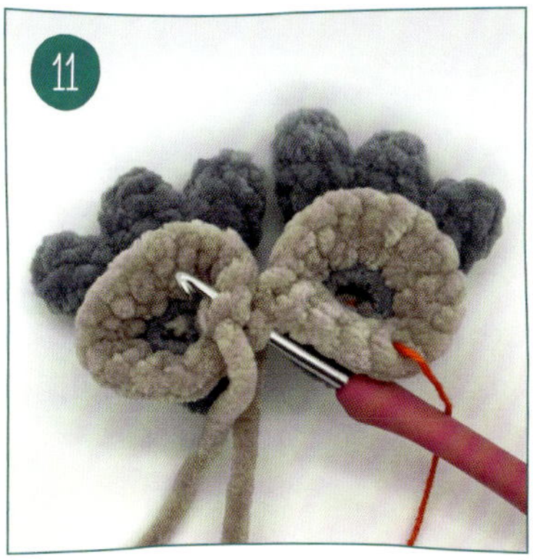

19. Rd: 3 fM, 3 x 1 M abn, 3 fM [9].

Die Flügel werden nicht gefüllt. Zusammenlegen und mit 4 fM zusammenhäkeln. Jetzt wechselst du zur Farbe Braun und häkelst seitlich zurück zu Rd 1. * 4 Stb in eine M, 1 fM; ab * noch 7 x wdh, 3 hStb in eine M, 1 Km [44].

Faden abschneiden und vernähen.

→ **BILD 4–6**

Füße (2 x in Grau)

1. Rd: 6 fM in einen Fadenring häkeln [6].

2. Rd: 6 fM häkeln [6].

3. Rd: 6 x 1 M zun [12].

In der nächsten Rd entsteht eine Lücke für das Bein. Die Lücke ist später mittig vom Fuß.

4. Rd: 1 fM, 3 Lm (3 M überspr), 8 fM [12].

5. Rd: 12 fM häkeln [12].

6. Rd: * 1 fM, 1 M zun; ab * noch 5 x wdh [18].

Jetzt häkelst du die Krallen deiner Eule.

7. Rd: Häkle 3 fM in der nächsten Rd, dann stichst du von vorne in die 16. M (dritte vor dem Rundenende) ein. Häkle 3 fM und schließe damit die erste Kralle. Häkle weitere 6 fM. Beenden und den Faden vernähen.

Für die zweite Kralle stichst du in die 4. M von Rd 7 ein. Häkle wieder 3 fM, wende den Fuß und stich in die dritte M vor der ersten Kralle ein. Häkle weitere 6 fM. Das wdh du auch für die dritte Kralle. Vernähe alle Fäden. Den Fuß nicht füllen.

→ **BILD 7–8**

Für das Bein stichst du in die zweite freie M vom Fuß (Rd 4) ein.

→ **BILD 9**

Hole dir den Faden und häkle 1 Lm, in die gleiche M häkelst du die erste M.

1.–2. Rd: 8 fM häkeln [8].

Häkle jetzt mit der Farbe Hellbraun weiter.

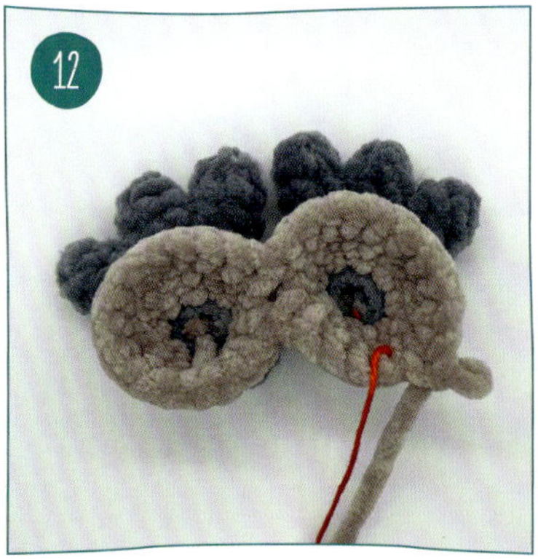

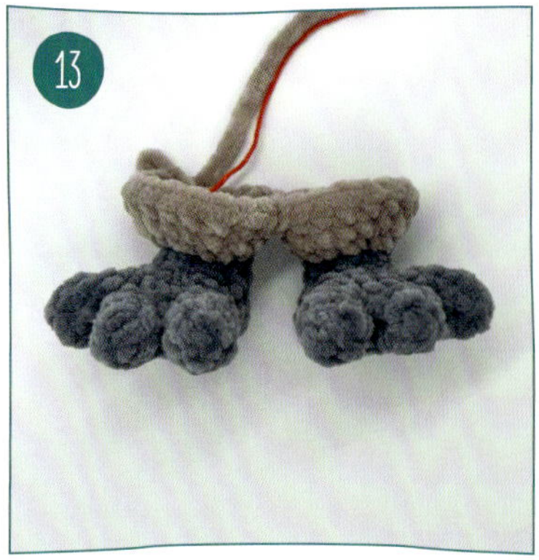

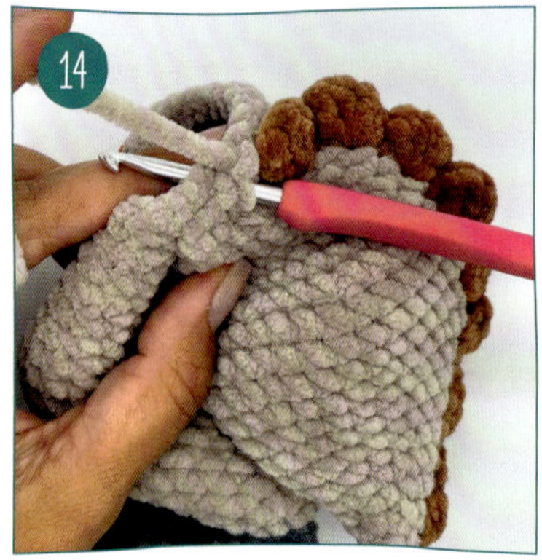

3. Rd: 8 x 1 M zun [16].
4. Rd: 16 fM häkeln [16].
Ein Bein beendest du mit 1 Km. Mit dem anderen Bein häkelst du weiter.
→ **BILD 10**

Körper (in Hellbraun)

Häkle jetzt die Beine zusammen. Das Bein, das du aktuell auf der Nadel hast (also das zweite Bein, das du gehäkelt hast), ist das erste.
5. Rd: 5 fM in das erste Bein, stich jetzt in die letzte M vom zweiten Bein ein und häkle 16 fM. Stich jetzt in die 6. M des ersten Beins ein und häkle 11 fM [32].
→ **BILD 11–13**
6. Rd: * 3 fM, 1 M zun; ab * noch 7 x wdh [40].
7. Rd: 19 fM, 1 M zun, 14 fM, 1 M zun, 5 fM [42].
8.–15. Rd: 42 fM häkeln [42].
16. Rd: * 5 fM, 1 M abn; ab * noch 5 x wdh [36].
17. Rd: 36 fM häkeln [36].
Fange an, die Beine und den Körper mit Füllmaterial zu füllen.
18. Rd: * 4 fM, 1 M abn; ab * noch 5 x wdh [30].
19. Rd: 30 fM häkeln [30].
20. Rd: * 3 fM, 1 M abn; ab * noch 5 x wdh [24].
21. Rd: 24 fM häkeln [24].
Jetzt werden die Flügel mit angehäkelt. Die Federn zeigen dabei nach hinten. Der Rundenanfang ist ebenfalls hinten.
22. Rd: 6 fM, ersten Flügel mit 4 fM anhäkeln, 6 fM, zweiten Flügel mit 4 fM anhäkeln, 4 fM [24].
23. Rd: * 2 fM, 1 M abn; ab * noch 5 x wdh [18].
Mit 1 Km beenden und den Faden abschneiden. Fülle den Körper mit Füllmaterial.
→ **BILD 14–16**

TIPP **Die Lm werden bei der Maschenanzahl nicht mitgezählt, da sie nur für die Höhe in der nächsten Rd gehäkelt werden.**

Schwanz (in Hellbraun und Braun)

Beginne mit der Farbe Hellbraun.
Stich von oben durch eine M hinten am Po zwischen Rd 7 und 8. Hole dir den Faden und häkle in die gleiche M deine erste M.
1. Rd: 8 fM, 1 Lm, wenden [8].
2. Rd: 1 M zun, 6 fM, 1 M zun, 1 Lm, wenden [10].
Häkle jetzt in der Farbe Braun weiter.
3. Rd: * 4 Stb in eine M, 1 fM; ab * noch 3 x wdh, 4 Stb in eine M, 1 Km [25].
Faden abschneiden und vernähen.
→ **BILD 17–19**

Augenpartie (2 x in Weiß)

1. Rd: 6 fM in einen Fadenring häkeln [6].
2. Rd: 6 x 1 M zun [12].
3. Rd: * 1 fM, 1 M zun; ab * noch 5 x wdh [18].
4. Rd: * 3 hStb in eine M, 1 Km; ab * noch 3 x wdh [16].

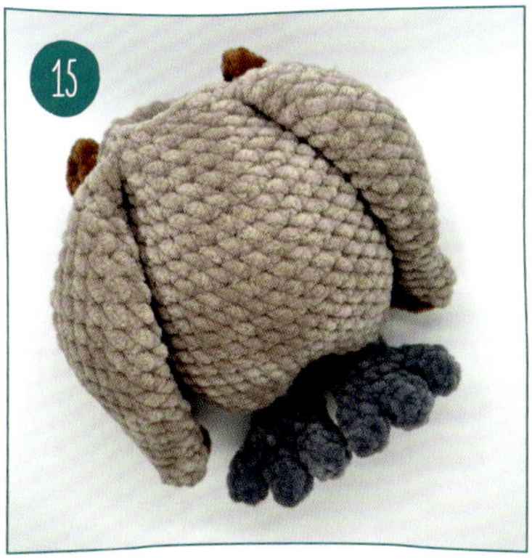

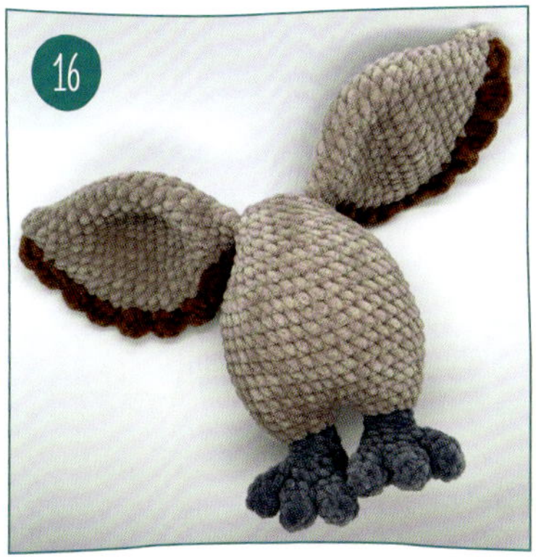

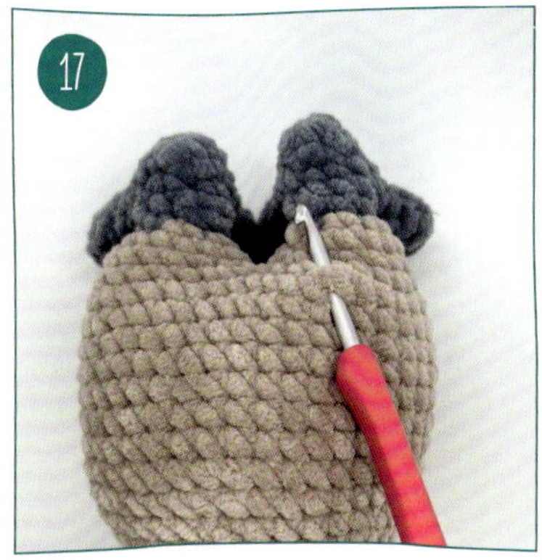

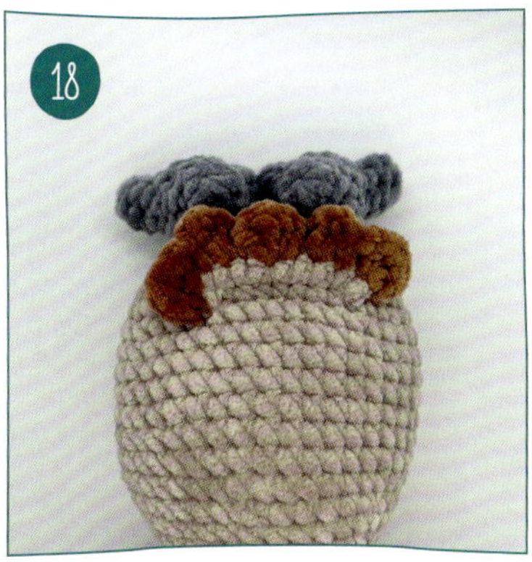

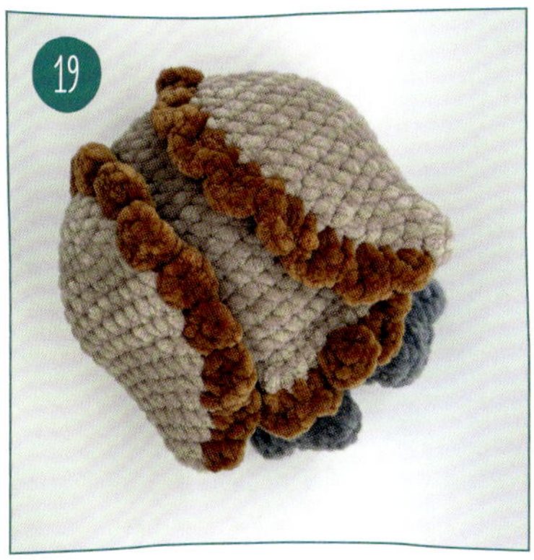

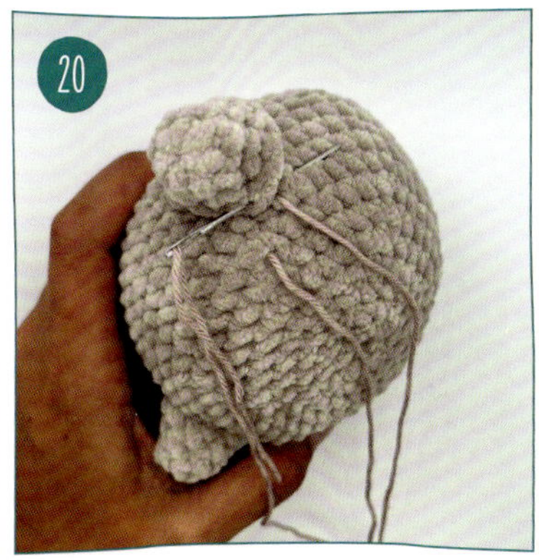

Beende die Rd 4 an dieser Stelle. Schneide den Faden ab und vernähe ihn.

Setze die Sicherheitsaugen in die Mitte des Fadenrings. Wichtig ist jetzt, dass du das Ende der Sicherheitsaugen so flach wie möglich bekommst.

TIPP Nachdem du deine Sicherheitsaugen angebracht hast, kannst du mit einem Feuerzeug den schwarzen Stift auf der Rückseite zum Schmelzen bringen und ihn flach drücken. So ist alles sicher befestigt.

Ohren (2x in Hellbraun)

1. Rd: 6 fM in einen Fadenring häkeln [6].
2. Rd: 3x 1 M zun, 3 fM [9].
3. Rd: * 1 M zun, 1 fM; ab * noch 2x wdh, 3 fM [12].
4. Rd: 12 fM häkeln [12].

Die Ohren werden nicht gefüllt. Mit 1 Km beenden und den Faden abschneiden.

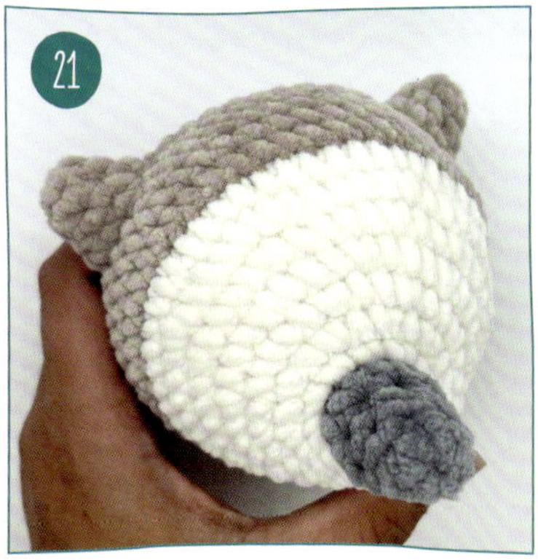

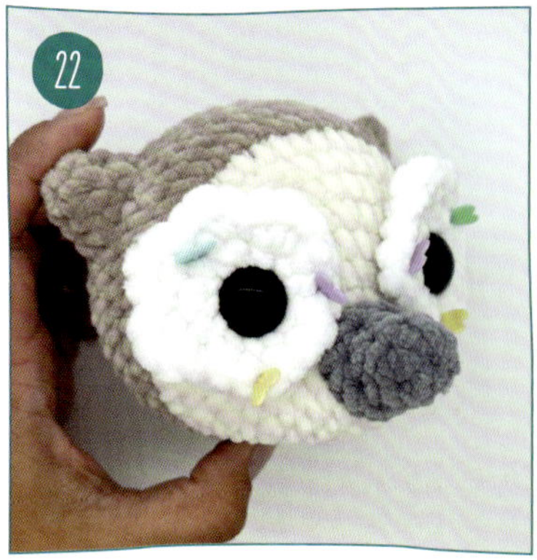

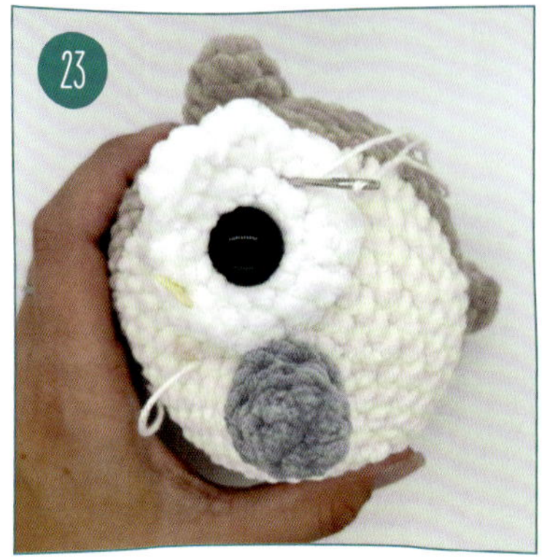

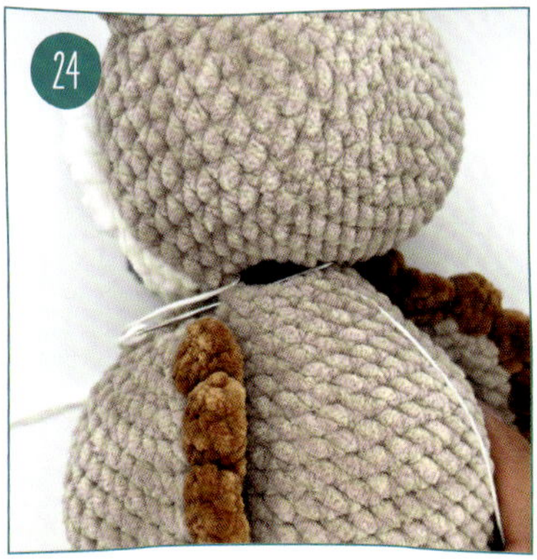

Fertigstellung

Nähe die Ohren nach Rd 15 mit einem Abstand von 12 M mit einem Baumwollfaden an den Kopf deiner Eule.

→ **BILD 20–21**

Stecke die Augen mithilfe von Stecknadeln oberhalb vom Schnabel fest. Lasse zwischen den Augen einen Abstand von 2–3 M. Nähe sie anschließend mit einem Baumwollfaden fest. Die Bögen schauen dabei nach oben und sollten unterhalb festgenäht werden, sodass sie nicht anliegen. Vertiefe die Augen. Nähe nun den Kopf an den Körper. Nimm auch hierfür einen Baumwollfaden. Den Anfangs- und Endfaden kannst du mehrmals miteinander verknoten und nach innen ziehen. Sticke deiner Eule jetzt noch ein paar hübsche Augendetails, Brauen und ein paar Muster auf (siehe Seite 25–27).

→ **BILD 22–24**

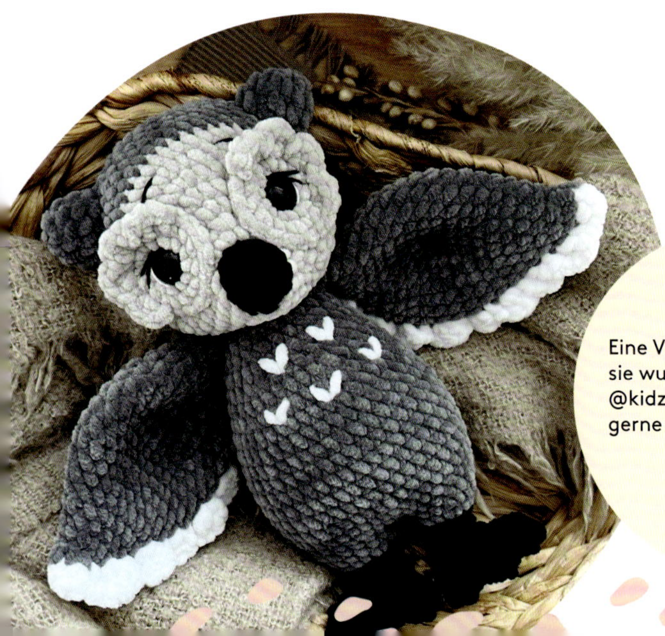

Eine Variante der Eule siehst du hier – sie wurde von meiner Testhäklerin @kidzkram gehäkelt. Besuch sie doch gerne mal auf Instagram.

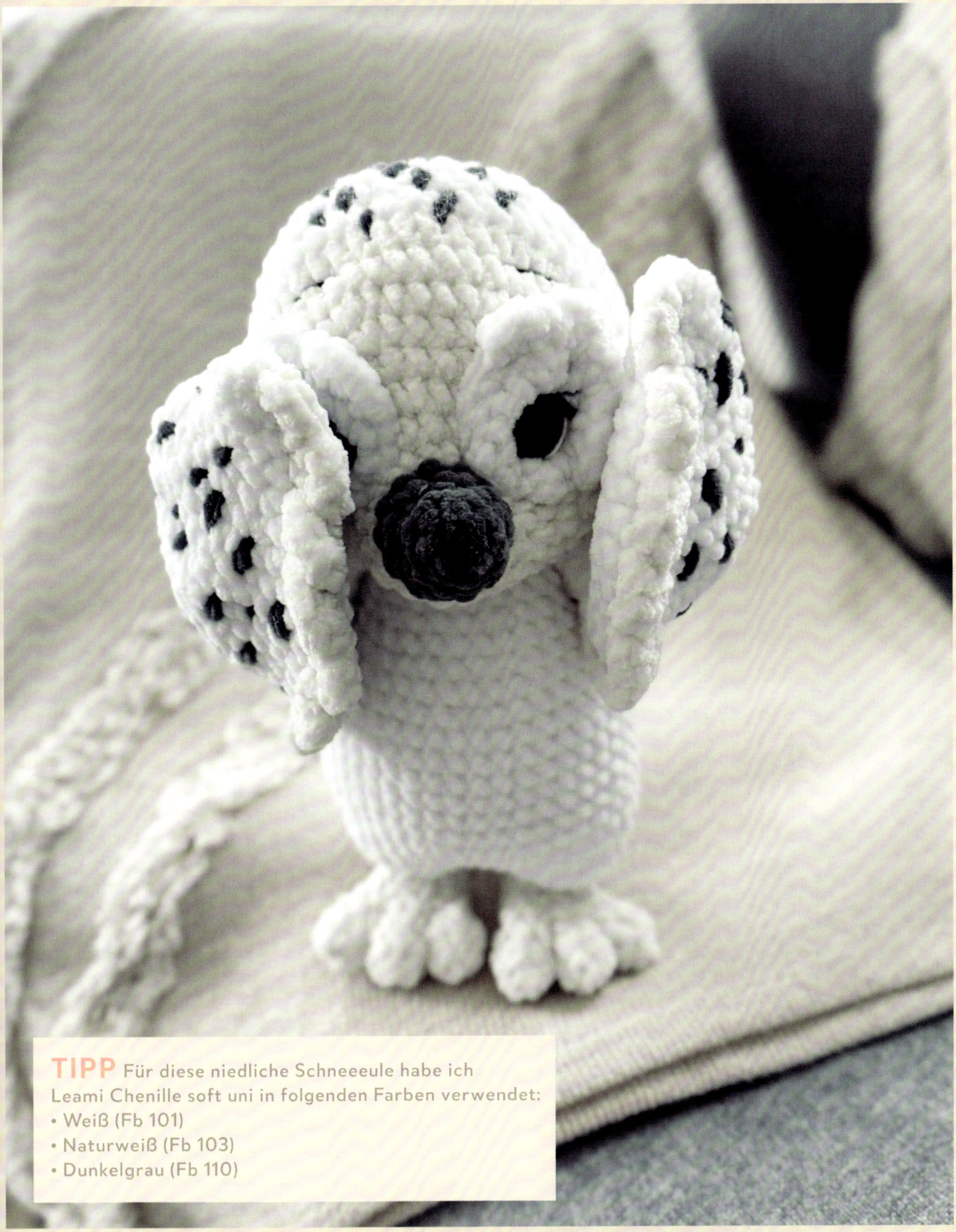

TIPP Für diese niedliche Schneeeule habe ich Leami Chenille soft uni in folgenden Farben verwendet:
- Weiß (Fb 101)
- Naturweiß (Fb 103)
- Dunkelgrau (Fb 110)

Roter Panda Charlie

DAS BENÖTIGST DU:

- LEAMI Chenille Soft Uni (100 % Polyester, LL 120 m/100 g)
  - Natur (Fb 103) 30 g
  - Fuchs (Fb 118) 100 g
  - Schwarz (Fb 112) 100 g
  - Dunkelbraun (Fb 152) 10 g
  - Nude (Fb 148) 30 g
- Sicherheitsaugen Ø 14/15 mm
- Füllwatte
- Stickgarn in Weiß und Schwarz
- Stopfnadel zum Vernähen
- Stecknadeln
- Maschenmarkierer
- Häkelnadel 4,0 mm
- Schere

So wird's gemacht

Wenn nicht anders angegeben, häkelst du alles in Spiralrunden. Der Kopf und die Ohren werden später angenäht.

Kopf (in Natur, Fuchs und Dunkelbraun)

Beginne mit der Farbe Natur.
1. Rd: 6 fM in einen Fadenring häkeln [6].
2. Rd: 6 x 1 M zun [12].
3. Rd: 1 fM, 3 x 1 M zun, 3 fM, 3 x 1 M zun, 2 fM [18].
4.–5. Rd: 18 fM häkeln [18].
6. Rd: 3 fM, 3 x 1 M zun, 6 fM, 3 x 1 M zun, 3 fM [24].
Die markierten M häkelst du in der Farbe **Fuchs**.
7. Rd: 2 fM, * 1 M zun, 1 fM; ab * noch 1 x wdh, 1 M zun, **3 fM**, 4 fM, **3 fM**, * 1 M zun, 1 fM; ab * noch 2 x wdh, 1 fM [30].
Die ersten und letzten M häkelst du in der Farbe **Dunkelbraun**. Deine Hauptfarbe ist jetzt **Fuchs**. Die Streifen häkelst du in Natur.
8. Rd: **8 fM**, 3 x 1 M zun, 7 fM, 3 x 1 M zun, **9 fM** [36].
9. Rd: **4 fM**, 5 x 1 M zun, 2 fM, **4 fM**, 1 fM, **3 fM**, 1 fM, **4 fM**, 2 fM, 5 x 1 M zun, **5 fM** [46].
10. Rd: **5 fM**, 13 fM, **2 fM**, 1 M zun, **3 fM**, 1 M zun, **2 fM**, 14 fM, **5 fM** [48].

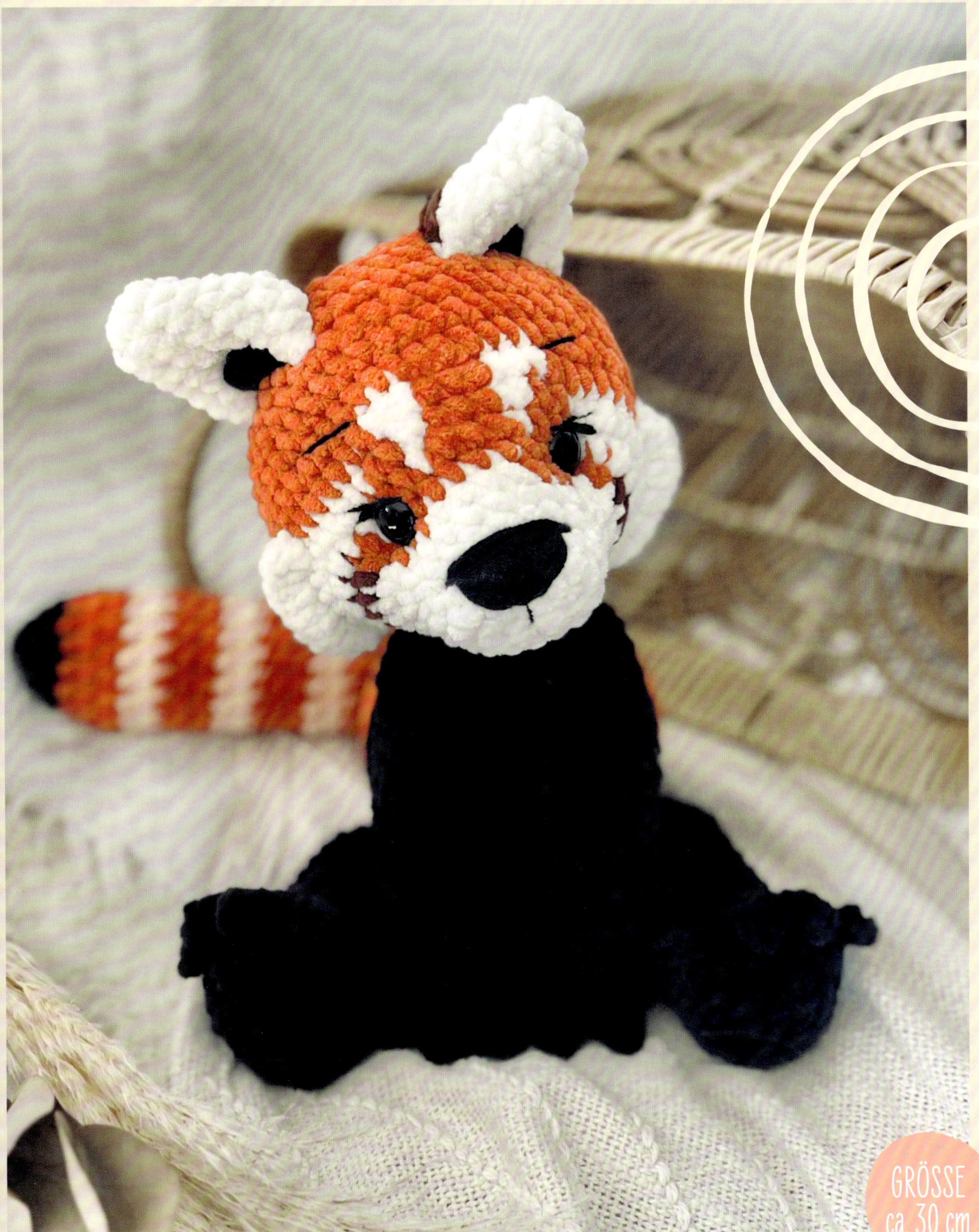

GRÖSSE
ca. 30 cm

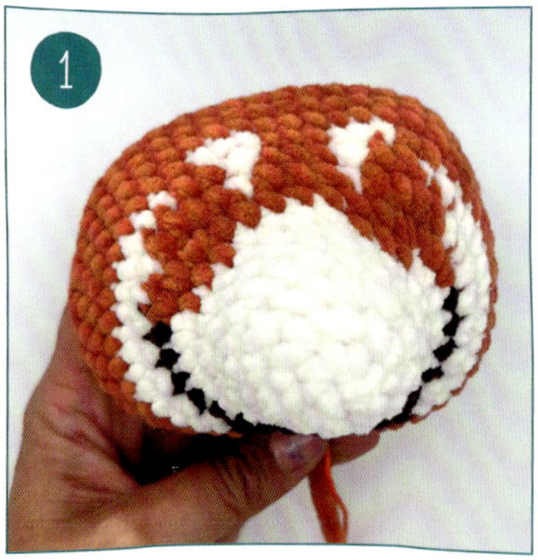

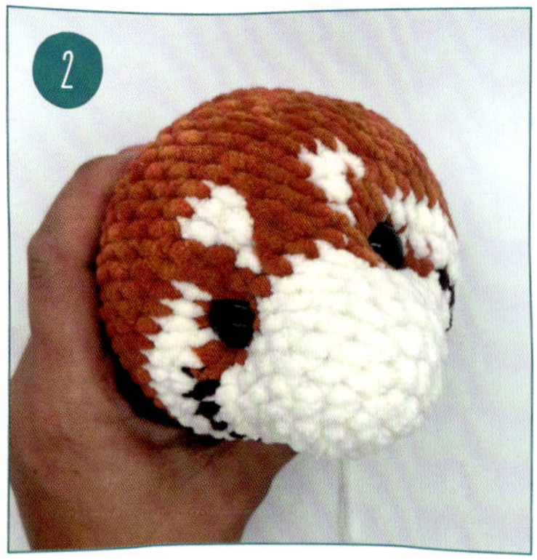

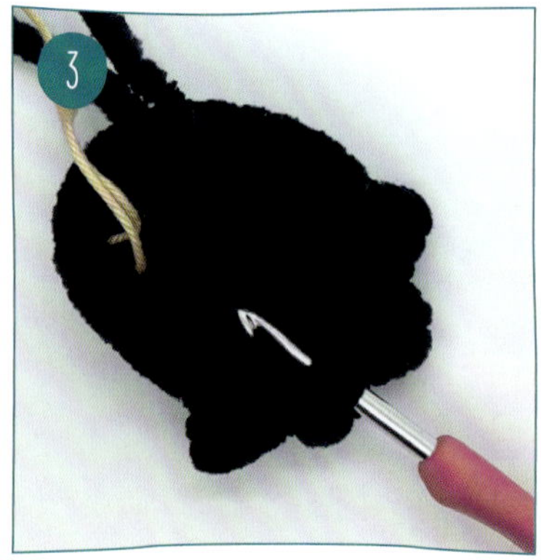

11. Rd: 19 fM, 3 fM, 3 fM, 3 fM, 20 fM [48].
Ab jetzt häkelst du nur noch in der Farbe Fuchs.
12.–18. Rd: 48 fM häkeln [48].
Sicherheitsaugen nach Rd 8 mit einem Abstand von 8 sichtbaren M anbringen.
19. Rd: * 6 fM, 1 M abn; ab * noch 5 x wdh [42].
20. Rd: * 5 fM, 1 M abn; ab * noch 5 x wdh [36].
21. Rd: * 4 fM, 1 M abn; ab * noch 5 x wdh [30].
22. Rd: * 3 fM, 1 M abn; ab * noch 5 x wdh [24].
Den Kopf mit Füllmaterial füllen. Achte darauf, dass die Schnauze gut gefüllt ist.
23. Rd: * 2 fM, 1 M abn; ab * noch 5 x wdh [18].
24. Rd: * 1 fM, 1 M abn; ab * noch 5 x wdh [12].
Komplett mit Füllmaterial füllen.
25. Rd: 6 x 1 M abn [6].
Beenden und den Faden vernähen. Vertiefe die Augen.
→ **BILD 1–2**

TIPP **Du kannst beim Farbwechsel den Faden entweder mitführen oder ihn jedes Mal abschneiden und verknoten.**

Ohren (2 x in Natur und Dunkelbraun)

Beginne mit der Farbe Natur.
1. Rd: 6 fM in einen Fadenring häkeln [6].
2. Rd: * 1 fM, 1 M zun; ab * noch 2 x wdh [9].
3. Rd: 9 fM häkeln [9].
4. Rd: * 2 fM, 1 M zun; ab * noch 2 x wdh [12].
5. Rd: * 1 fM, 1 M zun; ab * noch 5 x wdh [18].
Alle markierten M häkelst du in der Farbe **Dunkelbraun**.
6. Rd: 1 fM, **5 fM**, 12 fM [18]
7. Rd: **7 fM**, 11 fM [18]
Mit 1 Km beenden. Die Ohren werden nicht gefüllt, nur zusammengedrückt.

Arme (2 x in Schwarz)

1. Rd: 6 fM in einen Fadenring häkeln [6].
2. Rd: 6 x 1 M zun [12].
3. Rd: * 1 fM, 1 M zun; ab * noch 5 x wdh [18].
Jetzt werden die Zehen gehäkelt.
4. Rd: ihM häkeln 5 fM, * ivM häkeln, 1 fM, 2 Lm, stich in die zweite M von der Nadel aus ein, 1 fM, 1 fM in die gleiche M wie die erste fM, 1 Km; ab * noch 3 x wdh, ihM häkeln 5 fM [22, ohne Lm].
In der nächsten Rd behäkelst du erst die ganze M. An den Zehen häkelst du ihM von Rd 4, dann wieder in die ganze M.
5. Rd: 18 fM häkeln [18].
6. Rd: 3 fM, * 1 M abn, 2 fM; ab * noch 2 x wdh, 3 fM [15].
7. Rd: * 3 fM, 1 M abn; ab * noch 2 x wdh [12].
8.–19. Rd: 12 fM häkeln [12].
Fülle den Arm mit Füllmaterial.
20. Rd: * 2 fM, 1 M abn; ab * noch 2 x wdh [9].
Der restliche Arm wird nur leicht gefüllt. Zusammenlegen und mit 4 fM zusammenhäkeln. Faden abschneiden. Der Abschluss zeigt zu den Zehen.

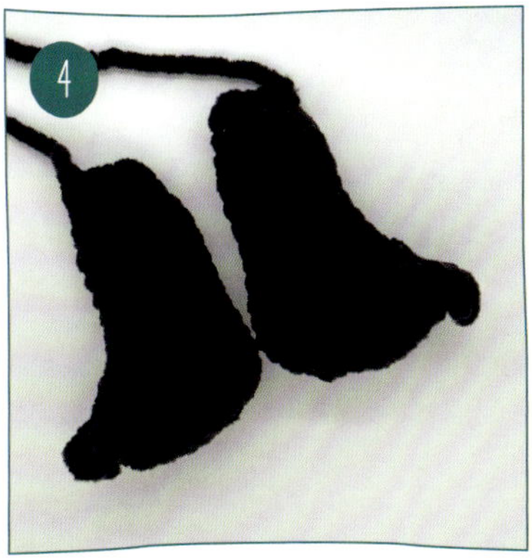

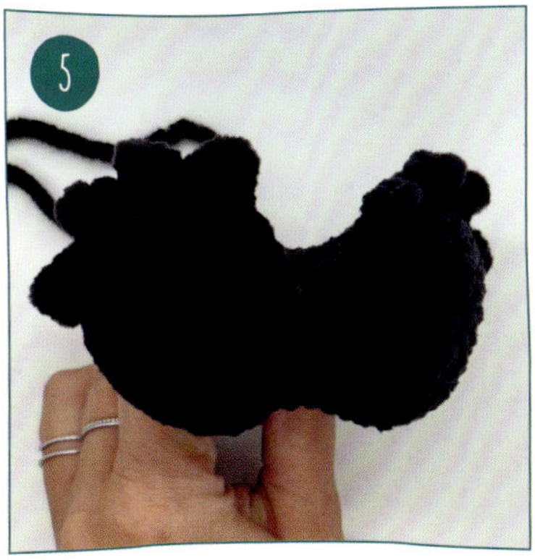

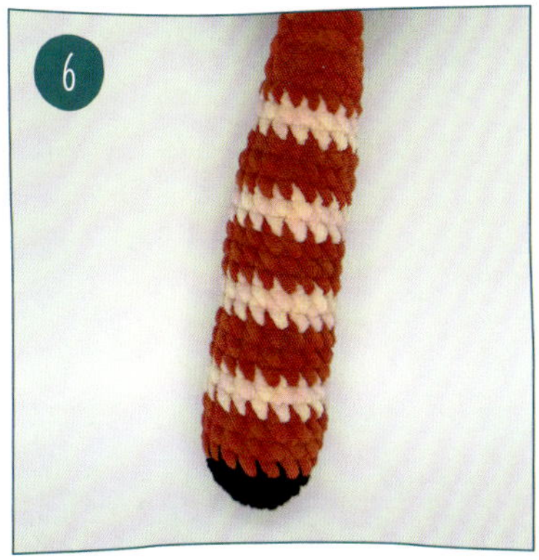

Beine (2x in Schwarz)

1. Rd: dLmk mit 6 M häkeln [6].
Stich in die zweite M von der Nadel aus ein.
2. Rd: 1 M zun, 3 fM, 3 fM in die letzte M, 4 fM [12].
3. Rd: 2 x 1 M zun, 3 fM, 3 x 1 M zun, 3 fM, 1 M zun [18].
4. Rd: * 1 M zun, 1 fM; ab * noch 1 x wdh, 3 fM, * 1 M zun, 1 fM; ab * noch 2 x wdh, 3 fM, 1 M zun, 1 fM [24].
Jetzt werden die Zehen gehäkelt.
5. Rd: ihM häkeln 10 fM, ivM häkeln * 1 fM, 2 Lm, stich in die zweite M von der Nadel aus ein, 1 fM, 1 fM in die gleiche M wie die erste fM, 1 Km; ab * noch 3 x wdh, ihM häkeln 6 fM [28, ohne Lm].
In der nächsten Rd behäkelst du erst die ganze M. An den Zehen häkelst du ihM von Rd 5, dann wieder in die ganze M.
6. Rd: 24 fM häkeln [24].
7. Rd: 8 fM, 6 x 1 M abn, 4 fM [18].
8. Rd: * 4 fM, 1 M abn; ab * noch 2 x wdh [15].
9.–14. Rd: 15 fM häkeln [15].
Fülle den Fuß mit Füllmaterial.
15. Rd: * 3 fM, 1 M abn; ab * noch 2 x wdh [12].
16. Rd: * 2 fM, 1 M abn; ab * noch 2 x wdh [9].
Das restliche Bein wird nur leicht gefüllt. Zusammenlegen und mit 4 fM zusammenhäkeln. Faden abschneiden. Der Abschluss zeigt zu den Zehen.
→ **BILD 3–5**

Schwanz (in Schwarz, Fuchs und Nude)

Beginne mit der Farbe Schwarz.
1. Rd: 6 fM in einen Fadenring häkeln [6].
2. Rd: 6 x 1 M zun [12].
3. Rd: 12 fM häkeln [12].
4. Rd: * 1 fM, 1 M zun; ab * noch 5 x wdh [18].
Häkle jetzt mit der Farbe Fuchs weiter.
Jetzt häkelst du je 3 Rd in der Farbe Fuchs und 2 Rd in der Farbe Nude.
5.–19. Rd: 18 fM häkeln [18].
Fülle den Schwanz nach und nach mit Füllmaterial.
Du bist jetzt bei der Farbe Fuchs.
20.–21 Rd: 18 fM häkeln [18].
22. Rd: * 4 fM, 1 M abn; ab * noch 2 x wdh [15].
Wechsle zur Farbe Nude.
23.–24. Rd: 15 fM häkeln [15].
Wechsle zur Farbe Fuchs.
25. Rd: 15 fM häkeln [15].
26. Rd: * 3 fM, 1 M abn; ab * noch 2 x wdh [12].
27. Rd: 12 fM häkeln [12].
28. Rd: * 2 fM, 1 M abn; ab * noch 2 x wdh [9].
Fülle den restlichen Schwanz mit Füllmaterial.
Häkle noch 2–3 fM, damit der Farbwechsel unten ist. Zusammenlegen und mit 4 fM zusammenhäkeln.
→ **BILD 6**

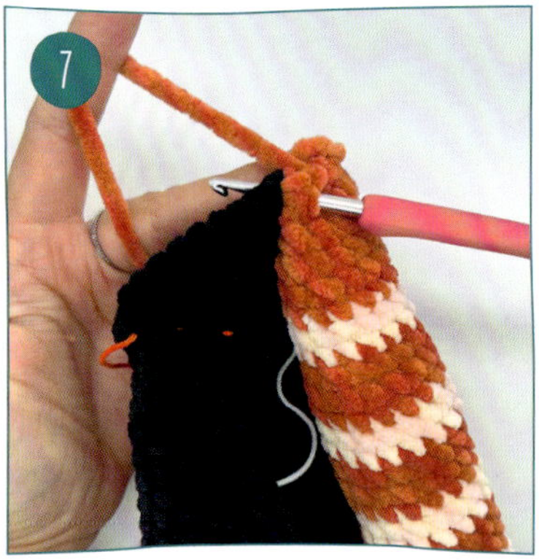

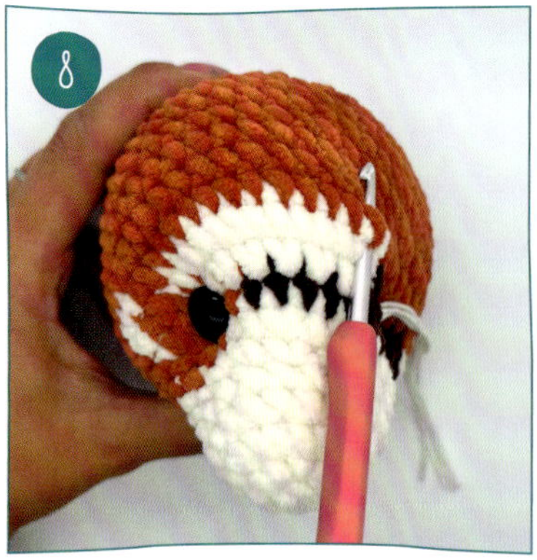

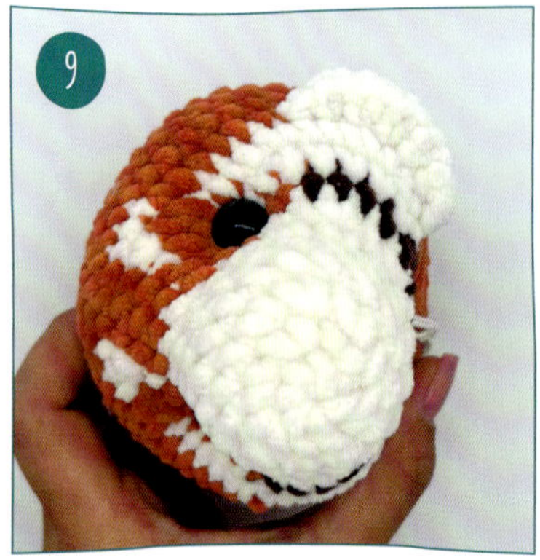

Körper (in Schwarz und Fuchs)

Beginne mit der Farbe Schwarz.

1. Rd: 6 fM in einen Fadenring häkeln [6].
2. Rd: 6 x 1 M zun [12].
3. Rd: * 1 fM, 1 M zun; ab * noch 5 x wdh [18].
4. Rd: * 2 fM, 1 M zun; ab * noch 5 x wdh [24].
5. Rd: * 3 fM, 1 M zun; ab * noch 5 x wdh [30].
6. Rd: * 4 fM, 1 M zun; ab * noch 5 x wdh [36].
7. Rd: * 5 fM, 1 M zun; ab * noch 5 x wdh [42].

Jetzt werden die Beine und der Schwanz mit eingehäkelt. Achte darauf, dass die Zehen nach vorne zeigen. Der Rundenanfang liegt dabei hinter dem rechten Bein (von vorne gesehen). Alle markierten M häkelst du in der Farbe Fuchs.

→ BILD 7

8. Rd: Erstes Bein mit 4 fM anhäkeln, 12 fM, zweites Bein mit 4 fM anhäkeln, 4 fM, **5 fM, Schwanz mit 4 fM anhäkeln, 5 fM**, 4 fM [42].
9. Rd: 23 fM, **16 fM**, 3 fM [42].
10. Rd: 22 fM, **18 fM**, 2 fM [42].
11. Rd: 21 fM, **20 fM**, 1 fM [42].
12.–15. Rd: 20 fM, **22 fM** [42].
16. Rd: 1 fM, * 1 M abn, 6 fM; ab * noch 1 x wdh, 1 M abn, 1 fM, **1 fM, * 1 M abn, 7 fM; ab * noch 1 x wdh, 1 M abn, 1 fM** [36].
17. Rd: 17 fM, **19 fM** [36].
18. Rd: 1 fM, 1 M abn, 4 fM, 1 M abn, 5 fM, 1 M abn, 1 fM, **2 fM, 1 M abn, 4 fM, 1 M abn, 5 fM, 1 M abn, 2 fM** [30].
19. Rd: 14 fM, **16 fM** [30].
20. Rd: * 2 fM, 1 M abn; ab * noch 2 x wdh, 2 fM, **2 fM, * 1 M abn, 3 fM; ab * noch 1 x wdh, 1 M abn, 2 fM** [24].
21.–22. Rd: 11 fM, **13 fM** [24].

Jetzt werden die Arme mit angehäkelt. Achte darauf, dass die Zehen nach vorne zeigen.

23. Rd: Ersten Arm mit 4 fM anhäkeln, 3 fM, zweiten Arm mit 4 fM anhäkeln, **13 fM** [24].

Die letzte Rd häkelst du in der Farbe Fuchs.

24. Rd: * 2 fM, 1 M abn; ab * noch 5 x wdh [18].

Mit 1 Km beenden und den Faden abschneiden. Fülle den Körper mit Füllmaterial.

Fertigstellung

Für die Details an den Wangen stichst du genau am Übergang von Natur auf Fuchs nach Rd 10 des Kopfes durch die unterste M (erste weiße M).

→ BILD 8

Hole dir den Faden und häkle 1 Lm, in die gleiche M häkelst du 1 fM. Anschließend 5 x 1 M zun (Stb), 1 Km. Faden abschneiden. Den Anfangs- und Endfaden kannst du miteinander verknoten und nach innen ziehen. Das Gleiche wdh du auf der anderen Seite. Hier stichst du in die 8. M von unten ein (auf Augenhöhe).

→ BILD 9–10

Für das Ohreninnere häkelst du in der Farbe Schwarz 6 fM in einen Fadenring und schließt ihn mit 1 Km. Nähe es anschließend an das Ohr. Die Ohren nähst du mit einem Baumwollfaden nach

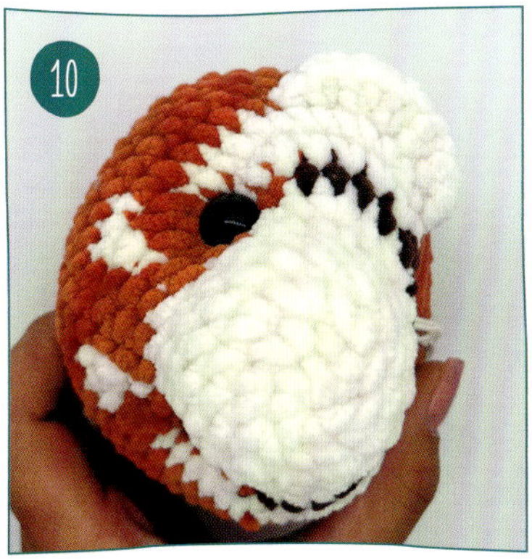

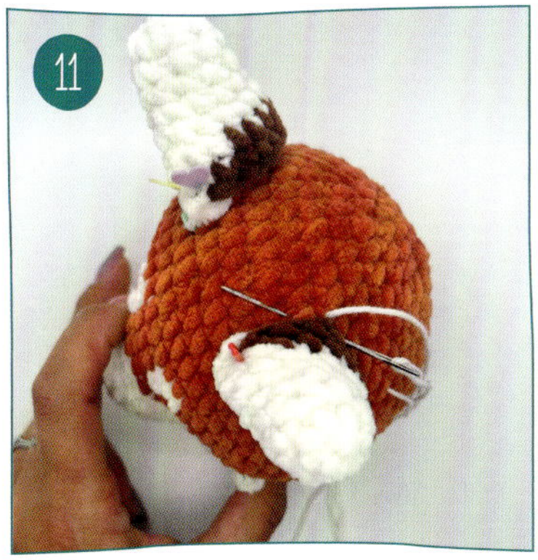

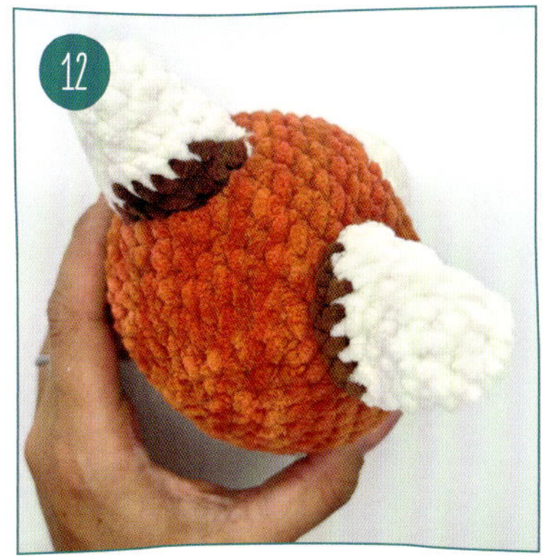

Rd 14 mit einem Abstand von 6 M zwischen den Ohren an den Kopf.

→ BILD 11–12

Forme dabei einen leichten Halbkreis. Den Kopf nähst du anschließend mit einem Baumwollfaden an den Körper. Sticke deinem Panda noch hübsche Augendetails, Brauen und eine Nase auf (siehe Seite 25–27).

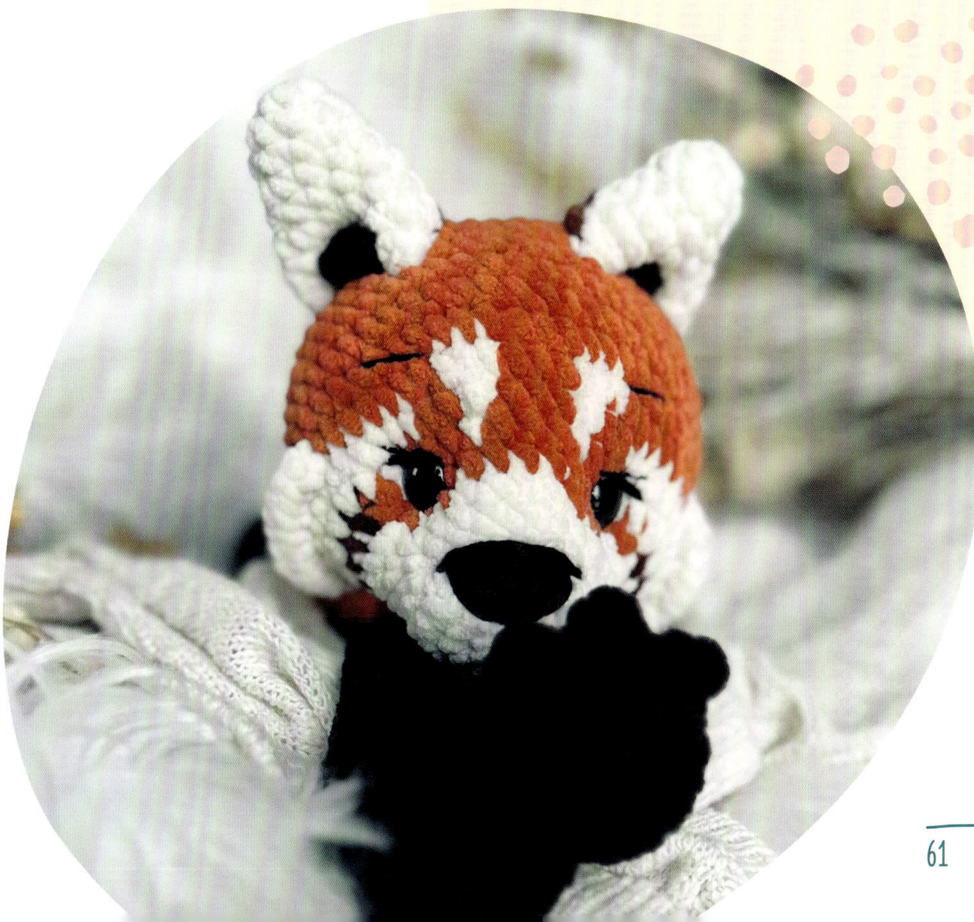

Eichhörnchen Ida

DAS BENÖTIGST DU:

- LEAMI Chenille Soft Uni (100 % Polyester, LL 120 m/100 g)
  - Natur (Fb 103) 25 g
  - Rotbraun (Fb 119) 100 g
  - Braun (Fb 151) 30 g
- Sicherheitsaugen Ø 14 mm
- Füllwatte
- Stickgarn in Weiß, Schwarz & Beige
- Stopfnadel zum Vernähen
- Stecknadeln
- Maschenmarkierer
- Häkelnadel 4,0 mm
- Schere

So wird's gemacht

Wenn nicht anders angegeben, häkelst du alles in Spiralrunden. Der Kopf und die Ohren werden später angenäht.

Kopf (in Natur, Rotbraun, Braun)

Beginne mit der Farbe Natur.
1. Rd: 6 fM in einen Fadenring häkeln [6].
2. Rd: 6 x 1 M zun [12].
3. Rd: 12 fM häkeln [12].
Ab jetzt häkelst du in der Farbe Rotbraun weiter. Alle markierten M häkelst du in der Farbe **Braun**.
4. Rd: 4 fM, 1 M zun, **1 M zun**, 1 M zun, 5 fM [15].
5. Rd: 4 fM, 1 M zun, 1 fM, **2 x 1 M zun**, 1 fM, 1 M zun, 5 fM [19].
6. Rd: 7 fM, **4 x 1 M zun**, 8 fM [23].
7. Rd: 5 fM, 1 M zun, 1 fM, *** 1 fM, 1 M zun; ab * noch 1 x wdh, 2 fM, 1 M zun, 1 fM**, 1 fM, 1 M zun, 6 fM [28].
8. Rd: 6 fM, 1 M zun, 1 fM, *** 1 fM, 1 M zun; ab * noch 1 x wdh, 3 fM, * 1 M zun, 1 fM; ab * noch 1 x wdh**, 1 fM, 1 M zun, 7 fM [34].
9. Rd: 7 fM, 1 M zun, 1 fM, **1 fM, * 1 M zun, 3 fM; ab * noch 2 x wdh, 1 M zun, 1 fM**, 1 fM, 1 M zun, 8 fM [40].
10.–12. Rd: 10 fM, **19 fM**, 11 fM [40].

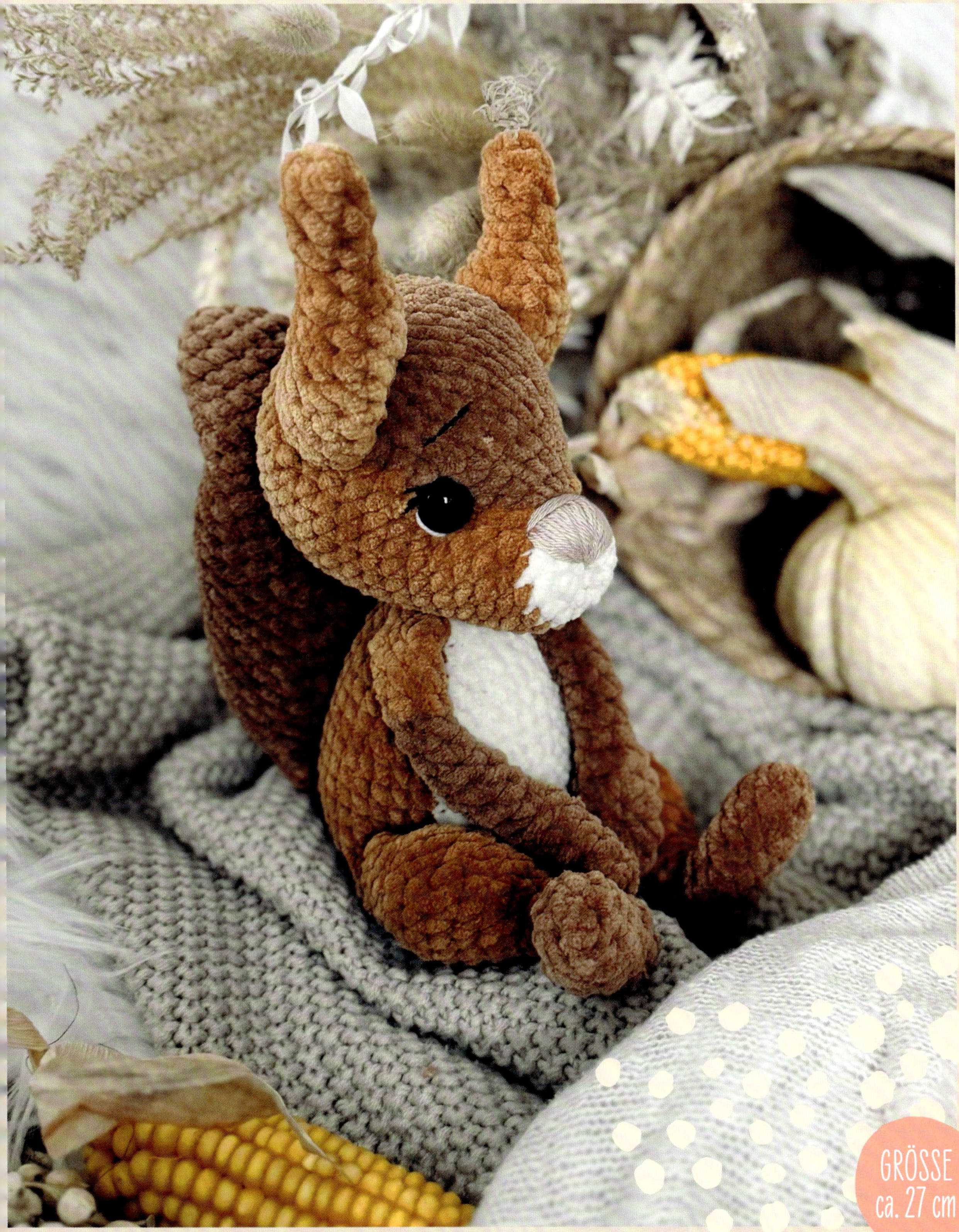

GRÖSSE
ca. 27 cm

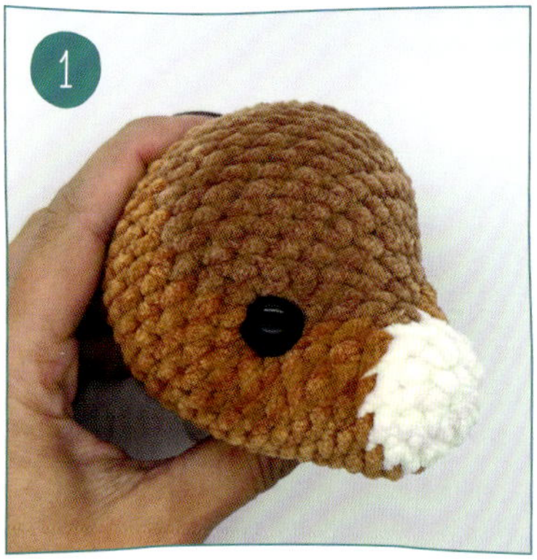

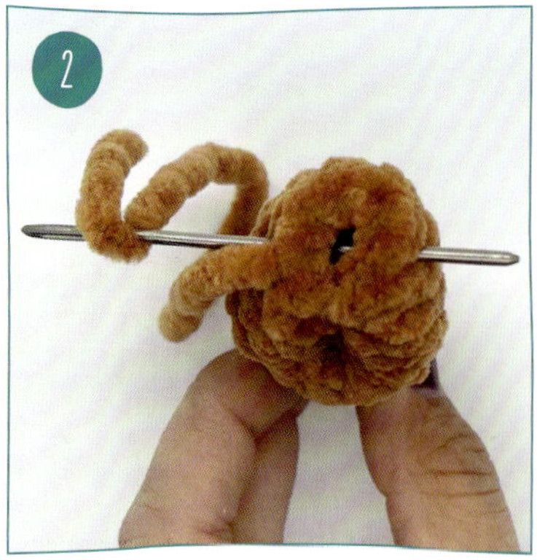

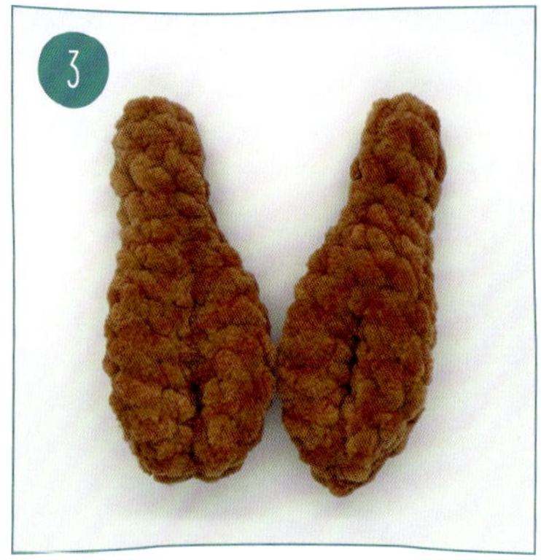

Sicherheitsaugen nach Rd 8 mit einem Abstand von 14 sichtbaren M anbringen.

13. Rd: 11 fM, **17 fM**, 12 fM [40].

14. Rd: 12 fM, **15 fM**, 13 fM [40].

15. Rd: 13 fM, **13 fM**, 14 fM [40].

Ab jetzt häkelst du nur noch in der Farbe Rotbraun.

16. Rd: 40 fM häkeln [40].

17. Rd: * 8 fM, 1 M abn; ab * noch 3 x wdh [36].

18. Rd: * 4 fM, 1 M abn; ab * noch 5 x wdh [30].

19. Rd: * 3 fM, 1 M abn; ab * noch 5 x wdh [24].

20. Rd: * 2 fM, 1 M abn; ab * noch 5 x wdh [18].

Fülle den Kopf mit Füllmaterial.

21. Rd: * 1 fM, 1 M abn; ab * noch 5 x wdh [12].

22. Rd: 6 x 1 M abn [6].

Beenden und den Faden vernähen. Vertiefe die Augen.

→ BILD 1

Ohren (2 x in Rotbraun)

1. Rd: 6 fM in einen Fadenring häkeln [6].

2.–3. Rd: 6 fM häkeln [6].

4. Rd: * 2 fM, 1 M zun; ab * noch 1 x wdh [8].

5. Rd: 8 fM häkeln [8].

6. Rd: * 1 fM, 1 M zun; ab * noch 3 x wdh [12].

7. Rd: * 3 fM, 1 M zun; ab * noch 2 x wdh [15].

8.–11. Rd: 15 fM häkeln [15].

12. Rd: * 3 fM, 1 M abn; ab * noch 2 x wdh [12].

Die Ohren werden nicht gefüllt. Lege sie in der Hälfte zusammen und nähe sie anschließend zusammen.

→ BILD 2–3

Arme (2 x in Braun und Rotbraun)

Beginne mit der Farbe Braun.

1. Rd: 6 fM in einen Fadenring häkeln [6].

2. Rd: 6 fM häkeln [6].

3. Rd: * 2 fM, 1 M zun; ab * noch 1 x wdh [8].

4.–5. Rd: 8 fM häkeln [8].

6. Rd: * 2 fM, 1 M abn; ab * noch 1 x wdh [6].

7.–12. Rd: 6 fM häkeln [6].

Häkle jetzt in der Farbe Rotbraun weiter.

13.–15. Rd: 6 fM häkeln [6].

Die Arme werden nicht gefüllt. Zusammenlegen und mit 3 fM zusammenhäkeln.

→ BILD 4

Füße (2 x in der Farbe Braun)

1. Rd: 6 fM in einen Fadenring häkeln [6].

2. Rd: * 1 fM, 1 M zun; ab * noch 2 x wdh [9].

3.–6. Rd: 9 fM häkeln [9].

In der nächsten Rd entsteht eine Lücke für das Bein.

7. Rd: 6 fM, 2 Lm, 1 fM [9].

8. Rd: 9 fM häkeln [9].

9. Rd: * 1 fM, 1 M abn; ab * noch 2 x wdh [6].

Die Füße werden nicht gefüllt. Beenden und den Faden vernähen.

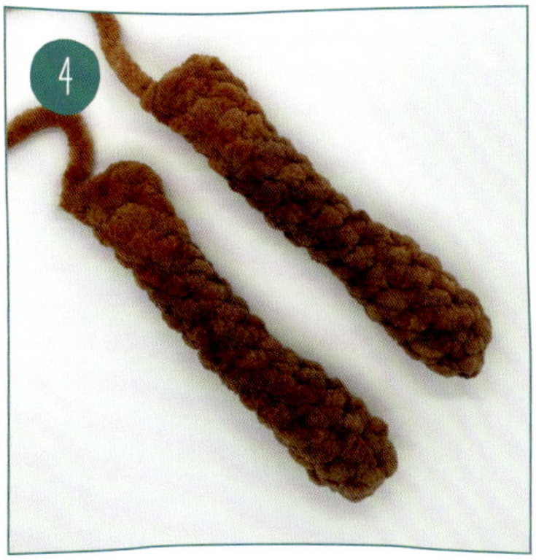

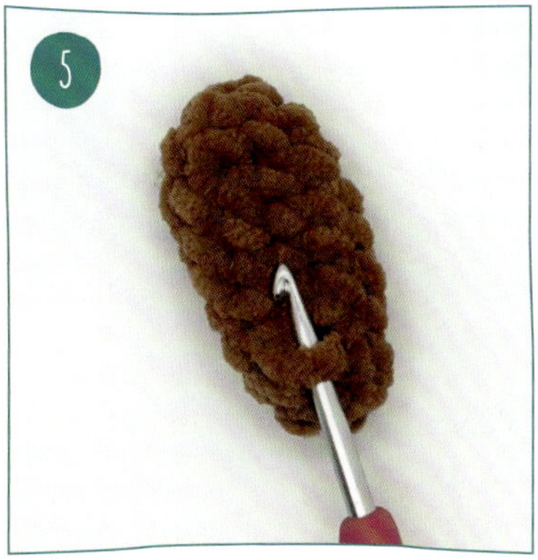

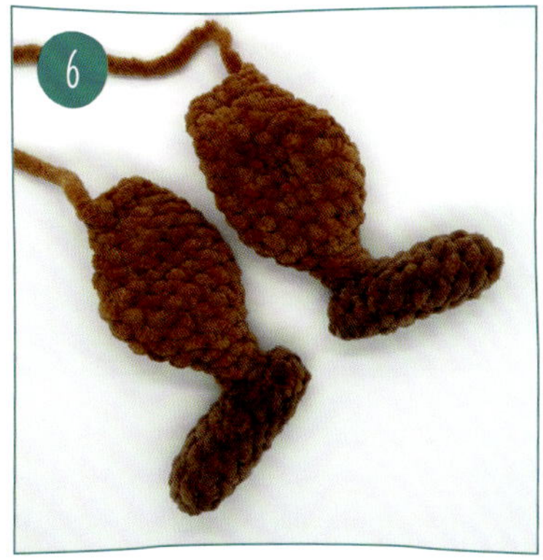

Beine (2x in Braun und Rotbraun)

Beginne mit der Farbe Braun. Für das Bein stichst du in eine M der Lücke vom Fuß (Rd 7) ein. Hole dir den Faden und häkle 1 Lm, in dieselbe M häkelst du deine erste fM. Die Ecken werden auch behäkelt.

→ **BILD 5**

1. Rd: 6 fM häkeln [6].

Wechsel jetzt zur Farbe Rotbraun.

2.–3. Rd: 6 fM häkeln [6].

4. Rd: 6 x 1 M zun [12].

5. Rd: 12 fM häkeln [12].

6. Rd: * 1 fM, 1 M zun; ab * noch 5 x wdh [18].

7.–10. Rd: 18 fM häkeln [18].

Die Abnahmen der nächsten Rd sind vorne am Fuß.

11. Rd: 3 fM, 6 x 1 M abn, 3 fM [12].

12. Rd: 12 fM häkeln [12].

13. Rd: * 2 fM, 1 M abn; ab * noch 2 x wdh [9].

Die Beine werden nicht gefüllt. Zusammenlegen und mit 4 fM zusammenhäkeln. Der Abschluss ist parallel zu den Füßen.

→ **BILD 6**

Schwanz (in Braun und Rotbraun)

Beginne mit der Farbe Braun.

1. Rd: 6 fM in einen Fadenring häkeln [6].

2. Rd: 6 x 1 M zun [12].

3. Rd: 2 fM, 3 x 1 M zun, 3 fM, 3 x 1 M zun, 1 fM [18].

4.–5. Rd: 18 fM häkeln [18].

6. Rd: 2 fM, * 1 M zun, 1 fM; ab * noch 2 x wdh, 3 fM, * 1 M zun, 1 fM; ab * noch 2 x wdh, 1 fM [24].

7. Rd: 24 fM häkeln [24].

8. Rd: 2 x 1 M zun, 6 fM, 4 x 1 M abn, 6 fM, 2 x 1 M zun [24].

9. Rd: 1 M zun, 1 fM, 1 M zun, 3 fM, * 1 M abn, 1 fM; ab * noch 3 x wdh, 3 fM, 1 M zun, 1 fM, 1 M zun [24].

10.–17. Rd: 24 fM häkeln [24].

Fange an, den Schwanz leicht mit Füllmaterial zu füllen.

18. Rd: * 6 fM, 1 M abn; ab * noch 2 x wdh [21].

19. Rd: 21 fM häkeln [21].

20. Rd: * 5 fM, 1 M abn; ab * noch 2 x wdh [18].

21. Rd: 18 fM häkeln [18].

22. Rd: * 1 fM, 1 M abn; ab * noch 5 x wdh [12].

Häkle jetzt in der Farbe Rotbraun weiter.

23. Rd: 12 fM häkeln [12].

24. Rd: * 2 fM, 1 M abn; ab * noch 2 x wdh [9].

Der restliche Schwanz wird auch nur leicht mit Füllmaterial gefüllt. Zusammenlegen und mit 4 fM zusammenhäkeln. Die Wölbung befindet sich außen und nicht seitlich.

→ **BILD 7**

TIPP Du kannst den Körper auch einfarbig häkeln und nachher ein Bauchfell aufnähen.

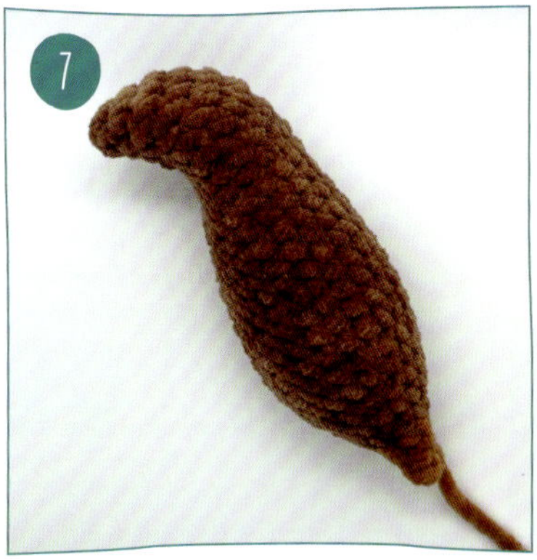

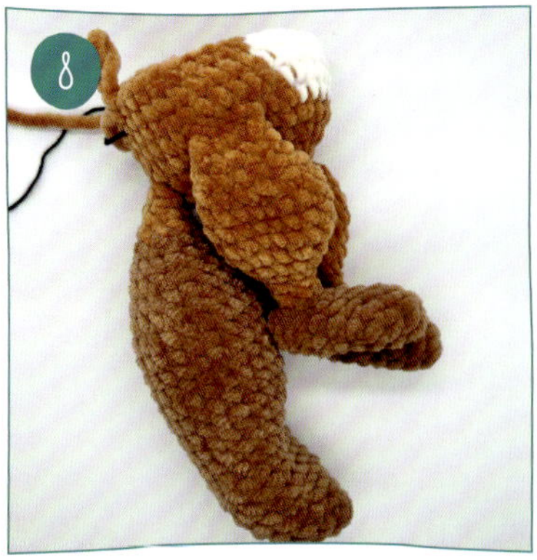

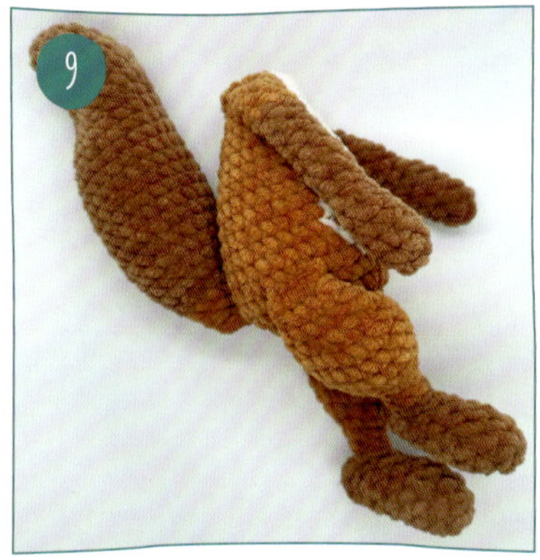

Körper (in Rotbraun und Natur)

Beginne mit der Farbe Rotbraun.

1. Rd: 6 fM in einen Fadenring häkeln [6].

2. Rd: 6 x 1 M zun [12].

3. Rd: * 1 fM, 1 M zun; ab * noch 5 x wdh [18].

4. Rd: * 2 fM, 1 M zun; ab * noch 5 x wdh [24].

5. Rd: * 3 fM, 1 M zun; ab * noch 5 x wdh [30].

6. Rd: * 4 fM, 1 M zun; ab * noch 5 x wdh [36].

In der nächsten Rd werden der Schwanz und die Beine mit angehäkelt. Achte beim Schwanz darauf, dass die Wölbung beim Anhäkeln vom Körper weg zeigt. Die gerade Seite des Schwanzes liegt somit am Rücken an. Die Füße zeigen nach vorne. Der Rundenanfang liegt hinten. Alle markierten M häkelst du in der Farbe Natur.

→ **BILD 8**

7. Rd: Schwanz mit 4 fM anhäkeln, 5 fM, erstes Bein mit 4 fM anhäkeln, 3 fM, 8 fM, 3 fM, zweites Bein mit 4 fM anhäkeln, 5 fM [36].

8. Rd: 15 fM, 10 fM, 11 fM [36].

9.–12. Rd: 14 fM, 12 fM, 10 fM [36].

13. Rd: * 4 fM, 1 M abn; ab * noch 1 x wdh, 2 fM, 2 fM, 1 M abn, 4 fM, 1 M abn, 2 fM, 2 fM, 1 M abn, 4 fM, 1 M abn [30].

14.–15. Rd: 12 fM, 10 fM, 8 fM [30].

16. Rd: * 3 fM, 1 M abn; ab * noch 1 x wdh, 2 fM, 2 fM, * 1 M abn, 2 fM; ab * noch 1 x wdh, * 2 fM, 1 M abn; ab * noch 1 x wdh [24].

17. Rd: 10 fM, 8 fM, 6 fM [24].

18. Rd: * 2 fM, 1 M abn; ab * noch 1 x wdh, 2 fM, 1 fM, 1 M abn, 2 fM, 1 M abn, 1 fM, * 1 fM, 1 M abn; ab * noch 1 x wdh [18].

In der nächsten Rd werden die Arme angehäkelt.

19. Rd: 5 fM, ersten Arm mit 3 fM anhäkeln, 6 fM, zweiten Arm mit 3 fM anhäkeln, 1 fM [18].

20. Rd: 1 fM, 1 M abn, 2 fM, 1 M abn, 1 fM, 2 fM, 1 M abn, 2 fM, 2 fM, 1 M abn [14].

Mit 1 Km beenden und den Faden abschneiden. Fülle den Körper mit Füllmaterial.

→ **BILD 9**

Fertigstellung

Nähe die Ohren nach Rd 12 seitlich an den Kopf. Nähe sie so fest, dass sie auch etwas weiter oben fixiert sind. Lasse einen Abstand von 10 M zwischen den Ohren. Sticke deinem Eichhörnchen jetzt noch ein paar hübsche Augendetails, Brauen und eine Nase auf (siehe Seite 25–27).

→ **BILD 10–12**

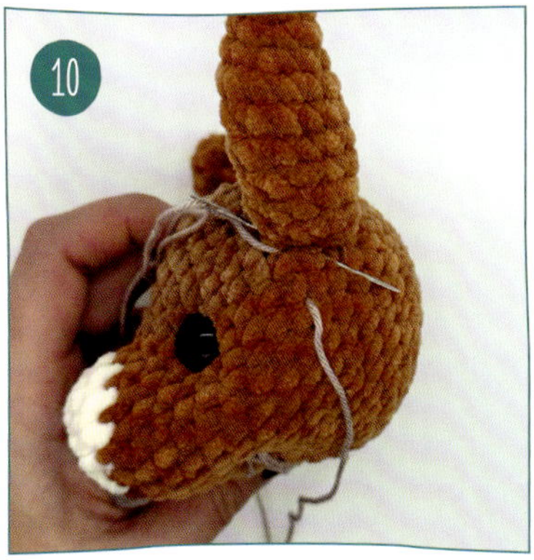

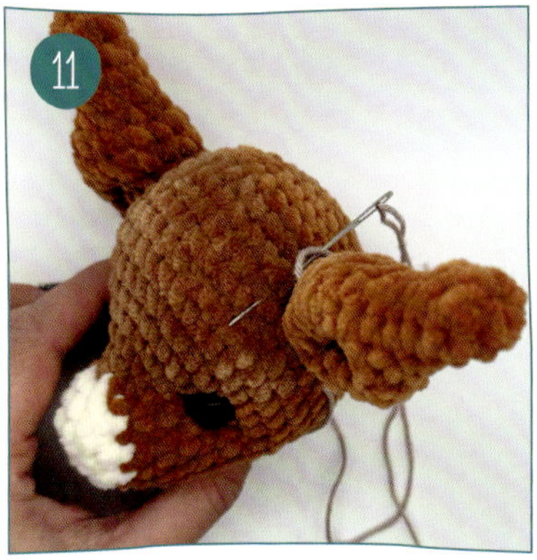

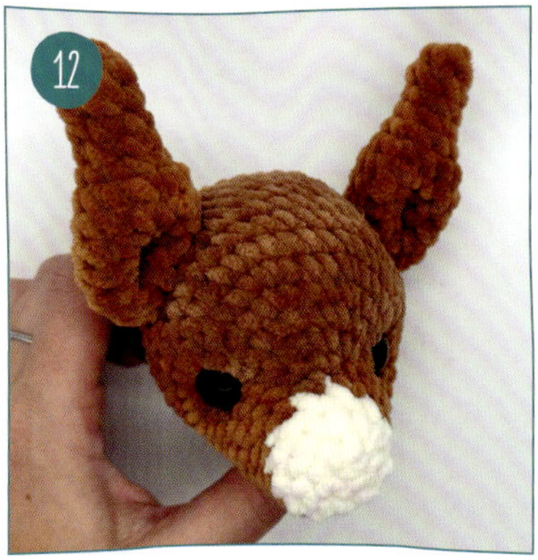

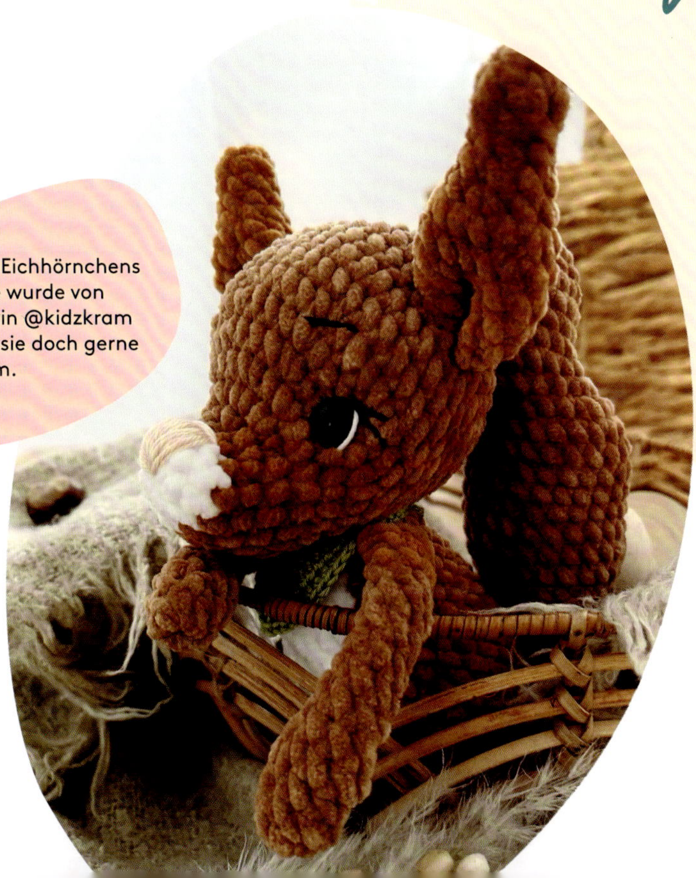

Eine Variante des Eichhörnchens siehst du hier – sie wurde von meiner Testhäklerin @kidzkram gehäkelt. Besuch sie doch gerne mal auf Instagram.

Haselnuss

DAS BENÖTIGST DU:

- Schachenmayr Catania (100 % Baumwolle, LL 125 m/50 g)
  - Khaki (Fb 212) 10 g
  - Sun-kissed (Fb 437) 10 g
  - Leinen (Fb 248) Reste
- Füllwatte
- Stopfnadel zum Vernähen
- Maschenmarkierer
- Häkelnadel 2,5 mm
- Schere

TIPP **Du kannst die Haselnuss einzeln ohne Haube, oder die Nuss direkt an die Haube häkeln.**

So wird's gemacht

Wenn nicht anders angegeben, häkelst du alles in Spiralrunden.

Haselnuss mit Haube (in Khaki und Sun-kissed)

Beginne mit der Farbe Khaki.
1. Rd: 6 fM in einen Fadenring häkeln [6].
2. Rd: ihM häkeln, 6 fM [6].
3.–4. Rd: 6 fM häkeln [6].
5. Rd: ivM häkeln, 6 x 1 M zun [12].
6. Rd: * 1 fM, 1 M zun; ab * noch 5 x wdh [18].
7. Rd: * 2 fM, 1 M zun; ab * noch 5 x wdh [24].
8.–10. Rd: 24 fM häkeln [24].
11. Rd: ivM häkeln, 24 fM [24].
12. Rd: * 1 fM, 1 M zun (hStb), 1 Lm, 1 Stb, 1 Lm, 1 M zun (hStb), 1 fM; ab * noch 3 x wdh, 1 fM, 1 M zun (hStb), 1 Lm, 1 Stb, 1 Lm, 1 M zun (hStb) [44].
Mit 1 Km beenden und den Faden abschneiden.
Für die Haselnuss mit Haube häkelst du in Sun-kissed weiter. Stich in die erste M vom hM der 10. Rd. Hole den Faden und häkle 1 Lm, in die gleiche M häkelst du die erste fM.
→ **BILD 1–2**
12. Rd: 24 fM häkeln [24].
Häkle jetzt bei Rd 5 der Nuss ohne Haube weiter.

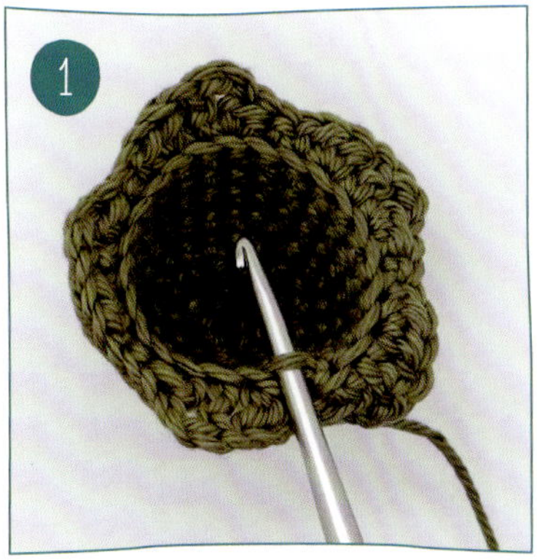

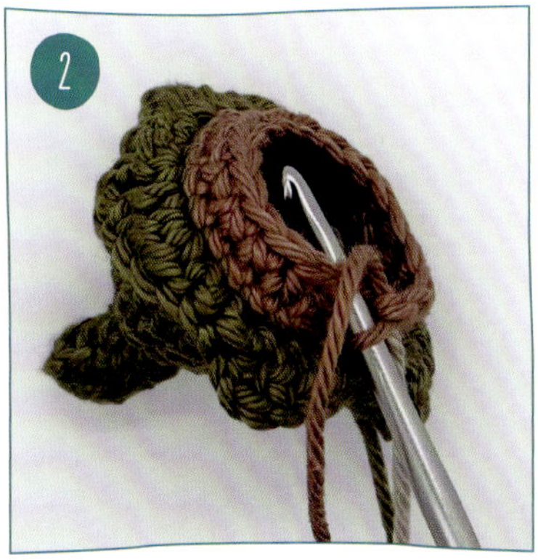

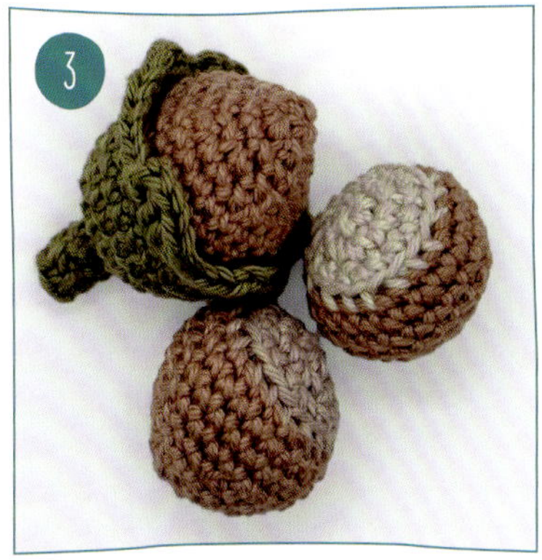

Haselnuss ohne Haube (in Leinen und Sun-kissed)

Beginne mit der Farbe Sun-kissed.
1. Rd: 6 fM in einen Fadenring häkeln [6].
2. Rd: 6 x 1 M zun [12].
3. Rd: * 1 fM, 1 M zun; ab * noch 5 x wdh [18].
4. Rd: ihM häkeln, * 2 fM, 1 M zun; ab * noch 5 x wdh [24].
5.–7. Rd: 24 fM häkeln [24].
8. Rd: * 2 fM, 1 M abn; ab * noch 5 x wdh [18].
Häkle jetzt in der Farbe Leinen weiter.
9. Rd: * 1 fM, 1 M abn; ab * noch 5 x wdh [12].
10. Rd: 12 fM häkeln [12].
Fülle die Haselnuss mit Füllmaterial.
11. Rd: 6 x 1 M abn [6].
Beenden und die Fäden vernähen.
→ **BILD 3**

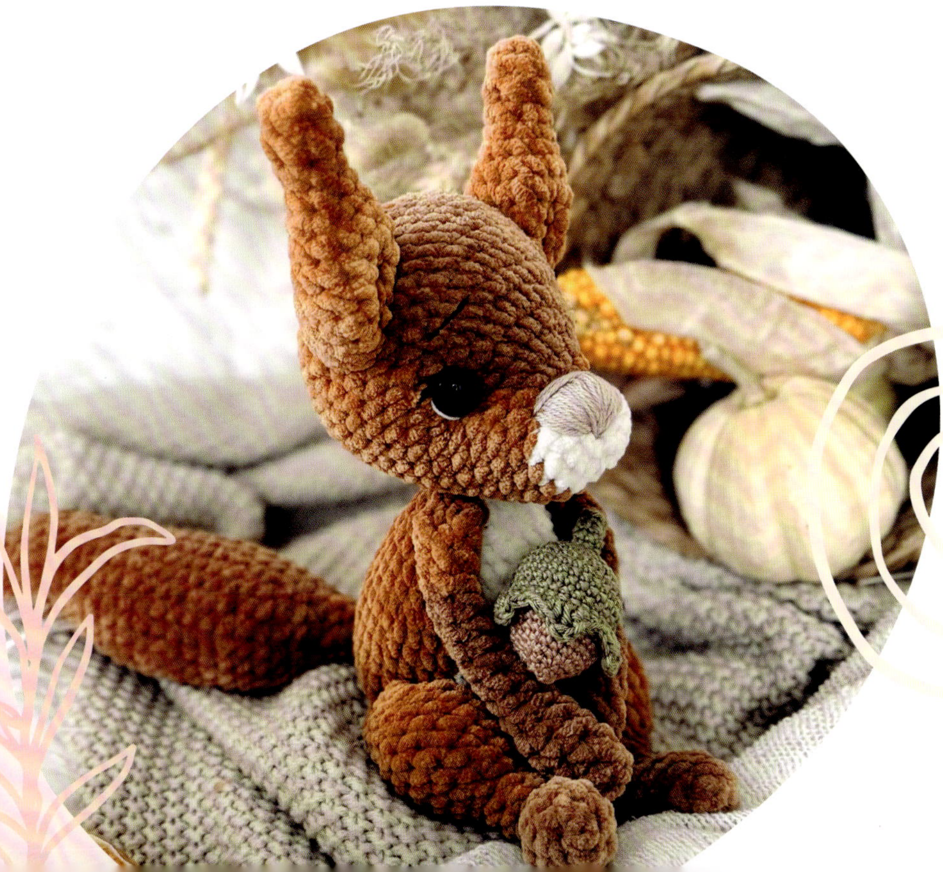

Opossum Jona

DAS BENÖTIGST DU:

- Katia Velvet Fine (100 % Polyester, LL 160 m/50 g)
  - Weiß (Fb 200) 30 g
  - Hellgrau (Fb 208) 90 g
  - Anthrazit (Fb 210) 30 g
- Schachenmayr Catania (100 % Baumwolle, LL 125 m/50 g)
  - Ivory (Fb 436) 30 g
- Sicherheitsaugen Ø 9 mm
- Füllwatte
- Stickgarn in Weiß und Schwarz
- Stopfnadel zum Vernähen
- Stecknadeln
- Maschenmarkierer
- Häkelnadel 2,5 mm
- Schere

So wird's gemacht

Wenn nicht anders angegeben, häkelst du alles in Spiralrunden. Der Kopf und die Ohren werden später angenäht.

Kopf (in Weiß und Hellgrau)

Beginne mit der Farbe Weiß.
1. Rd: 6 fM in einen Fadenring häkeln [6].
2. Rd: 6 x 1 M zun [12].
3. Rd: 12 fM häkeln [12].
4. Rd: * 1 fM, 1 M zun; ab * noch 5 x wdh [18].
5.–6. Rd: 18 fM häkeln [18].
7. Rd: 6 fM, 6 x 1 M zun, 6 fM [24].
8. Rd: 3 fM, * 1 M zun, 2 fM; ab * noch 5 x wdh; 3 fM [30].
9. Rd: 3 fM, * 1 M zun, 3 fM; ab * noch 5 x wdh; 3 fM [36].
10. Rd: 3 fM, * 1 M zun, 4 fM; ab * noch 5 x wdh; 3 fM [42].
11. Rd: 3 fM, * 1 M zun, 5 fM; ab * noch 5 x wdh; 3 fM [48].
Jetzt häkelst du alle markierten M in der Farbe Hellgrau.
12. Rd: 23 fM, 1 fM, 24 fM [48].
13. Rd: 22 fM, 3 fM, 23 fM [48].

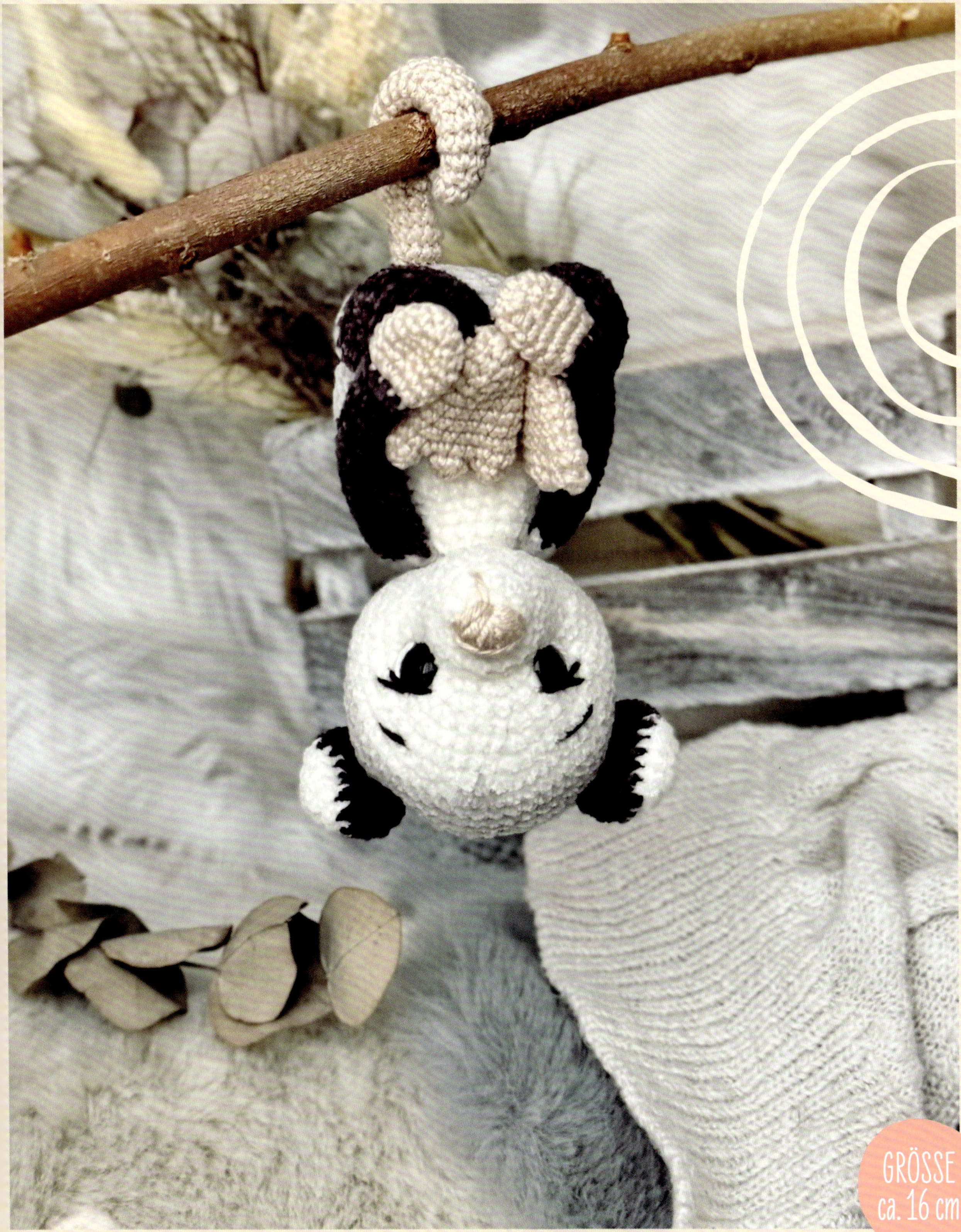

GRÖSSE
ca. 16 cm

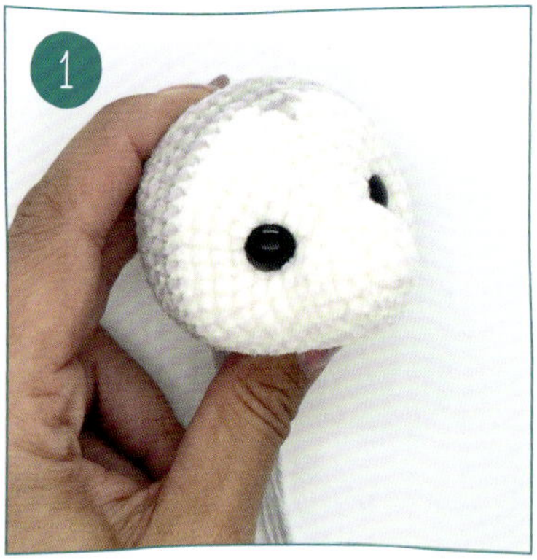

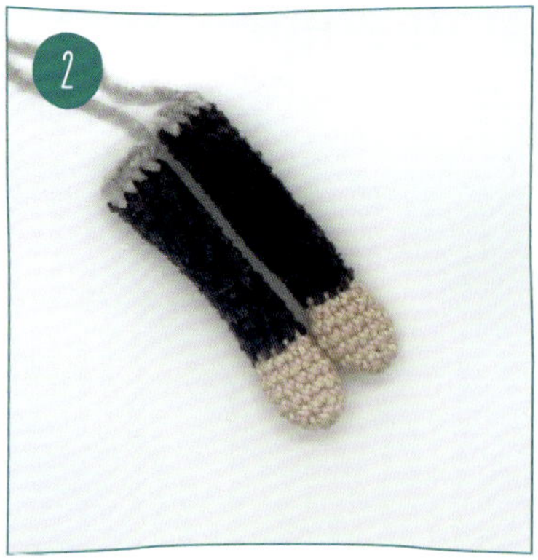

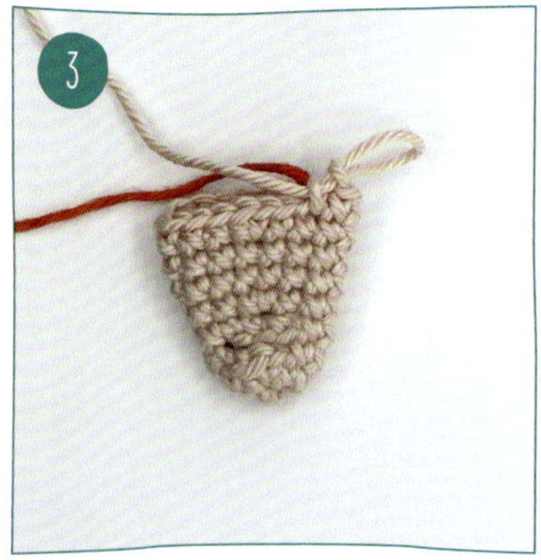

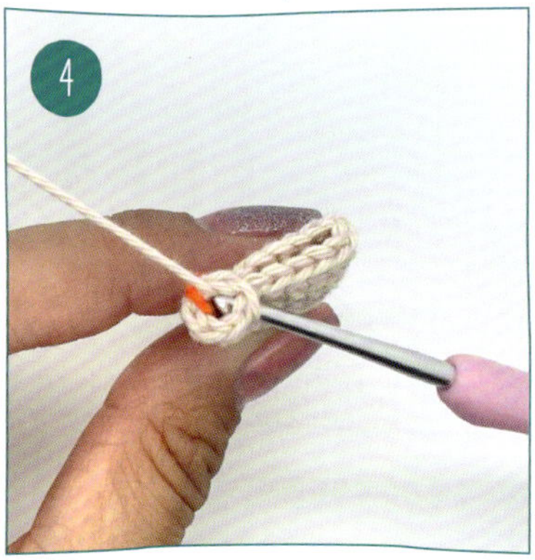

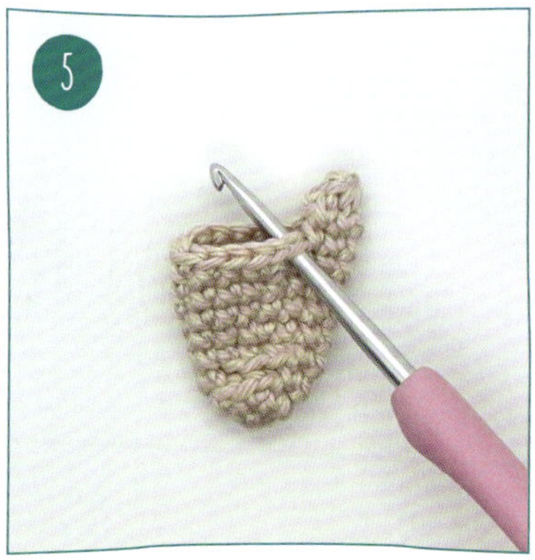

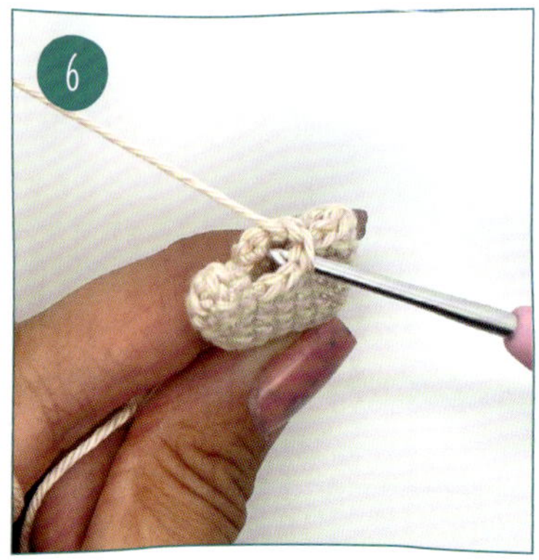

Ab jetzt häkelst du in der Farbe Hellgrau weiter.
14.–19. Rd: 48 fM häkeln [48].
Sicherheitsaugen nach Rd 8 mit einem Abstand von 8 sichtbaren M anbringen.
20. Rd: * 6 fM, 1 M abn; ab * noch 5 x wdh [42].
21. Rd: * 5 fM, 1 M abn; ab * noch 5 x wdh [36].
22. Rd: * 4 fM, 1 M abn; ab * noch 5 x wdh [30].
23. Rd: * 3 fM, 1 M abn; ab * noch 5 x wdh [24].
Fülle den Kopf nach und nach mit Füllmaterial.
24. Rd: * 2 fM, 1 M abn; ab * noch 5 x wdh [18].
25. Rd: * 1 fM, 1 M abn; ab * noch 5 x wdh [12].
Komplett mit Füllmaterial füllen.
26. Rd: 6 x 1 M abn [6].
Beenden und den Faden vernähen. Vertiefe die Augen.
→ BILD 1

Ohren (2 x in Weiß und Anthrazit)

Beginne mit der Farbe Weiß.
1. Rd: 6 fM in einen Fadenring häkeln [6].
2. Rd: 6 x 1 M zun [12].
3. Rd: * 1 fM, 1 M zun; ab * noch 5 x wdh [18].
Wechsle jetzt zur Farbe Anthrazit.
4.–6. Rd: 18 fM häkeln [18].
7. Rd: * 1 fM, 1 M abn; ab * noch 5 x wdh [12].
Die Ohren werden nicht gefüllt, nur zusammengelegt. Mit 1 Km beenden und den Faden abschneiden.

Arme (2 x in Ivory, Anthrazit und Hellgrau)

Beginne mit der Farbe Ivory.
1. Rd: 6 fM in einen Fadenring häkeln [6].
2. Rd: * 1 fM, 1 M zun; ab * noch 2 x wdh [9].
3. Rd: * 2 fM, 1 M zun; ab * noch 2 x wdh [12].

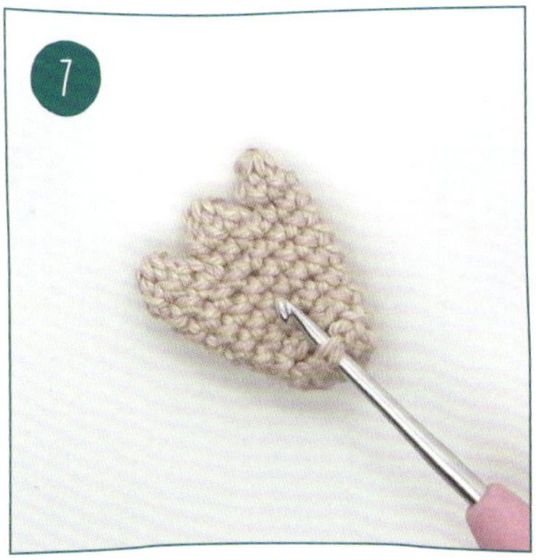

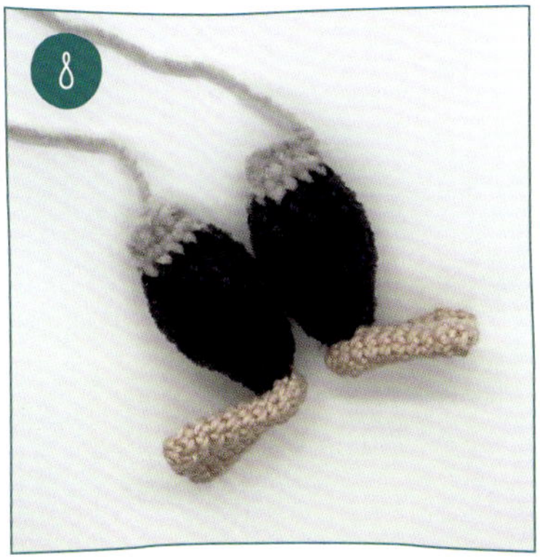

4.–6. Rd: 12 fM häkeln [12].
7. Rd: * 2 fM, 1 M abn; ab * noch 2 x wdh [9].
Häkle jetzt mit der Farbe Anthrazit weiter.
8.–20. Rd: 9 fM häkeln [9].
Die letzte Rd häkelst du in der Farbe Hellgrau.
21. Rd: 9 fM häkeln [9].
Der Arm wird nicht gefüllt. Zusammenlegen und mit 4 fM zusammenhäkeln. Faden abschneiden.
→ BILD 2

Füße (2 x in Ivory)

1. Rd: 6 fM in einen Fadenring häkeln [6].
2. Rd: 6 x 1 M zun [12].
Jetzt entsteht die Lücke, an die das Bein später gehäkelt wird. Die Lücke ist später mittig vom Fuß.
3. Rd: 2 fM, 3 Lm (3 M überspr), 7 fM [12].
4. Rd: 12 fM häkeln [12].
5. Rd: * 3 fM, 1 M zun; ab * noch 2 x wdh [15].
6.–7. Rd: 15 fM häkeln [15].
8. Rd: * 4 fM, 1 M zun; ab * noch 2 x wdh [18].
Jetzt werden die Zehen gehäkelt.
9. Rd: Häkle 3 fM in der nächsten Rd, dann stichst du von vorne in die 16. M (dritte vor dem Rundenende) ein. Häkle 3 fM und schließe damit die erste Zehe. Häkle weitere 6 fM. Beenden und den Faden vernähen.
Für die zweite Zehe stichst du in die 4. M von Rd 9 ein. Häkle wieder 3 fM, wende den Fuß und stich in die dritte M vor dem ersten Zeh ein. Häkle weitere 6 fM. Das wdh du auch für den dritten Zeh. Vernähe alle Fäden. Der Fuß wird nicht gefüllt.
→ BILD 3–6

Beine (2 x in Anthrazit und Hellgrau)

Beginne mit der Farbe Anthrazit. Für das Bein stichst du in eine M der Lücke vom Fuß (Rd 3) ein. Hole dir den Faden und häkle 1 Lm, in dieselbe M häkelst du deine erste fM. Die Ecken werden auch behäkelt.
→ BILD 7
1. Rd: 8 fM häkeln [8].
2. Rd: * 1 fM, 1 M zun; ab * noch 3 x wdh [12].
3.–4. Rd: 12 fM häkeln [12].
5. Rd: * 1 fM, 1 M zun; ab * noch 5 x wdh [18].
6.–10. Rd: 18 fM häkeln [18].
11. Rd: * 1 fM, 1 M abn; ab * noch 5 x wdh [12].
Häkle jetzt mit der Farbe Hellgrau weiter.
12. Rd: 12 fM häkeln [12].
Fülle das Bein mit Füllmaterial.
13. Rd: * 2 fM, 1 M abn; ab * noch 2 x wdh [9].
Der Abschluss zeigt zu den Zehen. Zusammenlegen und mit 4 fM zusammenhäkeln. Faden abschneiden.
→ BILD 8

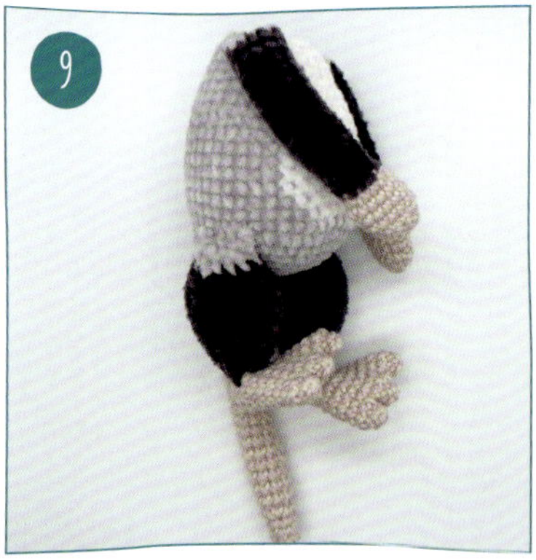

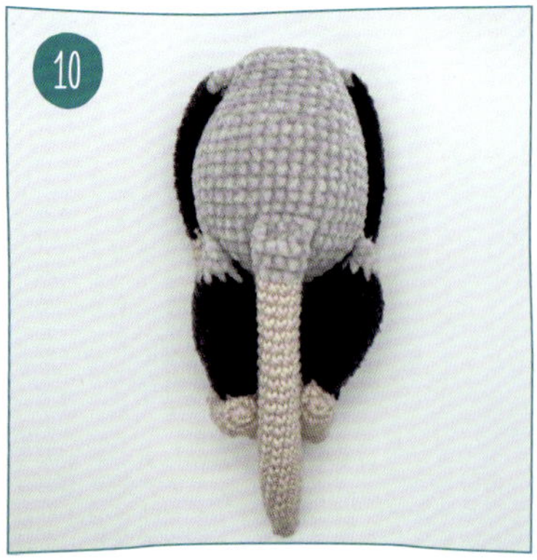

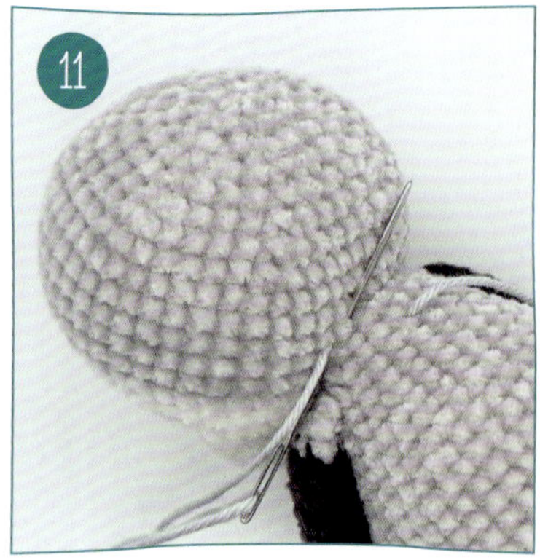

Schwanz (in Ivory und Hellgrau)

Beginne mit der Farbe Ivory.
1. Rd: 6 fM in einen Fadenring häkeln [6].
2.–3. Rd: 6 fM häkeln [6].
4. Rd: * 1 fM, 1 M zun; ab * noch 2 x wdh [9].
5.–26. Rd: 9 fM häkeln [9].
Fülle den Schwanz nach und nach leicht mit Füllmaterial. Jetzt häkelst du mit Hellgrau weiter.
27.–30. Rd: 9 fM häkeln [9].
Zusammenlegen und mit 4 fM zusammenhäkeln. Faden abschneiden.

Körper (in Hellgrau und Weiß)

Beginne mit der Farbe Hellgrau.
1. Rd: 6 fM in einen Fadenring häkeln [6].
2. Rd: 6 x 1 M zun [12].
3. Rd: * 1 fM, 1 M zun; ab * noch 5 x wdh [18].
4. Rd: * 2 fM, 1 M zun; ab * noch 5 x wdh [24].
5. Rd: * 3 fM, 1 M zun; ab * noch 5 x wdh [30].
6. Rd: * 4 fM, 1 M zun; ab * noch 5 x wdh [36].
7. Rd: * 5 fM, 1 M zun; ab * noch 5 x wdh [42].
Jetzt werden die Beine und der Schwanz mit angehäkelt. Achte darauf, dass die Zehen nach vorne zeigen. Der Rundenanfang liegt dabei hinter dem rechten Bein (von vorne gesehen). Alle markierten M häkelst du in der Farbe Weiß.
8. Rd: Erstes Bein mit 4 fM anhäkeln, 5 fM, 6 fM, 5 fM, zweites Bein mit 4 fM anhäkeln, 7 fM, Schwanz mit 4 fM anhäkeln, 7 fM [42].
9. Rd: 8 fM, 8 fM, 26 fM [42].
10. Rd: 7 fM, 10 fM, 25 fM [42].
11.–15. Rd: 6 fM, 12 fM, 24 fM [42].
16. Rd: 2 fM, 1 M abn, 2 fM, 5 fM, 1 M abn, 5 fM, 2 fM, 1 M abn, * 4 fM, 1 M abn; ab * noch 2 x wdh, 2 fM [36].
17. Rd: 5 fM, 11 fM, 20 fM [36].
18. Rd: 2 fM, 1 M abn, 1 fM, 1 fM, 1 M abn, 5 fM, 1 M abn, 1 fM, 2 fM, 1 M abn, * 5 fM, 1 M abn; ab * noch 1 x wdh, 2 fM [30].
19. Rd: 4 fM, 9 fM, 17 fM [30].
20. Rd: 1 fM, 1 M abn, 1 fM, 1 fM, 1 M abn, 3 fM, 1 M abn, 1 fM, 2 fM, 1 M abn, * 4 fM, 1 M abn; ab * 1 x wdh, 1 fM [24].
21.–22. Rd: 3 fM, 7 fM, 14 fM [24].
In der nächsten Rd werden die Arme angehäkelt.
23. Rd: Ersten Arm mit 4 fM anhäkeln, 6 fM, zweiten Arm mit 4 fM anhäkeln, 10 fM [24].
24. Rd: 1 fM, 1 M abn, 1 fM, 2 fM, 1 M abn, 2 fM, 1 fM, 1 M abn, * 2 fM, 1 M abn; ab noch 1 x wdh, 1 M abn, 1 fM [18].
Mit 1 Km beenden und den Faden abschneiden. Fülle den Körper mit Füllmaterial.
→ BILD 9–10

Fertigstellung

Nähe den Kopf mit einem Baumwollfaden an den Körper. Den Anfangs- und Endfaden kannst du miteinander verknoten und nach innen ziehen. Die Ohren kannst du dir mit Nadeln nach Rd 16 fest-

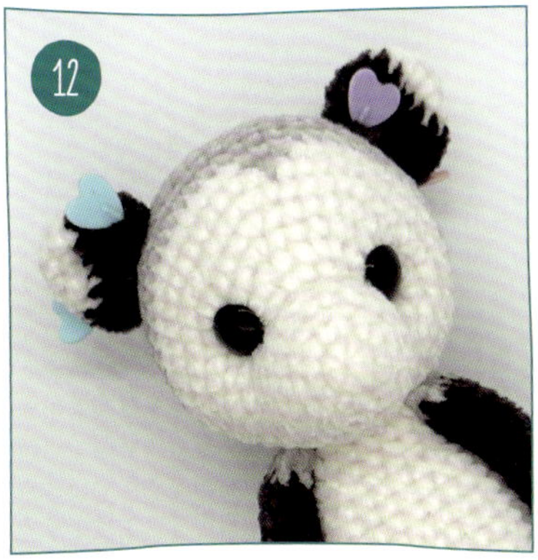

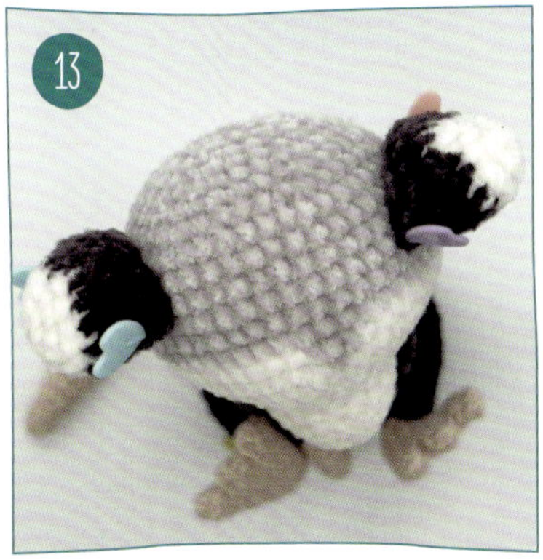

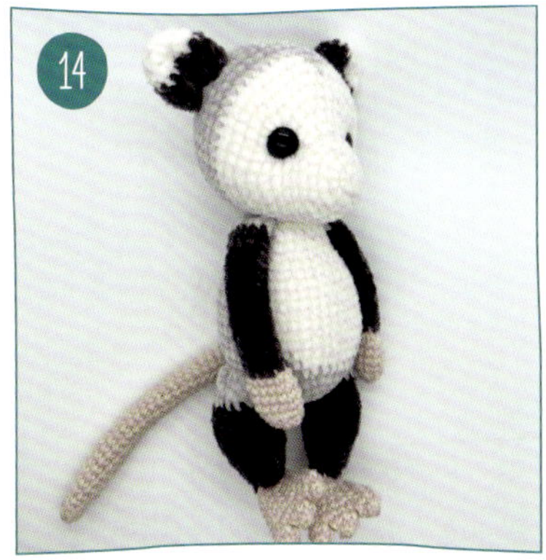

stecken. Lasse zwischen den Ohren einen Abstand von 12 M und nähe sie mit einem Baumwollfaden an den Kopf. Den Anfangs- und Endfaden kannst du miteinander verknoten und nach innen ziehen. Sticke deinem Opossum ein paar schöne Augendetails, eine Nase und Brauen auf (siehe Seite 25–27).

→ **BILD 11–14**

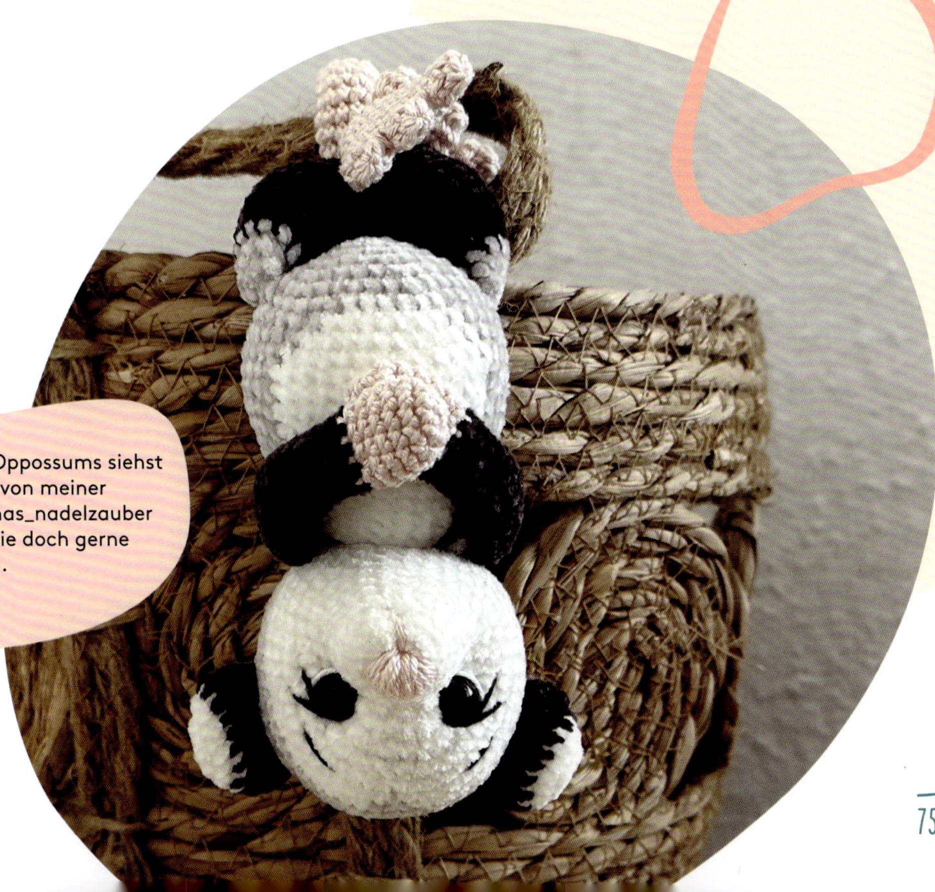

Eine Variante des Oppossums siehst du hier – sie wurde von meiner Testhäklerin @elenas_nadelzauber gehäkelt. Besuch sie doch gerne mal auf Instagram.

Marienkäfer Yvi

DAS BENÖTIGST DU:

- Gründl Funny uni (100 % Polyester, LL 120 m/100 g)
  - Dunkelgrau (Fb 07) 100 g
  - Bordeaux (Fb 23) 15 g
- Schachenmayr Catania (100% Baumwolle, LL 125 m/50 g)
  - Schwarz (Fb 110) 10 g
- Sicherheitsaugen Ø 12 mm
- Füllwatte
- Stickgarn in Weiß und Schwarz
- Stopfnadel zum Vernähen
- Stecknadeln
- Maschenmarkierer
- Häkelnadel 4,0 mm & 2,5 mm (Baumwolle)
- Schere

So wird's gemacht

Wenn nicht anders angegeben, häkelst du alles in Spiralrunden. Der Kopf und die Punkte werden später angenäht.

Kopf (in Dunkelgrau)

1. Rd: 6 fM in einen Fadenring häkeln [6].
2. Rd: 6 x 1 M zun [12].
3. Rd: * 1 fM, 1 M zun; ab * noch 5 x wdh [18].
4. Rd: * 2 fM, 1 M zun; ab * noch 5 x wdh [24].
5. Rd: * 3 fM, 1 M zun; ab * noch 5 x wdh [30].
6. Rd: * 4 fM, 1 M zun; ab * noch 5 x wdh [36].
7.–8. Rd: 36 fM häkeln [36].
9. Rd: 10 fM, * 1 M zun, 2 fM; ab * noch 5 x wdh, 8 fM [42].
10.–12. Rd: 42 fM häkeln [42].
13. Rd: 10 fM, * 1 M abn, 2 fM; ab * noch 5 x wdh, 8 fM [36].
14. Rd: * 4 fM, 1 M abn; ab * noch 5 x wdh [30].
Sicherheitsaugen nach Rd 9 mit einem Abstand von 7 sichtbaren M anbringen.
15. Rd: * 3 fM, 1 M abn; ab * noch 5 x wdh [24].
16. Rd: * 2 fM, 1 M abn; ab * noch 5 x wdh [18].
Mit Füllmaterial füllen.
17. Rd: * 1 fM, 1 M abn; ab * noch 5 x wdh [12].
18. Rd: 6 x 1 M abn [6].

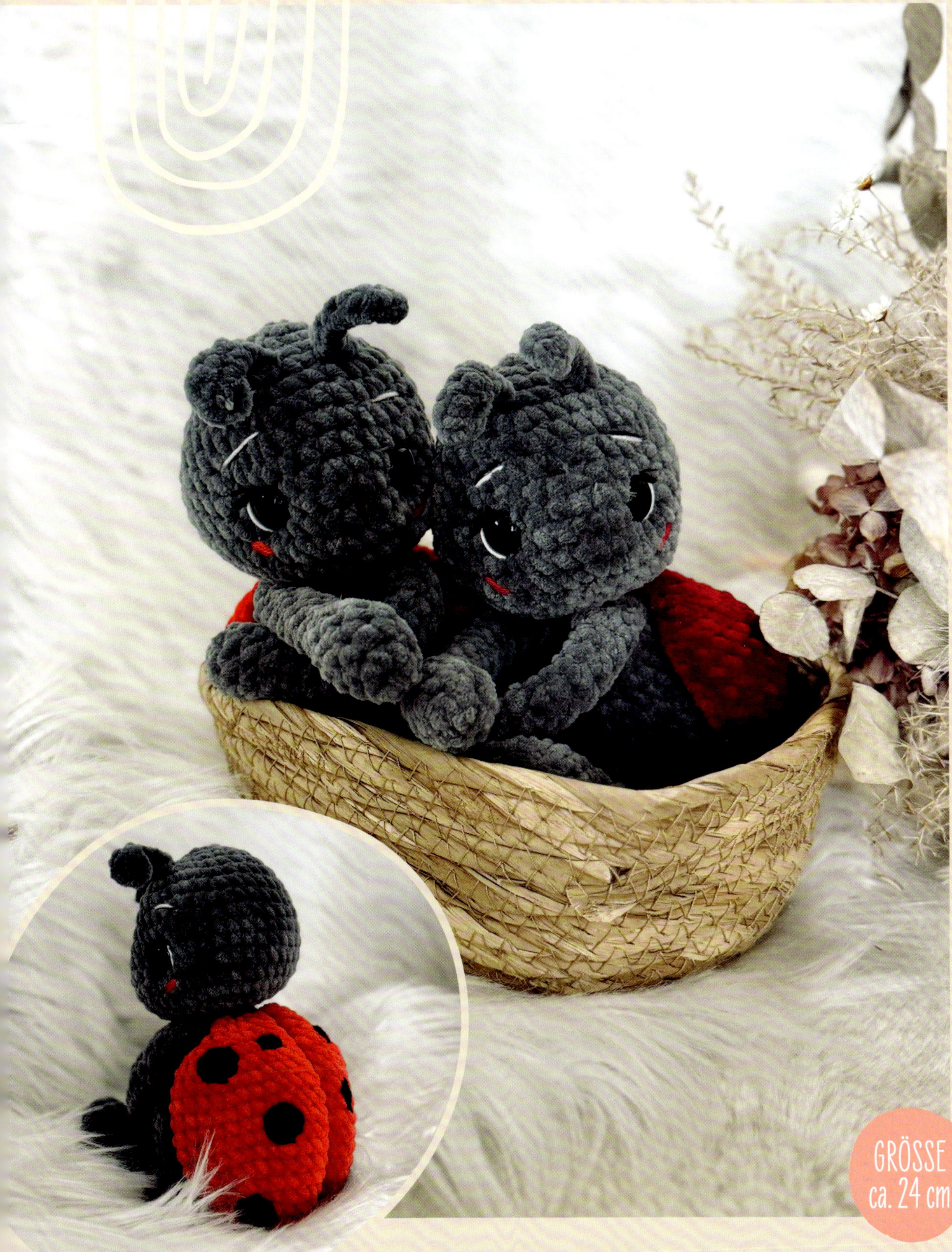

GRÖSSE
ca. 24 cm

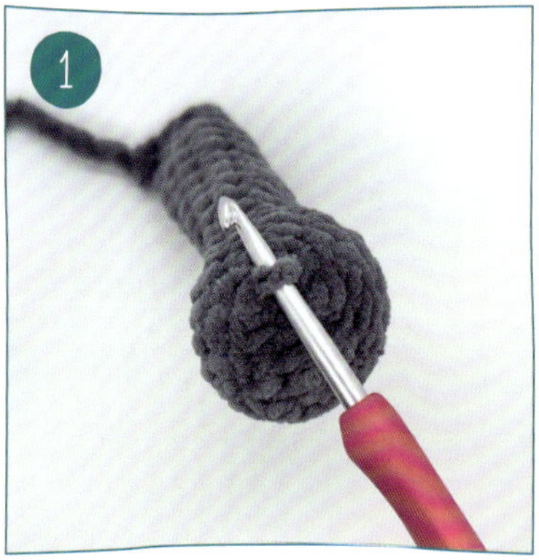

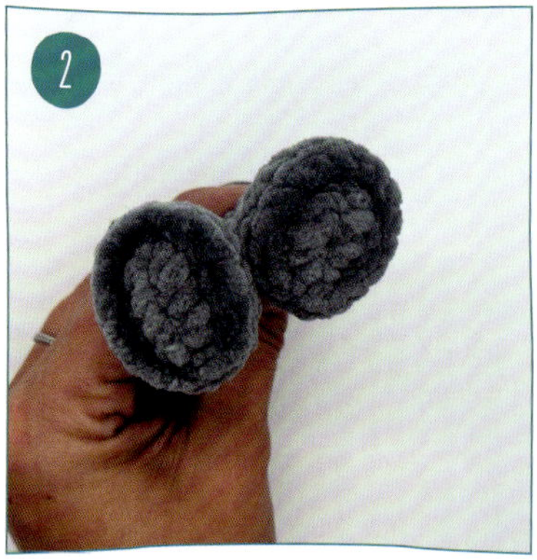

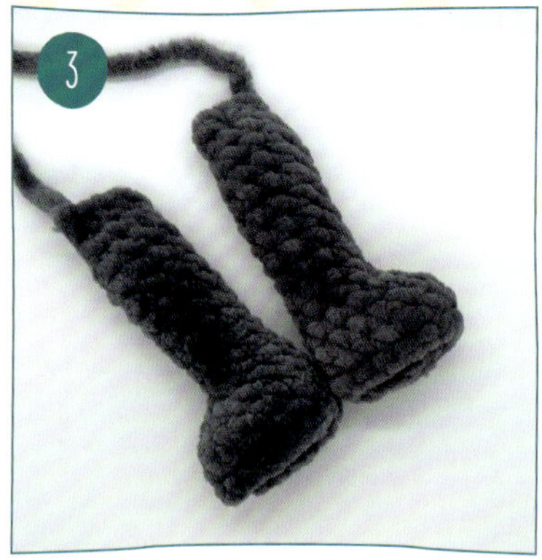

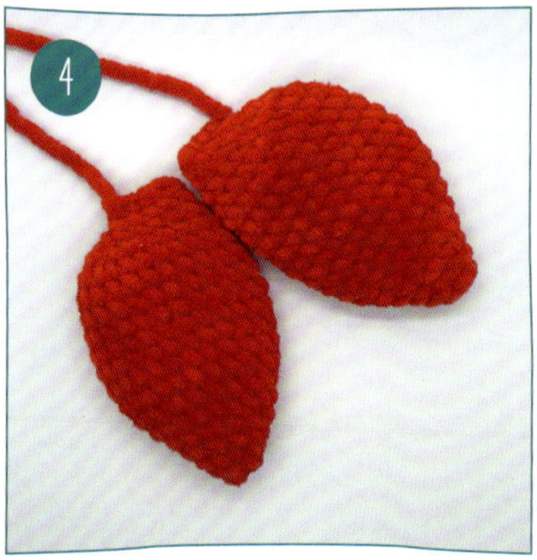

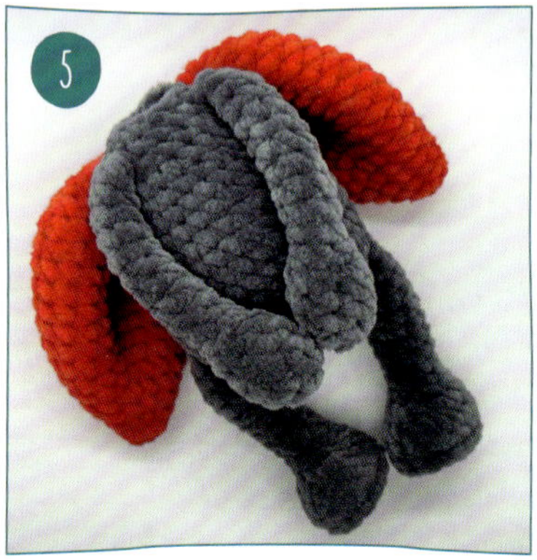

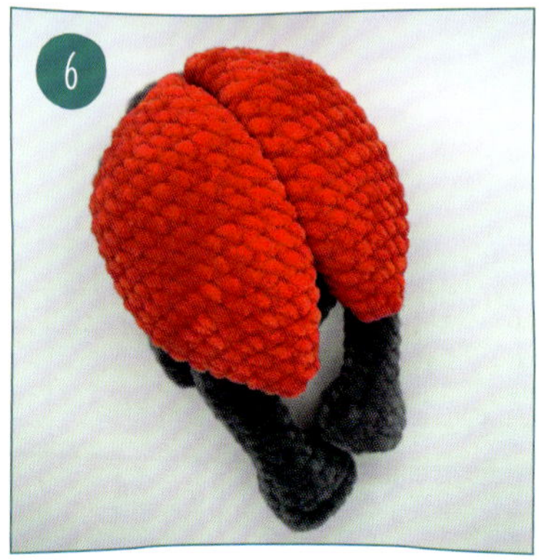

Beenden und den Faden vernähen. Vertiefe die Augen.

Arme (2 x in Dunkelgrau)

1. Rd: 6 fM in einen Fadenring häkeln [6].
2. Rd: * 1 fM, 1 M zun; ab * 2 x wdh [9].
3.–5. Rd: 9 fM häkeln [9].
6. Rd: * 1 fM, 1 M abn; ab * noch 2 x wdh [6].
7.–16. Rd: 6 fM häkeln [6].
Die Arme werden nicht gefüllt. Zusammenlegen und mit 3 fM zusammenhäkeln.

Beine (2 x in Dunkelgrau)

1. Rd: dLmk mit 5 M [5].
Stich in die zweite M von der Nadel aus ein.
2. Rd: 1 M zun, 2 fM, 3 fM in die letzte M, 3 fM [10].
3. Rd: 2 x 1 M zun, 2 fM, 3 x 1 M zun, 2 fM, 1 M zun [16].
4. Rd: 16 fM ihM häkeln [16].
5.–6. Rd: 16 fM häkeln [16].
7. Rd: 5 fM, 4 x 1 M abn, 3 fM [12].
8. Rd: 4 fM, 3 x 1 M abn, 2 fM [9].
Fülle den Fuß mit Füllmaterial.
9.–16. Rd: 9 fM häkeln [9].
17. Rd: * 1 fM, 1 M abn; ab * noch 2 x wdh [6].
Das restliche Bein wird nicht gefüllt. Zusammenlegen und mit 3 fM zusammenhäkeln. Der Abschluss ist parallel zum Fuß. Stich von unten ivM von Rd 4 und häkle 16 Km. Anfangs- und Endfaden kannst du verknoten und nach innen ziehen.
→ **BILD 1–3**

Flügel (2 x in Bordeaux)

1. Rd: 6 fM in einen Fadenring häkeln [6].
2. Rd: 6 fM häkeln [6].
3. Rd: 6 x 1 M zun [12].

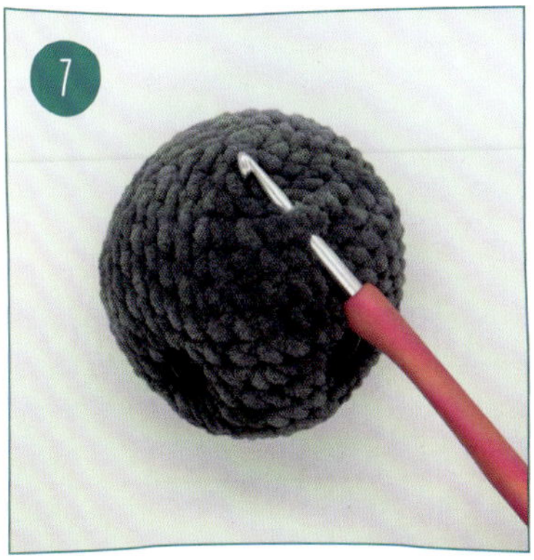

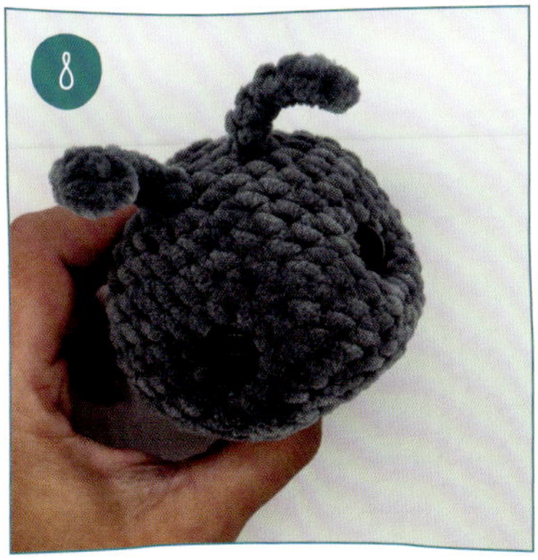

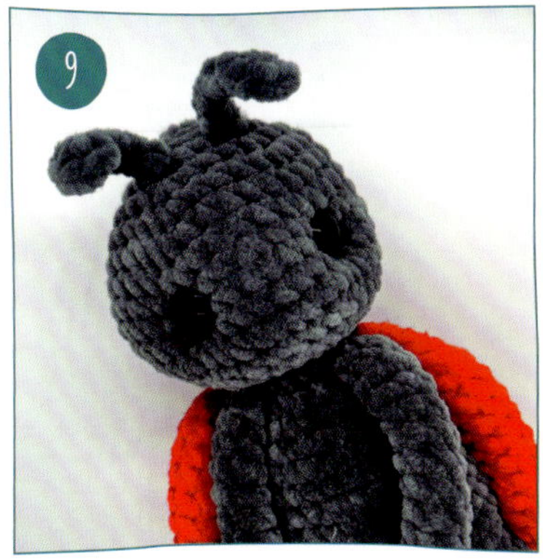

4. Rd: 12 fM häkeln [12].
5. Rd: * 1 fM, 1 M zun; ab * noch 5 x wdh [18].
6. Rd: 3 fM, * 1 M zun, 1 fM; ab * noch 5 x wdh, 3 fM [24].
7.–14. Rd: 24 fM häkeln [24].
15. Rd: 3 fM, * 1 M abn, 1 fM; ab * noch 5 x wdh, 3 fM [18].
16. Rd: 3 fM, 6 x 1 M abn, 3 fM [12].
17. Rd: 3 fM, 3 x 1 M abn, 3 fM [9].
Die Flügel werden nicht gefüllt. Zusammenlegen und mit 4 fM zusammenhäkeln.
→ **BILD 4**

Körper (in Dunkelgrau)

1. Rd: 6 fM in einen Fadenring häkeln [6].
2. Rd: 6 x 1 M zun [12].
3. Rd: * 1 fM, 1 M zun; ab * noch 5 x wdh [18].
4. Rd: * 2 fM, 1 M zun; ab * noch 5 x wdh [24].
5. Rd: * 3 fM, 1 M zun; ab * noch 5 x wdh [30].
6. Rd: * 4 fM, 1 M zun; ab * noch 5 x wdh [36].
Nun werden die Beine angehäkelt, die Füße zeigen nach vorn. Der Rundenanfang liegt hinter dem rechten Bein (von vorne gesehen).
7. Rd: Erstes Bein mit 3 fM anhäkeln, 16 fM, zweites Bein mit 3 fM anhäkeln, 14 fM [36].
8.–12. Rd: 36 fM häkeln [36].
13. Rd: * 4 fM, 1 M abn; ab * noch 5 x wdh [30].
14.–15. Rd: 30 fM häkeln [30].
16. Rd: * 3 fM, 1 M abn; ab * noch 5 x wdh [24].
17. Rd: 24 fM häkeln [24].
18. Rd: * 2 fM, 1 M abn; ab * noch 5 x wdh [18].
Jetzt werden die Arme und die Flügel mit angehäkelt. Achte bei den Flügeln darauf, dass die Zu- und Abnahmen jeweils auf der Außenseite sind.
19. Rd: Ersten Arm mit 3 fM anhäkeln, 4 fM, zweiten Arm mit 3 fM anhäkeln, ersten Flügel mit 4 fM anhäkeln, zweiten Flügel mit 4 fM anhäkeln [18].
20. Rd: * 1 fM, 1 M abn; ab * noch 5 x wdh [12].
Mit 1 Km beenden und den Faden vernähen. Fülle den Körper mit Füllmaterial.
→ **BILD 5–6**

Fertigstellung

Für die Fühler stichst du von vorne in Rd 4 durch eine M. Hole den Faden und häkle 1 Lm, in die gleiche M häkelst du 1 fM. Häkle dann 6 Lm. Stich in die zweite M von der Nadel aus ein und häkle 3 fM in diese M, 4 fM. Um den Fühler zu beenden, stichst du in die Anfangs-M ein und häkelst 1 Km. Faden abschneiden. Anfangs- und Endfaden verknoten und nach innen ziehen. Wdh es auf der anderen Seite mit einem Abstand von 2–3 M.
→ **BILD 7–9**
Nähe den Kopf mit Baumwollfaden an den Körper. Für die Punkte häkelst du 6 x einen Fadenring mit 6 fM, verdopple auf 12 fM und schließe ihn mit 1 Km. Häkle dann je 6 fM in zwei weitere Fadenringe und schließe sie mit 1 Km. Nähe sie beliebig auf die Flügel. Sticke noch ein paar Augendetails, Brauen und Bäckchen auf (siehe Seite 25–27).

Salamander Neo

DAS BENÖTIGST DU:

- LEAMI Chenille Soft UNI (100 % Polyester, LL 120 m/100 g)
  - Dunkelgrau (Fb 110) 150 g
  - Gelb (Fb 147) 15 g
- Schachenmayr Catania (100 % Baumwolle, LL 125 m/50 g)
  - Sonne (Fb 208) Reste
- Sicherheitsaugen Ø 14 mm
- Füllwatte
- Stickgarn in Weiß und Schwarz
- Stopfnadel zum Vernähen
- Stecknadeln
- Maschenmarkierer
- Häkelnadel 4,0 mm & 2,5 mm (Baumwolle)
- Schere

So wird's gemacht

Wenn nicht anders angegeben, häkelst du alles in Spiralrunden. Die Details werden später aufgenäht.

Vorderbeine (2 x in Dunkelgrau)

1. Rd: 5 fM in einen Fadenring häkeln [5].
2.–3. Rd: 5 fM häkeln [5].
Diesen Teil häkelst du insgesamt 8 x, 6 davon beendest du mit 1 Km. Mit den zwei anderen häkelst du weiter. Das wird jeweils der erste Finger. Häkle jetzt die Finger zusammen.
→ BILD 1–3
4. Rd: 2 fM in den zweiten Finger, 2 fM in den dritten Finger, 5 fM in den vierten Finger, 3 fM in den dritten Finger, 3 fM in den zweiten Finger, 5 fM in den ersten Finger [20].
5. Rd: * 3 fM, 1 M abn; ab * noch 3 x wdh [16].
6. Rd: * 2 fM, 1 M abn; ab * noch 3 x wdh [12].
7. Rd: * 1 fM, 1 M abn; ab * noch 3 x wdh [8].
8.–11. Rd: 8 fM häkeln [8].

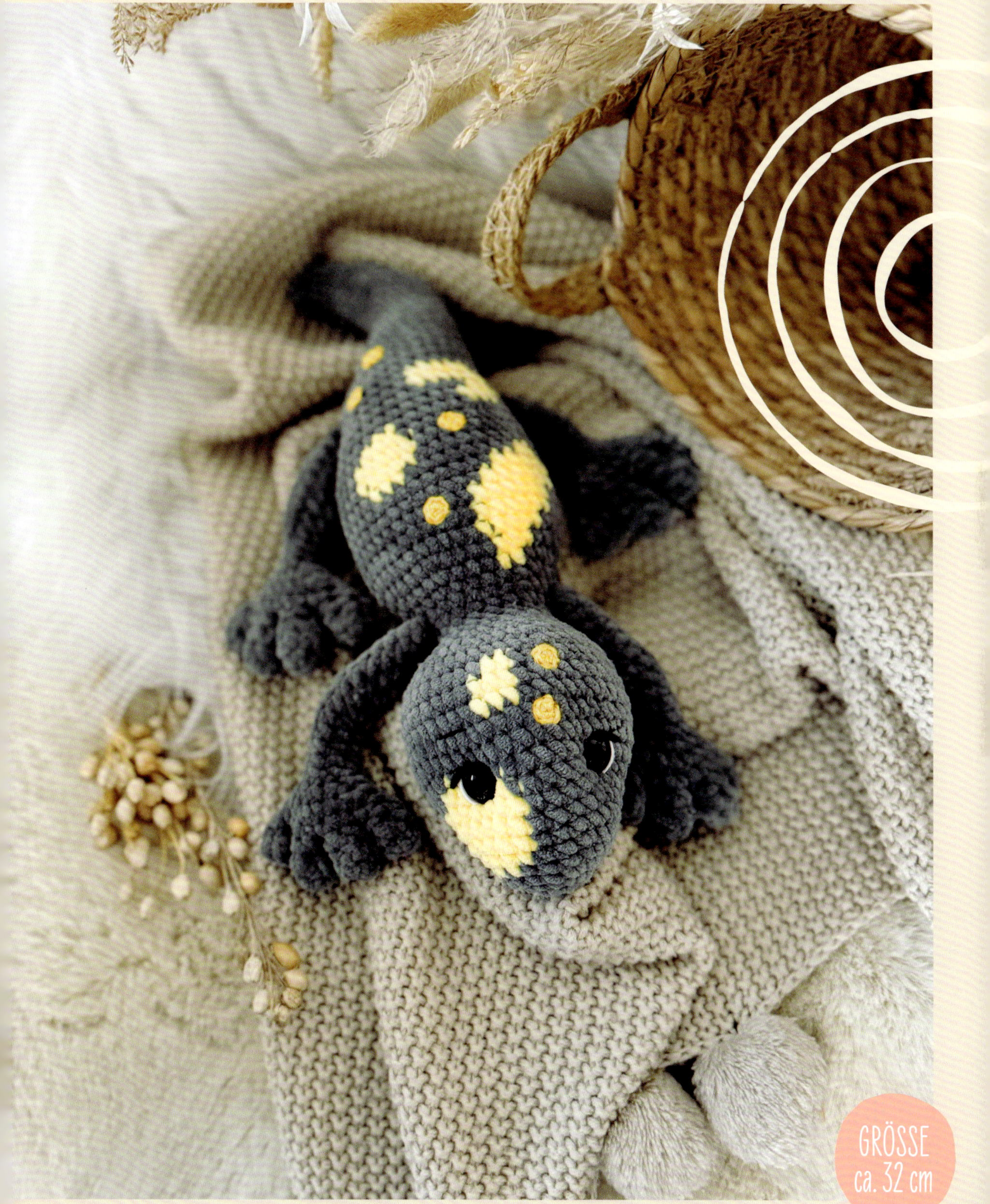
GRÖSSE
ca. 32 cm

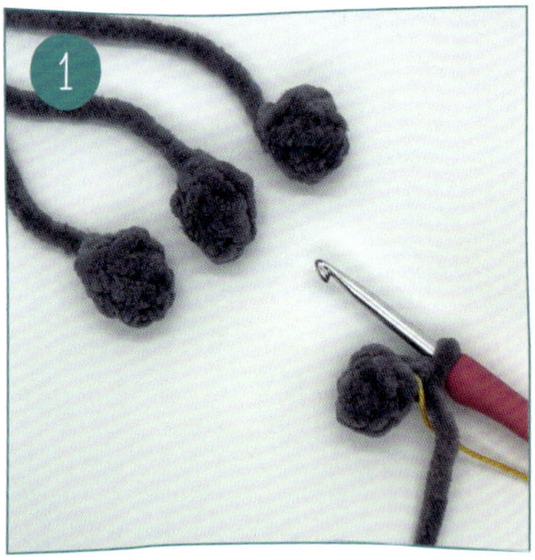

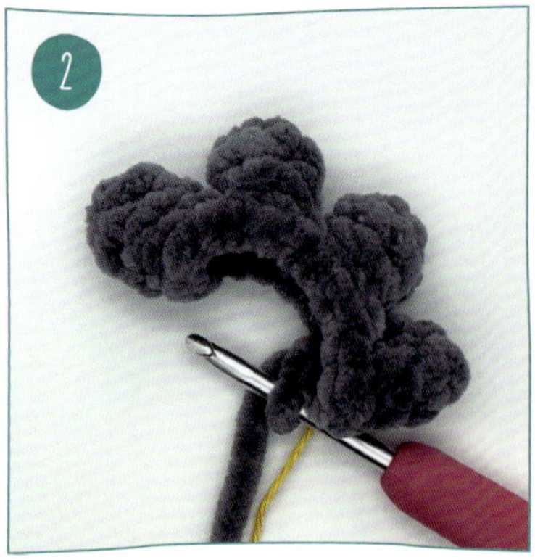

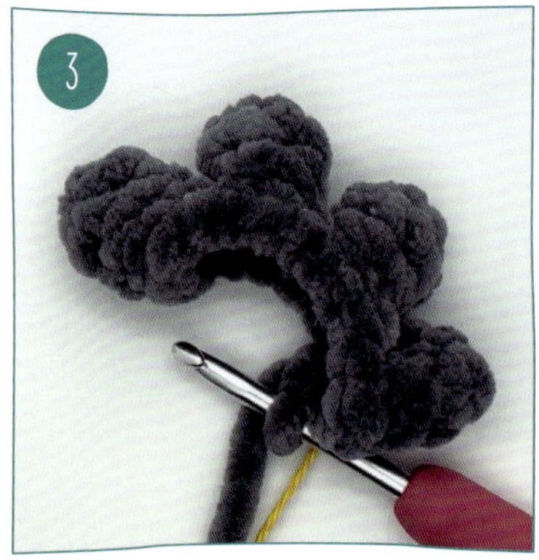

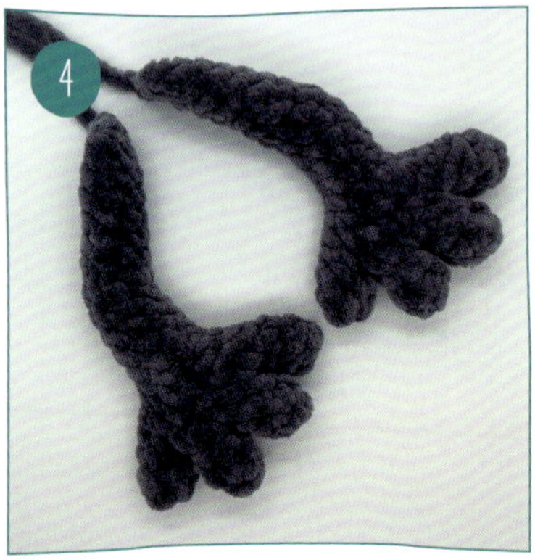

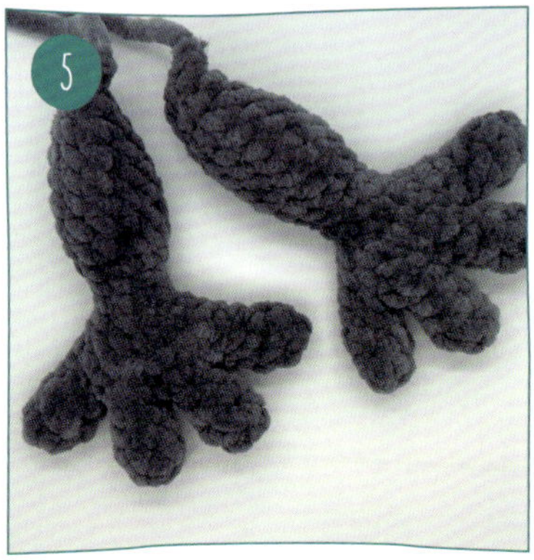

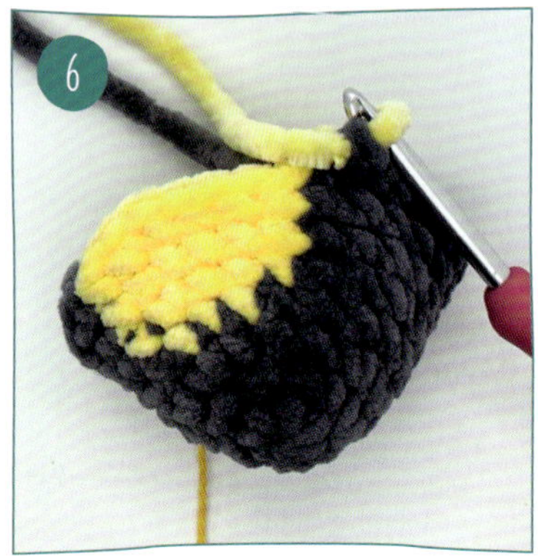

Linkes Vorderbein (von vorne gesehen)

12. Rd: 3 fM, 2 x 1 M zun, 3 fM [10].
13. Rd: 1 M abn, 6 fM, 1 M abn [8].

Rechtes Vorderbein (von vorne gesehen)

12. Rd: 1 M zun, 6 fM, 1 M zun [10].
13. Rd: 3 fM, 2 x 1 M abn, 3 fM [8].

Beide Vorderbeine

14.–18. Rd: 8 fM häkeln [8].
Die Vorderbeine werden nicht gefüllt. Zusammenlegen und mit 4 fM zusammenhäkeln. Der Abschluss sollte parallel zu den Fingern verlaufen. Faden abschneiden.
→ **BILD 4**

Hinterbeine (2 x in Dunkelgrau)

1. Rd: 5 fM in einen Fadenring häkeln [5].
2.–4. Rd: 5 fM häkeln [5].
Diesen Teil häkelst du insgesamt 8 x, sechs davon beendest du mit 1 Km. Mit den zwei anderen häkelst du weiter. Das wird jeweils der erste Zeh. Häkle jetzt die Zehen zusammen.
5. Rd: 2 fM in den zweiten Zeh, 2 fM in den dritten Zeh, 5 fM in den vierten Zeh, 3 fM in den dritten Zeh, 3 fM in den zweiten Zeh, 5 fM in den ersten Zeh [20].
6. Rd: * 3 fM, 1 M abn; ab * noch 3 x wdh [16].
7. Rd: * 2 fM, 1 M abn; ab * noch 3 x wdh [12].
8. Rd: * 1 fM, 1 M abn; ab * noch 3 x wdh [8].
9.–10. Rd: 8 fM häkeln [8].
11. Rd: * 1 fM, 1 M zun; ab * noch 3 x wdh [12].
12.–17. Rd: 12 fM häkeln [12].
18. Rd: * 2 fM, 1 M abn; ab * noch 2 x wdh [9].

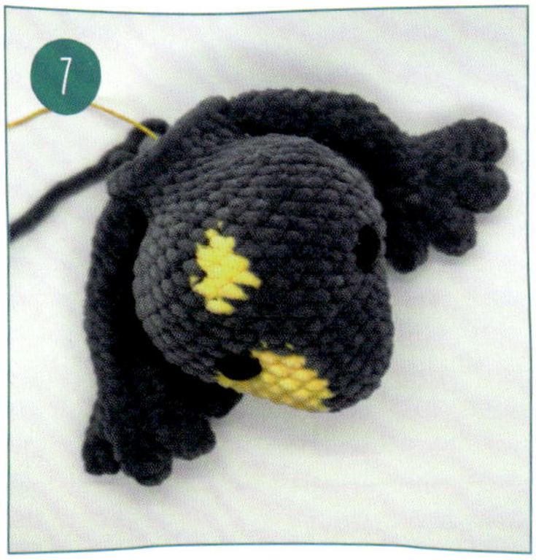

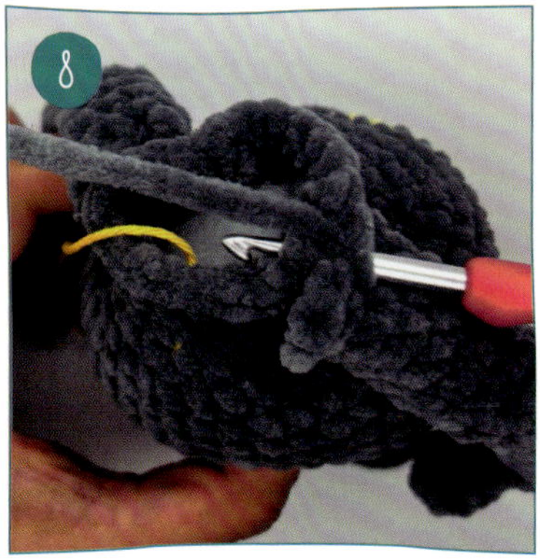

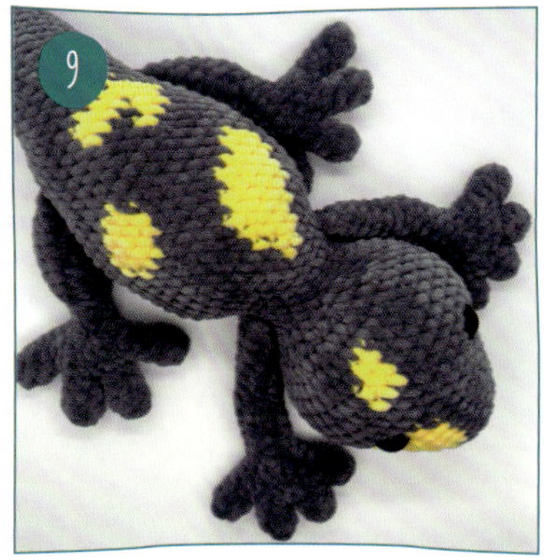

Fülle den dickeren Teil mit Füllmaterial. Zusammenlegen und mit 4 fM zusammenhäkeln. Der Abschluss ist parallel zu den Zehen. Faden abschneiden. Die Seite, an der sich der Rundenanfang befindet, ist später beim Anhäkeln auf der Unterseite.

→ **BILD 5**

TIPP Wenn dir die Farbwechsel schwerfallen, kannst du den Salamander auch einfarbig häkeln und später die Details in unterschiedlichen Größen und Farben aufnähen.

Kopf & Körper (in Dunkelgrau und Gelb)

Beginne mit der Farbe Dunkelgrau.

1. Rd: 6 fM in einen Fadenring häkeln [6].

2. Rd: 6 x 1 M zun [12].

3. Rd: 2 fM, 3 x 1 M zun, 3 fM, 3 x 1 M zun, 1 fM [18].

Jetzt häkelst du alle markierten M in der Farbe Gelb.

→ **BILD 6**

4. Rd: 10 fM, **3 fM**, 5 fM [18].

5. Rd: 2 fM, * 1 M zun, 1 fM; ab * noch 2 x wdh, 1 fM, **3 fM, 1 M zun, 1 fM**, * 1 M zun, 1 fM; ab * noch 1 x wdh [24].

6. Rd: 12 fM, **6 fM**, 6 fM [24].

7. Rd: 3 fM, * 1 M zun, 1 fM; ab * noch 2 x wdh, 3 fM, **4 fM, 1 M zun, 1 fM**, * 1 M zun, 1 fM; ab * noch 1 x wdh, 2 fM [30].

8. Rd: 15 fM, **7 fM**, 8 fM [30].

9. Rd: 4 fM, * 1 M zun, 1 fM; ab * noch 2 x wdh, 6 fM, **4 fM, 1 M zun**, * 1 fM, 1 M zun; ab * noch 1 x wdh, 5 fM [36].

10. Rd: 5 fM, * 1 M zun, 2 fM; ab * noch 2 x wdh, 10 fM, * 1 M zun, 2 fM; ab * noch 2x wdh, 3 fM [42].

11.–12. Rd: 42 fM häkeln [42].

13.–14. Rd: 20 fM, **3 fM**, 19 fM [42].

15. Rd: 20 fM, **2 fM**, 20 fM [42].

16. Rd: 42 fM häkeln [42].

17. Rd: 10 fM, * 1 M abn, 2 fM; ab * noch 5 x wdh, 8 fM [36].

18. Rd: 10 fM, * 1 M abn, 1 fM; ab * noch 5 x wdh, 8 fM [30].

Sicherheitsaugen nach Rd 9 mit einem Abstand von 8 sichtbaren M anbringen.

19. Rd: * 3 fM, 1 M abn; ab * noch 5 x wdh [24].

20. Rd: * 2 fM, 1 M abn; ab * noch 5 x wdh [18].

21. Rd: 18 fM häkeln [18].

22. Rd: 3 fM, * 1 M zun, 1 fM; ab * noch 2 x wdh, 3 fM, * 1 M zun, 1 fM; ab * noch 2 x wdh [24].

Fülle den Kopf mit Füllmaterial. Jetzt werden die Vorderbeine mit angehäkelt.

→ **BILD 7–8**

23. Rd: 4 fM, rechtes Vorderbein mit 4 fM anhäkeln, 9 fM, linkes Vorderbein mit 4 fM anhäkeln, 3 fM [24].
24. Rd: 3 fM, * 1 M zun, 2 fM; ab * noch 2 x wdh, 3 fM, * 1 M zun, 2 fM; ab * noch 2 x wdh [30].
25. Rd: * 3 fM, 1 M zun; ab * noch 2 x wdh, 1 fM, 2 fM, 3 fM, * 1 M zun, 3 fM; ab * noch 2 x wdh [36].
26. Rd: 3 fM, * 1 M zun, 4 fM; ab * noch 1 x wdh, 1 M zun, 1 fM, 3 fM, * 4 fM, 1 M zun; ab * noch 2 x wdh, 3 fM [42].
27. Rd: 17 fM, 5 fM, 20 fM [42].
28. Rd: 16 fM, 6 fM, 20 fM [42].
29. Rd: 15 fM, 6 fM, 21 fM [42].
30. Rd: 15 fM, 5 fM, 22 fM [42].
31. Rd: 16 fM, 2 fM, 8 fM, 3 fM, 13 fM [42].
32.–33. Rd: 25 fM, 5 fM, 12 fM [42].
34. Rd: 26 fM, 3 fM, 13 fM [42].
35. Rd: * 5 fM, 1 fM abn; ab * noch 5 x wdh [36].
36. Rd: 15 fM, 3 fM, 18 fM [36].
37. Rd: 14 fM, 3 fM, 19 fM [36].
38. Rd: 5 fM, * 1 M abn, 1 fM; ab * noch 2 x wdh, 1 fM, 6 fM, 5 fM, * 1 M abn, 1 fM; ab * noch 2 x wdh, 1 fM [30].
39. Rd: 13 fM, 5 fM, 12 fM [30].
Fülle den Körper mit Füllmaterial. Jetzt werden die Hinterbeine mit angehäkelt.
40. Rd: 5 fM, erstes Hinterbein mit 4 fM anhäkeln, 17 fM, zweites Hinterbein mit 4 fM anhäkeln [30].
41. Rd: 30 fM häkeln [30].
42. Rd: 20 fM, * 1 M abn, 2 fM; ab noch 1 x wdh, 1 M abn [27].
43. Rd: 21 fM, 3 x 1 M abn [24].
44. Rd: 24 fM häkeln [24].
45. Rd: 1 M abn, 4 fM, * 1 M zun, 1 fM; ab * noch 2 x wdh, 6 fM, * 1 M abn, 1 fM; ab * noch 1 x wdh [24].
46. Rd: 24 fM häkeln [24].
47. Rd: 1 M abn, 16 fM, * 1 M abn, 1 fM; ab * noch 1 x wdh [21].
48. Rd: 1 M abn, 5 fM, * 1 M zun, 1 fM; ab * noch 2 x wdh, 2 fM, * 1 M abn, 1 fM; ab * noch 1 x wdh [21].
49. Rd: 21 fM häkeln [21].
50. Rd: 1 M abn, 5 fM, * 1 M zun, 1 fM; ab * noch 2 x wdh, 2 fM, * 1 M abn, 1 fM; ab noch 1 x wdh [21].
51. Rd: * 1 M abn, 1 fM; ab * noch 1 x wdh, 12 fM, 1 M abn, 1 fM [18].
52. Rd: 18 fM häkeln [18].
53. Rd: * 4 fM, 1 M abn; ab * noch 2 x wdh [15].
54.–55. Rd: 15 fM häkeln [15].
56. Rd: * 3 fM, 1 M abn; ab * noch 2 x wdh [12].
57.–58. Rd: 12 fM häkeln [12].
59. Rd: * 2 fM, 1 M abn; ab * noch 2 x wdh [9].
60.–61. Rd: 9 fM häkeln [9].
Fülle den Schwanz komplett mit Füllmaterial.
62. Rd: 3 fM, 3 x 1 M abn [6].
63. Rd: 6 fM häkeln [6].
Beenden und den Faden vernähen. Vertiefe die Augen.
→ BILD 9

Fertigstellung

Für die Details häkelst du 6 x aus Baumwollgarn in Sonne einen Fadenring mit 6 fM und schließt sie mit 1 Km. Nähe sie nach Belieben an Kopf und Körper deines Salamanders. Sticke ihm dann noch ein paar schöne Augendetails und Brauen auf (Siehe Seite 25–27). Wenn du möchtest, kannst du ihm auch noch eine Nase aufsticken.

Eine Variante des Salamanders siehst du hier – sie wurde von meiner Testhäklerin @elenas_nadelzauber gehäkelt. Besuch sie doch gerne mal auf Instagram.

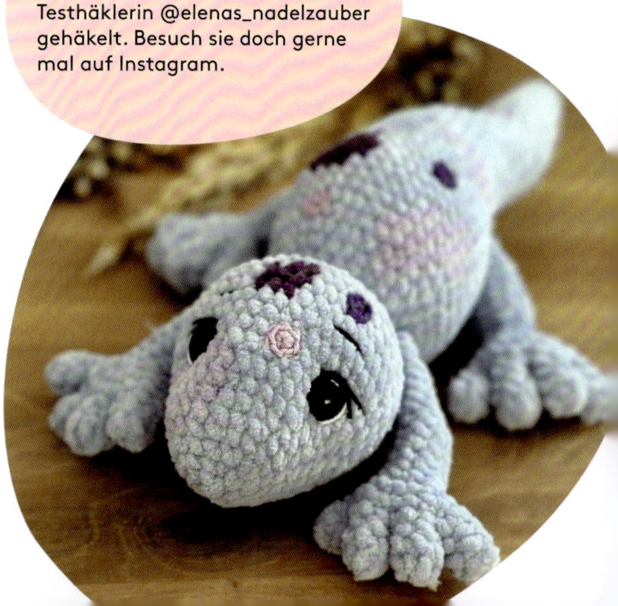

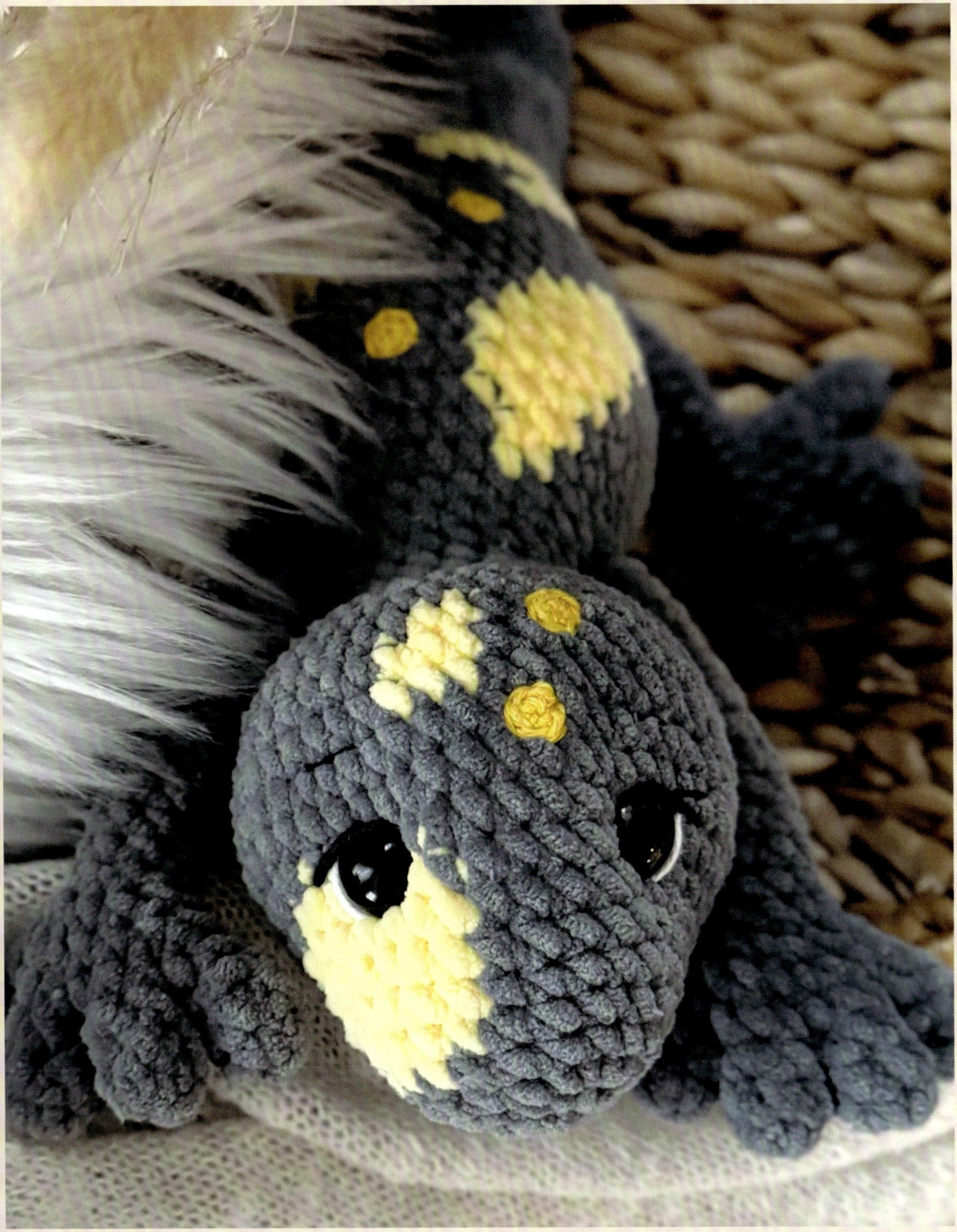

Ente Denny

DAS BENÖTIGST DU:

- LEAMI Chenille Soft UNI (100 % Polyester, LL 120 m/100 g)
  - Beige (Fb 113) 100 g
  - Hellbraun (Fb 116) 30 g
  - Braun (Fb 151) 25 g
  - Weiß (Fb 101) 10 g
- Gründl Funny uni (100 % Polyester, LL 120 m/100 g)
  - Grün (Fb 27) 30 g
- Sicherheitsaugen Ø 14 mm (große Ente), Ø 9 mm (kleine Ente)
- Füllwatte
- Stickgarn in Weiß und Schwarz
- Stopfnadel zum Vernähen
- Stecknadeln
- Maschenmarkierer
- Häkelnadel 4,0 mm
- Schere

TIPP **Du kannst die Ente auch einfarbig, z. B. in der Farbe Weiß häkeln (siehe Seite 125).**

So wird's gemacht

Wenn nicht anders angegeben, häkelst du alles in Spiralrunden. Die Flügel und der Kopf werden später angenäht.

Kopf (in Hellbraun und Grün)

Beginne mit der Farbe Hellbraun.
1. Rd: 6 fM in einen Fadenring häkeln [6].
2. Rd: 6 x 1 M zun [12].
3.–4. Rd: 12 fM häkeln [12].
5. Rd: 2 fM, 2 x 1 M zun, 4 fM, 2 x 1 M zun, 2 fM [16].
6. Rd: 16 fM häkeln [16].
7. Rd: 3 fM, 1 M zun, 8 fM, 1 M zun, 3 fM [18].
Alle markierten M häkelst du in der Farbe Grün.
8. Rd: Ganze Rd ivM häkeln, 6 fM, 3 Stb in eine M, 3 fM, 3 Stb in eine M, 7 fM [22].
Häkle jetzt in der Farbe Grün weiter.
9. Rd: 6 fM, 3 x 1 M zun, 3 fM, 3 x 1 M zun, 7 fM [28].
10. Rd: 3 fM, * 1 M zun, 2 fM; ab * noch 7 x wdh, 1 fM [36].
11. Rd: 7 fM, * 1 M zun, 3 fM; ab * noch 5 x wdh, 5 fM [42].

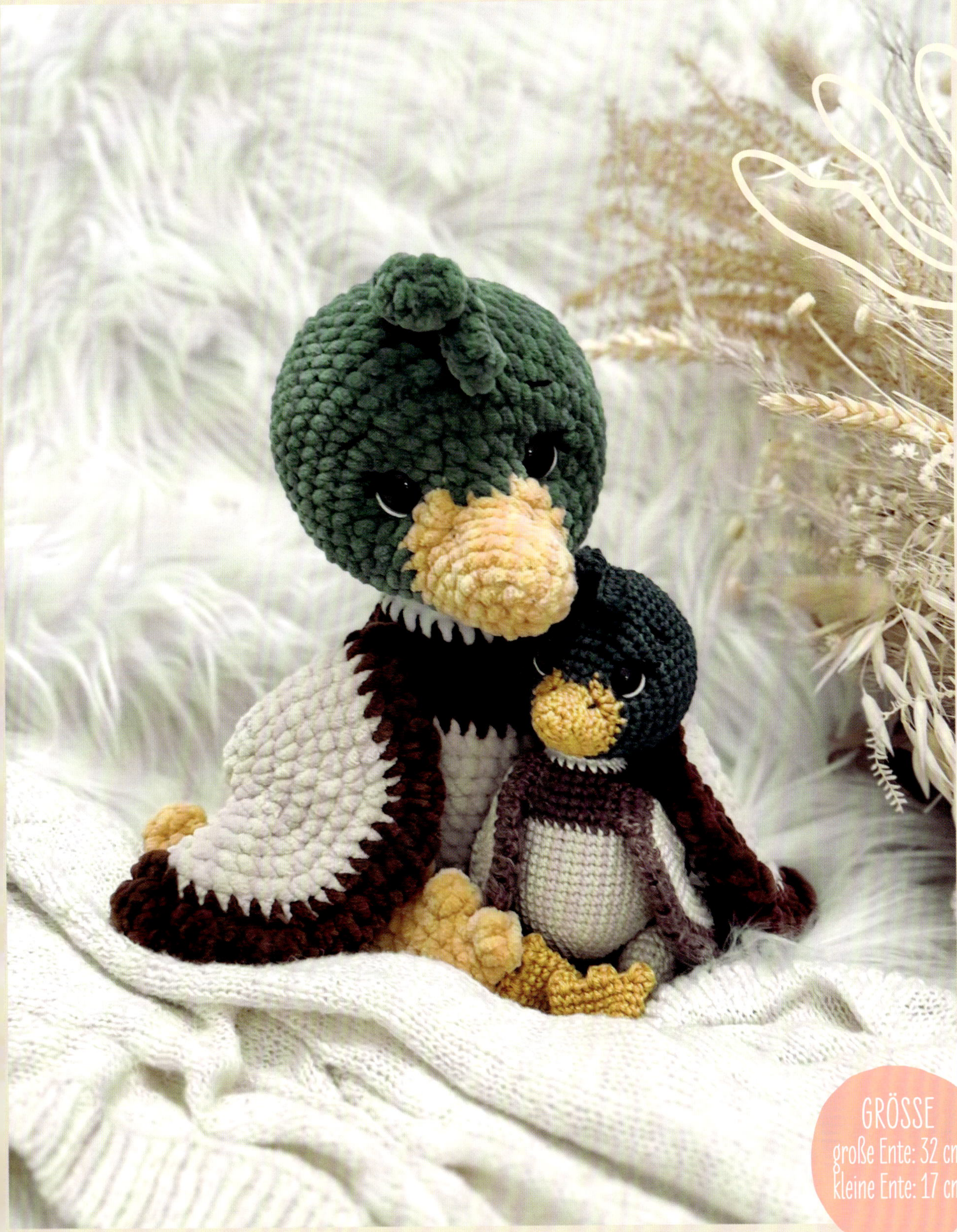

GRÖSSE
große Ente: 32 cm
kleine Ente: 17 cm

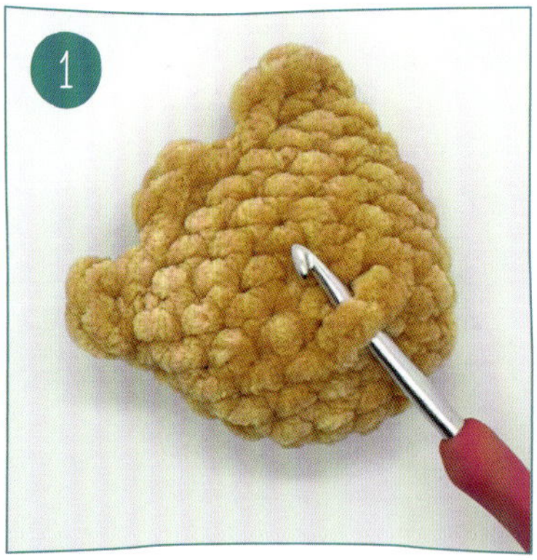

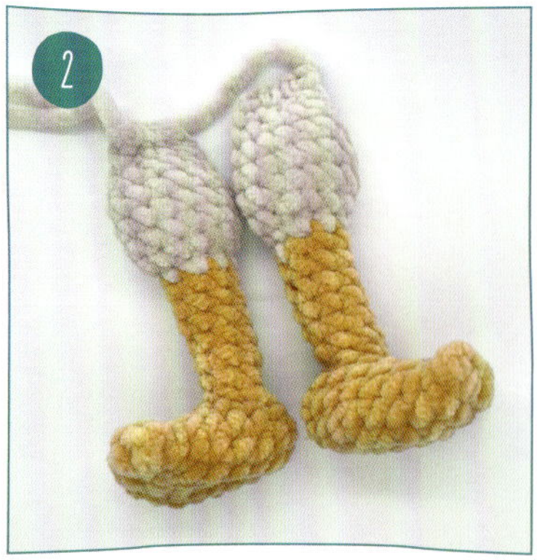

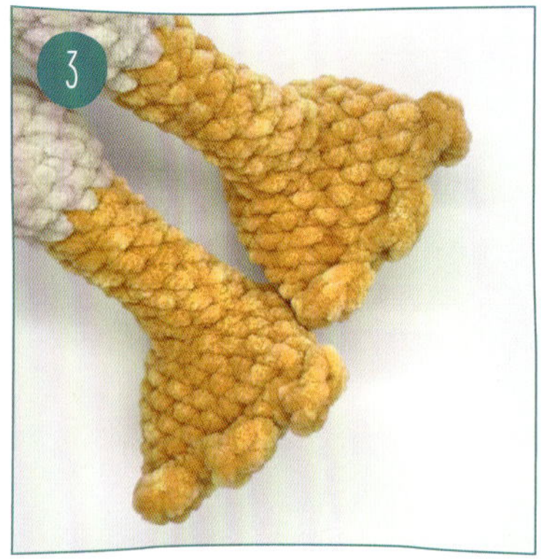

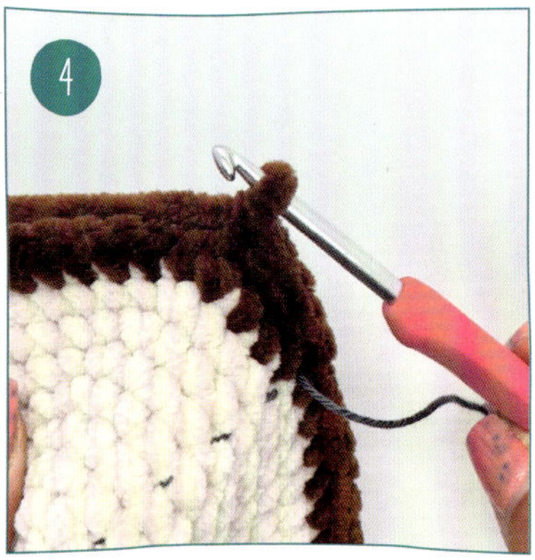

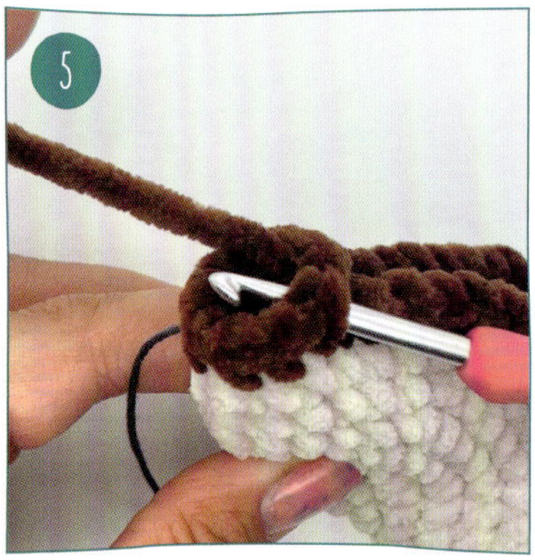

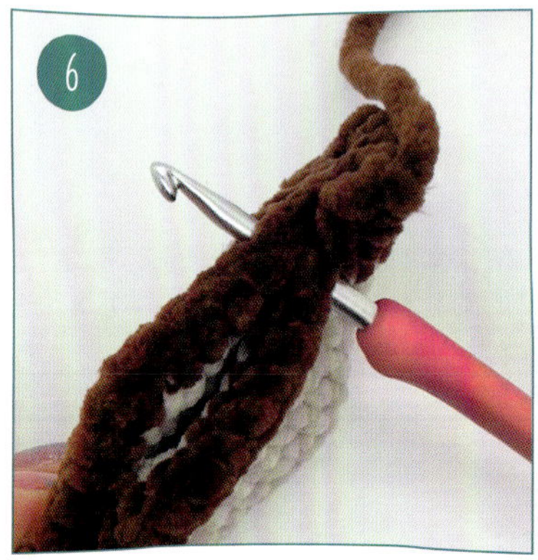

12. Rd: 12 fM, * 1 M zun, 2 fM; ab * noch 5 x wdh, 12 fM [48].
13.–21. Rd: 48 fM häkeln [48].
Sicherheitsaugen nach Rd 10 mit einem Abstand von 8 sichtbaren M anbringen.
22. Rd: * 6 fM, 1 M abn; ab * noch 5 x wdh [42].
23. Rd: * 5 fM, 1 M abn; ab * noch 5 x wdh [36].
24. Rd: * 4 fM, 1 M abn; ab * noch 5 x wdh [30].
25. Rd: * 3 fM, 1 M abn; ab * noch 5 x wdh [24].
Kopf mit Füllmaterial füllen. Den Schnabel füllst du dabei nicht zu fest.
26. Rd: * 2 fM, 1 M abn; ab * noch 5 x wdh [18].
27. Rd: * 1 fM, 1 M abn; ab * noch 5 x wdh [12].
Komplett mit Füllmaterial füllen.
28. Rd: 6 x 1 M abn [6].
Beenden und den Faden vernähen. Vertiefe die Augen. Die Nasenlöcher kannst du mit einem schwarzen Faden ebenfalls vertiefen.

Füße (2 x in Hellbraun)

1. Rd: 6 fM in einen Fadenring häkeln [6].
2. Rd: 6 x 1 M zun [12].
3. Rd: * 1 fM, 1 M zun; ab * noch 5 x wdh [18].
Für die Beine entsteht in der nächsten Rd eine Lücke.
4. Rd: 3 fM, 3 Lm (3 M überspr), 12 fM [18].
5.–8 Rd: 18 fM häkeln [18].
Jetzt legst du den Fuß zusammen und häkelst immer durch beide M. Achte darauf, dass beim Zusammenlegen die Lücke für die Beine oben mittig ist.
9. Rd: 2 Stb in eine M, 3 Km, 2 Stb in eine M, 3 Km, 2 Stb in eine M [12].
Mit 1 Km beenden (in die letzte M, in der die Stb sind) und den Faden vernähen. Die Füße werden nicht mit Füllwatte gefüllt.

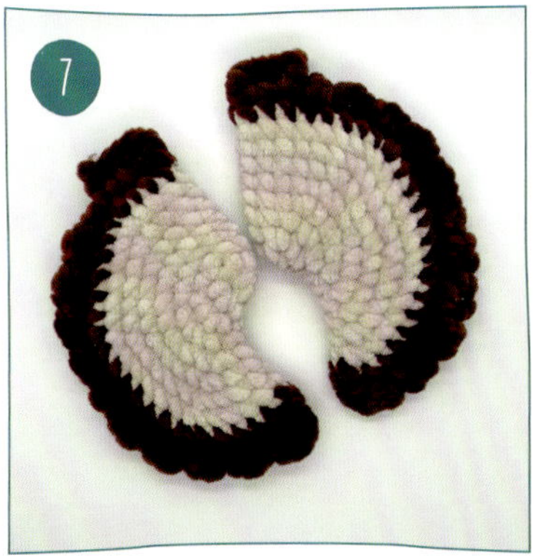

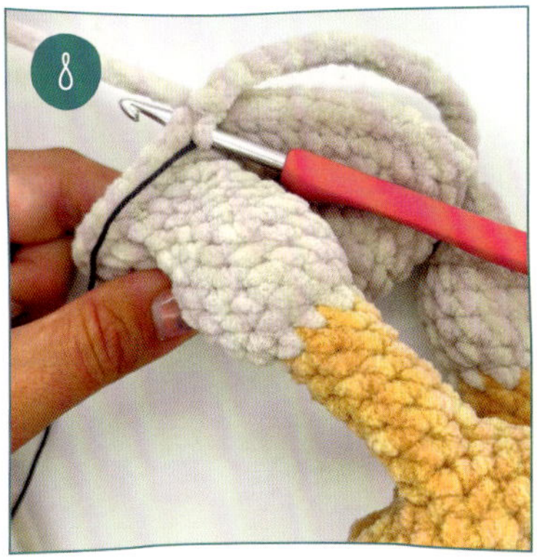

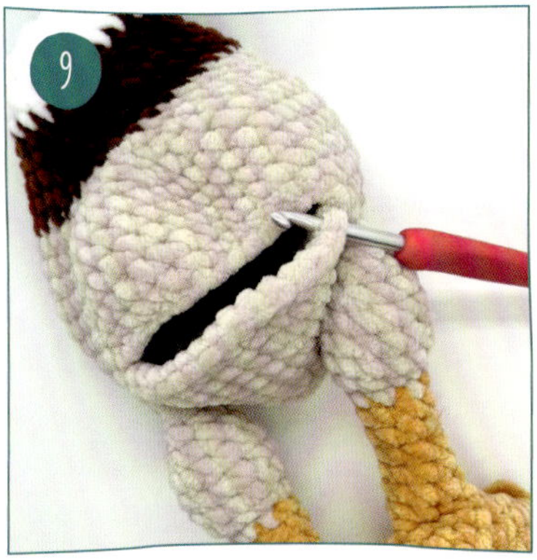

Beine (2 x in Hellbraun und Beige)

Beginne mit der Farbe Hellbraun.
Für das Bein stichst du in die erste M der Lücke von hinten ein. Hole dir den Faden und häkle 1 Lm. In die gleiche M häkelst du deine erste fM. Die Ecken werden auch behäkelt.

→ **BILD 1**

1.–7. Rd: 8 fM häkeln [8].
Häkle jetzt in der Farbe Beige weiter.
8. Rd: * 1 fM, 1 M zun; ab * noch 3 x wdh [12].
9. Rd: ivM häkeln, * 3 fM, 1 M zun; ab * noch 2 x wdh [15].
10.–12. Rd: 15 fM häkeln [15].
13. Rd: * 3 fM, 1 M abn; ab * noch 2 x wdh [12].
14. Rd: * 2 fM, 1 M abn; ab * noch 2 x wdh [9].
Zusammenlegen und mit 4 fM zusammenhäkeln. Der Abschluss ist gerade zu den Zehen. Die Beine werden nur leicht mit Füllwatte gefüllt.

→ **BILD 2–3**

Flügel (2 x in Beige und Braun)

Beginne mit der Farbe Beige.
1. Rd: 6 fM in einen Fadenring häkeln [6].
2. Rd: 6 x 1 M zun [12].
3. Rd: 3 fM, 6 x 1 M zun, 3 fM [18].
4. Rd: 3 fM, * 1 fM, 1 M zun; ab * noch 5 x wdh, 3 fM [24].
5. Rd: 3 fM, * 2 fM, 1 M zun; ab * noch 5 x wdh, 3 fM [30].
6. Rd: 3 fM, * 3 fM, 1 M zun; ab * noch 5 x wdh, 3 fM [36].
7. Rd: 3 fM, * 4 fM, 1 M zun; ab * noch 5 x wdh, 3 fM [42].
8. Rd: 3 fM, * 5 fM, 1 M zun; ab * noch 5 x wdh, 3 fM [48].
Häkle jetzt in der Farbe Braun weiter.
9. Rd: 3 fM, * 6 fM, 1 M zun; ab * noch 5 x wdh, 3 fM [54].
Jetzt häkelst du den Teil, mit dem der Flügel später angenäht wird.
10. Rd: 5 fM häkeln, wende dann deine Arbeit bzw. lege den Kreis in der Hälfte zusammen und stich in die 4. M vor dem Rundenende ein (also in die 51. M) [9].
Zusammenlegen und mit 4 fM zusammenhäkeln. Faden abschneiden.
Jetzt stichst du in die 6. M von Rd 10 ein. Dabei gehst du immer durch beide M und häkelst den Flügel dabei zusammen. Hole dir den Faden und häkle 1 Lm. In die gleiche M häkelst du 2 fM. 1 Km, * 3 hStb in eine M, 1 Km; ab * noch 4 x wdh, * 3 Stb in eine M, 1 Km; ab * noch 4 x wdh, 1 Lm und mit einer Km beenden [40].
Die Flügel werden nicht gefüllt. Faden abschneiden.

→ **BILD 4–7**

Körper (in Beige, Braun und Weiß)

Beginne mit der Farbe Beige.
1. Rd: 6 fM in einen Fadenring häkeln [6].

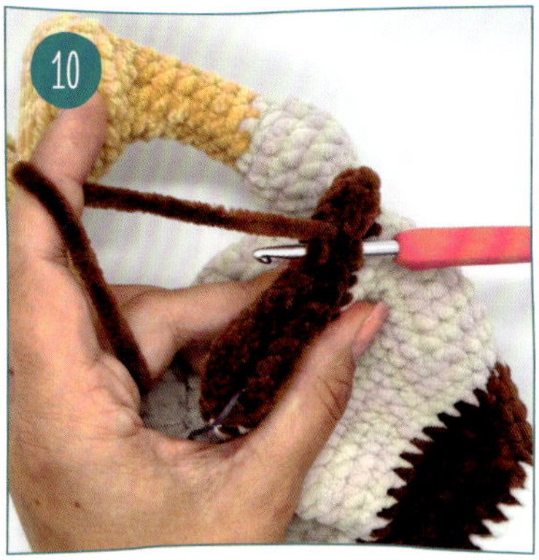

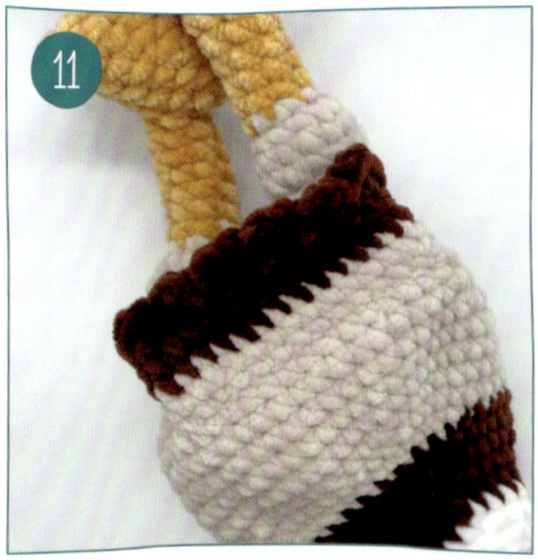

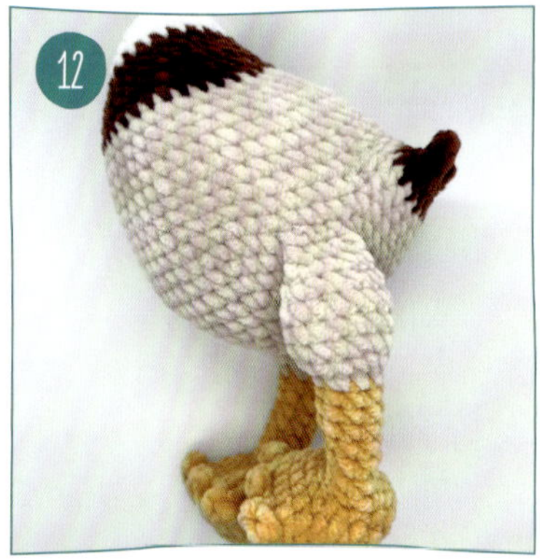

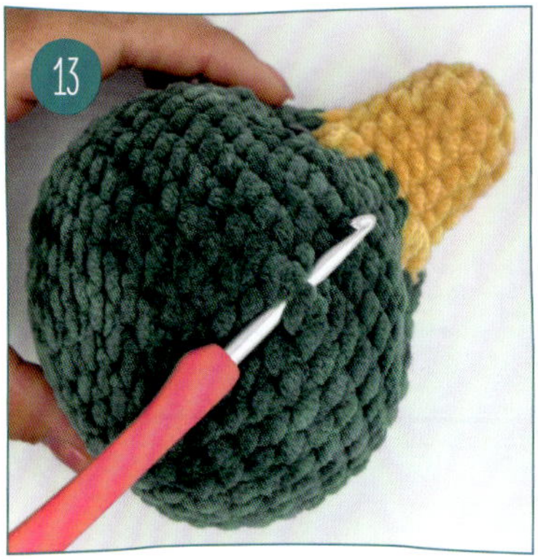

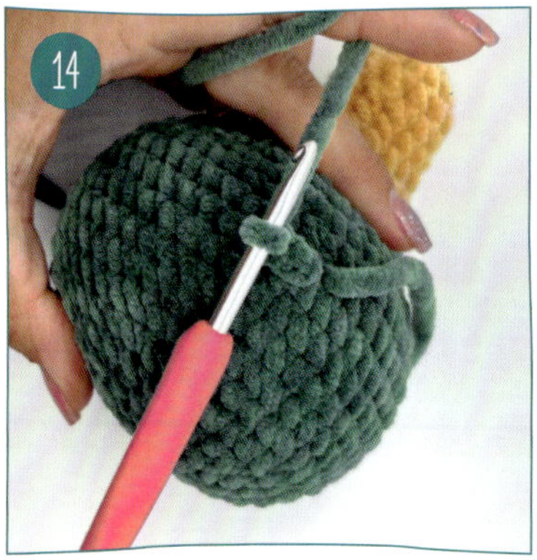

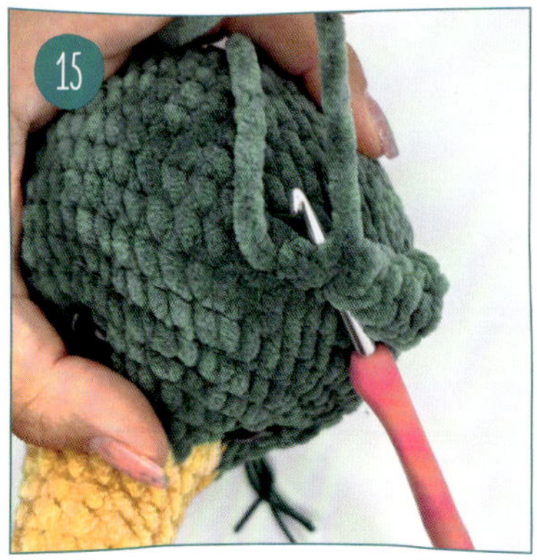

2. Rd: 6 x 1 M zun [12].
3. Rd: * 1 fM, 1 M zun; ab * noch 5 x wdh [18].
4. Rd: * 2 fM, 1 M zun; ab * noch 5 x wdh [24].
5. Rd: * 3 fM, 1 M zun; ab * noch 5 x wdh [30].
6. Rd: * 4 fM, 1 M zun; ab * noch 5 x wdh [36].
7. Rd: * 5 fM, 1 M zun; ab * noch 5 x wdh [42].
8. Rd: * 6 fM, 1 M zun; ab * noch 5 x wdh [48].
Jetzt werden die Beine mit angehäkelt. Achte darauf, dass die Zehen nach vorne zeigen. Der Rundenanfang liegt dabei hinten.

→ BILD 8

9. Rd: Erstes Bein mit 4 fM anhäkeln, 24 fM, zweites Bein mit 4 fM anhäkeln, 16 fM [48].
Für den Schwanz entsteht in der nächsten Rd eine Lücke.
10. Rd: 33 fM, 14 Lm (14 M überspr), 1 fM [48].
11.–15. Rd: 48 fM häkeln [48].
16. Rd: 2 fM, 1 M abn, 24 fM, * 1 M abn, 2 fM; ab * noch 4 x wdh [42].
17. Rd: 42 fM häkeln [42].
18. Rd: 1 fM, 1 M abn, 24 fM, * 1 M abn, 1 fM; ab * noch 4 x wdh [36].
Ab jetzt häkelst du in der Farbe Braun weiter.
19. Rd: 36 fM häkeln [36].
20. Rd: * 4 fM, 1 M abn; ab * noch 5 x wdh [30].
21. Rd: 30 fM häkeln [30].
22. Rd: * 3 fM, 1 M abn; ab * noch 5 x wdh [24].
23. Rd: 24 fM häkeln [24].
Ab jetzt häkelst du in der Farbe Weiß weiter.
24.–25. Rd: 24 fM häkeln [24].
26. Rd: * 2 fM, 1 M abn; ab * noch 5 x wdh [18].
Mit 1 Km beenden und den Faden abschneiden.

Schwanz (in Beige und Braun)

Beginne mit der Farbe Beige.
Stich in die erste M vom Körper der Lücke in Rd 10 ein. Hole dir den Faden und häkle 1 Lm, in die gleiche M häkelst du deine erste fM. Gehäkelt

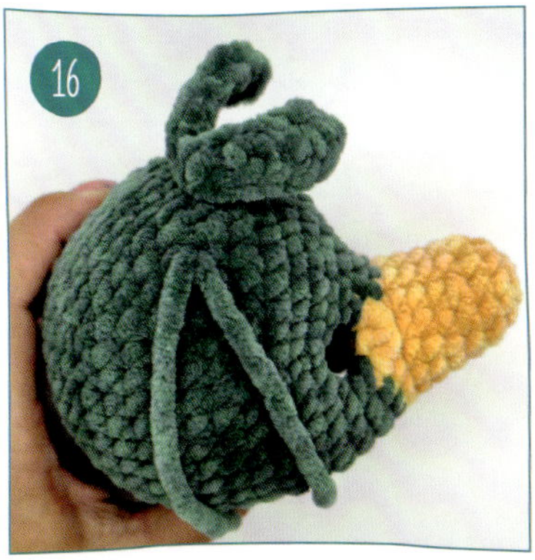

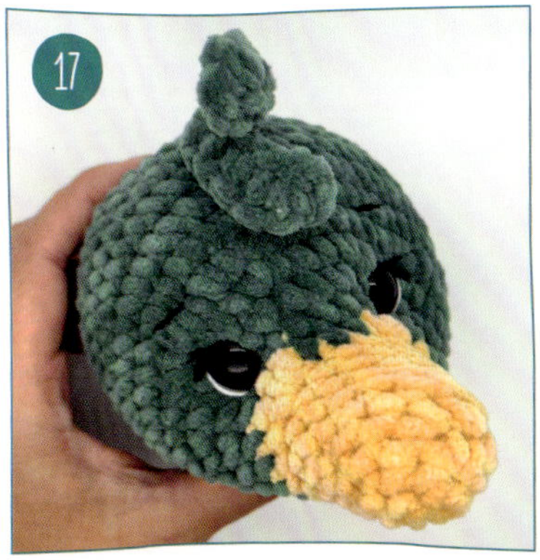

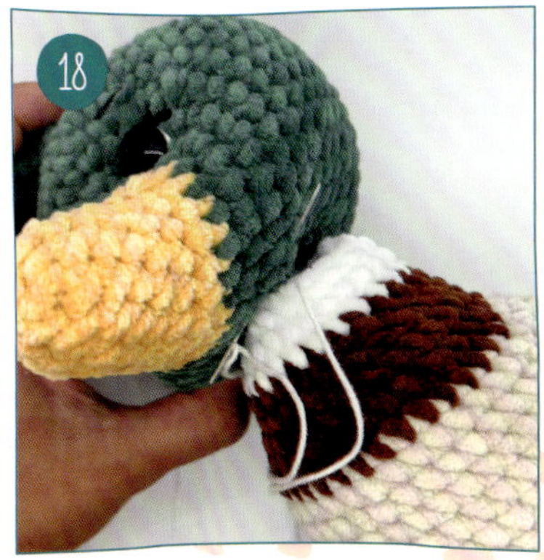

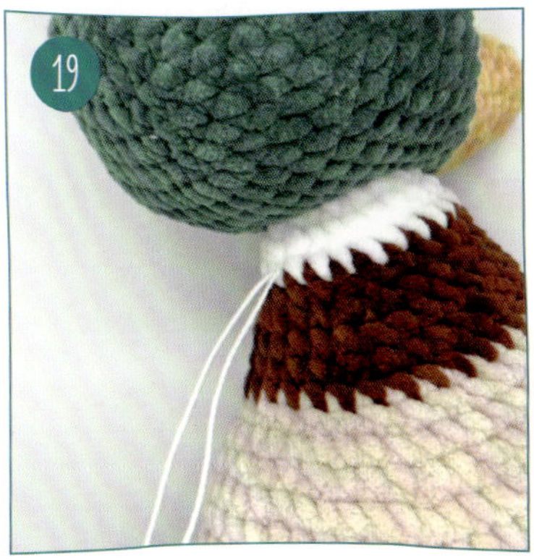

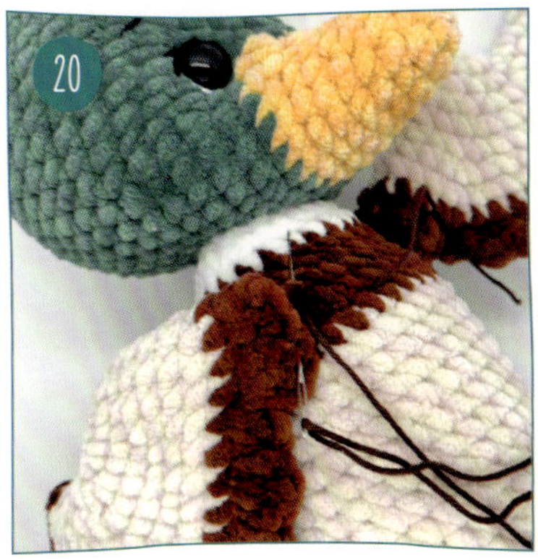

wird weiterhin in Spiralrunden. Die Ecken werden auch behäkelt.

→ BILD 9

1.–2. Rd: 30 fM häkeln [30].

Jetzt häkelst du in der Farbe Braun weiter.

3. Rd: 30 fM häkeln [30].

4. Rd: * 3 fM, 1 M abn; ab * noch 5 x wdh [24].

Häkle 12 fM, sodass du wieder beim anderen Bein rauskommst. Jetzt legst du den Schwanz zusammen, er ist parallel zu den Füßen. Gehäkelt wird immer durch beide M.

5. Rd: * 3 hStb in eine M, 1 Km; ab * noch 1 x wdh; * 3 Stb in eine M, 1 Km; ab * noch 1 x wdh, * 3 hStb in eine M, 1 Km; ab * noch 1 x wdh [24].

Faden abschneiden und vernähen. Fülle jetzt den Körper mit Füllmaterial.

→ BILD 10–12

Fertigstellung

Für die Haare stichst du von hinten zwischen Rd 16 mittig am Kopf durch eine M. Hole dir den Faden und häkle 1 Lm, in die gleiche M häkelst du eine fM. Häkle eine weitere fM in die nächste M. 5 Lm. Stich in die dritte M von der Nadel aus ein und häkle 3 hStb in diese M, 2 hStb. Um die Strähne zu beenden, häkelst du 1 fM in die Anfangsmasche. Wdh das gleiche bei der zweiten Haarsträhne. Den Anfangs- und Endfaden kannst du miteinander verknoten und nach innen ziehen.

→ BILD 13–17

Nähe den Kopf an den Körper. Die Flügel nähst du mit einem Baumwollfaden zwischen Rd 19 und 23. Lasse zwischen den Flügeln einen Abstand von 8–10 M. Sticke deiner Ente ein paar schöne Augendetails und Brauen auf.

→ BILD 18–20

Frosch Toni

DAS BENÖTIGST DU:

- LEAMI Chenille Soft UNI (100 % Polyester, LL 120 m/100 g)
  - Natur (Fb 103) 25 g
  - Apfelgrün (Fb 149) 150 g
  - Grün (Fb 130) Reste
- Schachenmayr Catania (100 % Baumwolle, LL 125 m/50 g)
  - Khaki (Fb 212) 15 g
- Sicherheitsaugen Ø 14/15 mm
- Füllwatte
- Stickgarn in Weiß und Schwarz
- Stopfnadel zum Vernähen
- Stecknadeln
- Maschenmarkierer
- Häkelnadel 4,0 mm & 2,5 mm (Baumwolle)
- Schere

So wird's gemacht

Wenn nicht anders angegeben, häkelst du alles in Spiralrunden. Der Kopf und die Details werden später angenäht.

Kopf (in Apfelgrün und Natur)

Beginne mit der Farbe Apfelgrün.
1. Rd: 6 fM in einen Fadenring häkeln [6].
2. Rd: 6 x 1 M zun [12].
3. Rd: 12 fM häkeln [12].
Diesen Teil häkelst du 2 x. Einen davon beendest du mit 1 Km und schneidest den Faden ab. Mit dem zweiten Teil häkelst du weiter. Die zwei Teile werden dann miteinander verbunden. Häkle 3 Lm.
4. Rd: Stich jetzt in die erste M des ersten Teils ein und häkle 12 fM, 3 fM (LmK zurück zum zweiten Teil, 12 fM, 3 fM [30].
5. Rd: * 4 fM, 1 M zun; ab * noch 5 x wdh [36].
6.–7. Rd: 36 fM häkeln [36].
Die Zun bei den nächsten zwei Rd befinden sich vorne mittig.
8. Rd: 7 fM, * 1 M zun, 2 fM; ab * noch 5 x wdh, 11 fM [42].
9. Rd: 7 fM, * 1 M zun, 3 fM; ab * noch 5 x wdh, 11 fM [48].
10.–12. Rd: 48 fM häkeln [48].

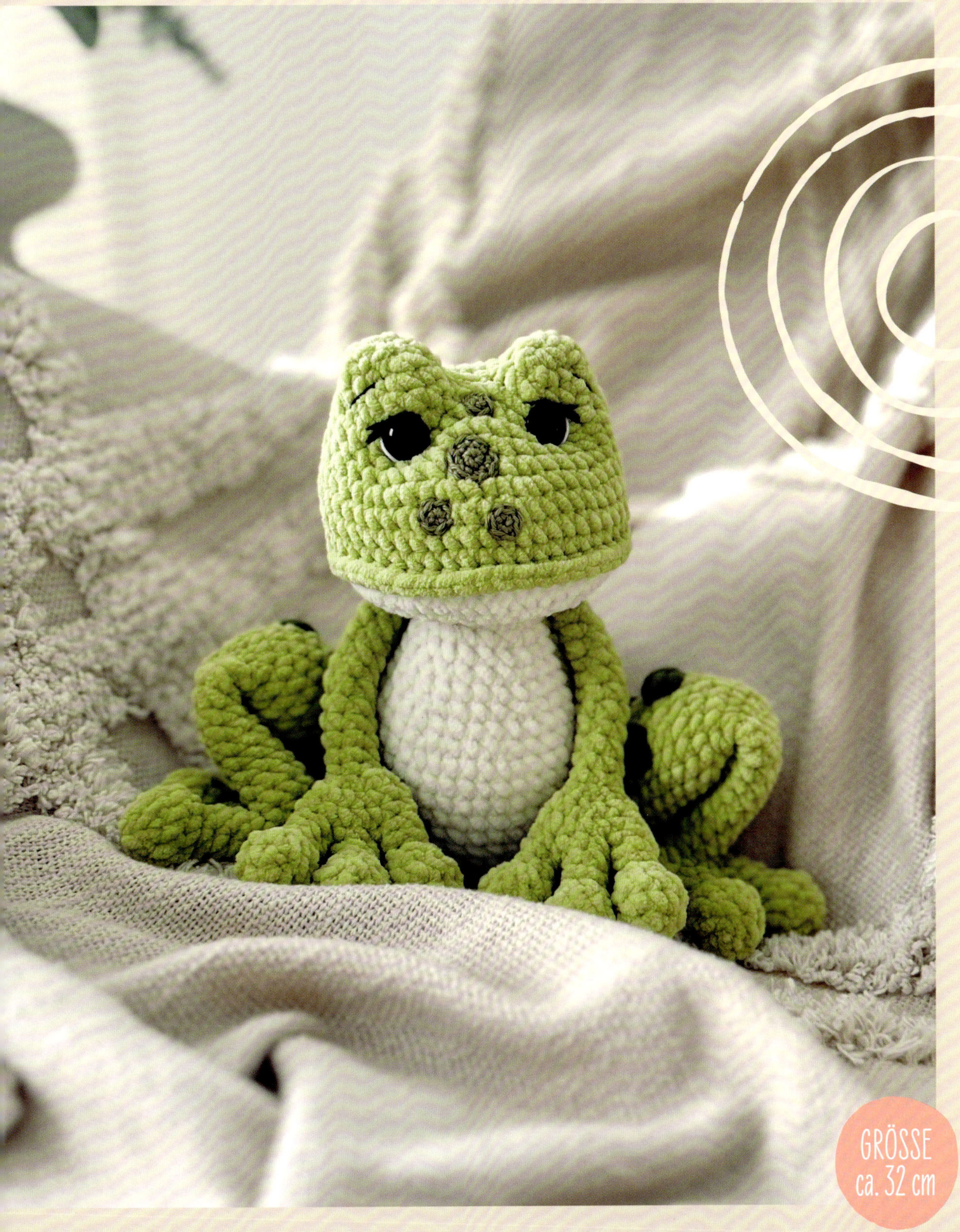
GRÖSSE
ca. 32 cm

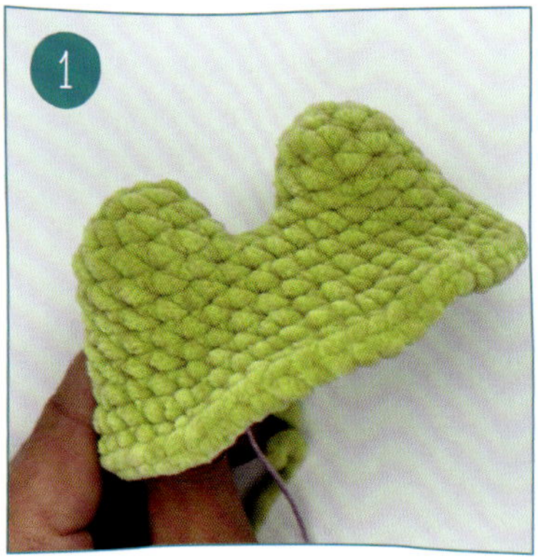

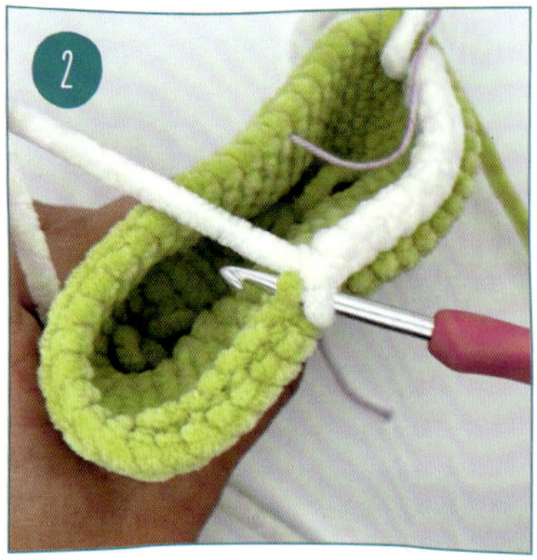

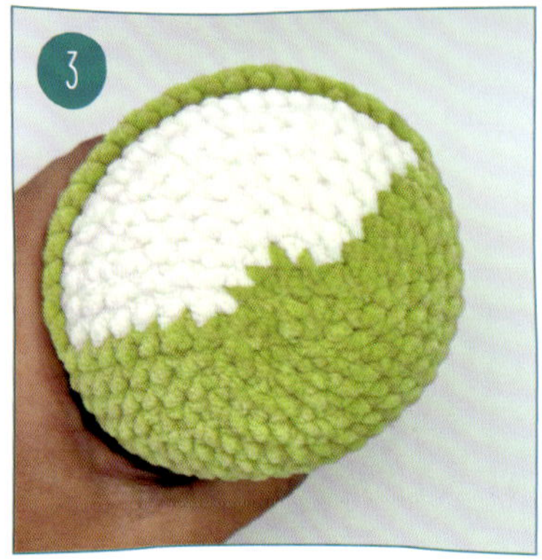

Sicherheitsaugen nach Rd 5 mit einem Abstand von 6 sichtbaren M anbringen.

13. Rd: 10 fM, 22 fM ivM, 16 fM [48].

Alle markierten M häkelst du in der Farbe Natur.

14. Rd: 10 fM, 22 fM in das hMg von Rd 12, 16 fM [48].

15. Rd: 10 fM, 22 fM, 16 fM [48].

16. Rd: 10 fM, 2 fM, * 1 M abn, 1 fM; ab * noch 5 x wdh, 2 fM, 16 fM [42].

17. Rd: 5 fM, 1 M abn, 3 fM, 2 fM, 1 M abn, * 3 fM, 1 M abn; ab * noch 1 x wdh, 2 fM, * 5 fM, 1 M abn; ab * noch 1 x wdh, 2 fM [36].

18. Rd: 4 fM, 1 M abn, 3 fM, 2 fM, 1 M abn, 5 fM, 1 M abn, 2 fM, 1 fM, 1 M abn, 4 fM, 1 M abn, 3 fM, 1 M abn [30].

Fange an, den Kopf mit Füllmaterial zu füllen. Achte darauf, dass die Augenpartie gut gefüllt ist.

19. Rd: 3 fM, 1 M abn, 3 fM, 1 fM, * 1 M abn, 3 fM; ab * noch 1 x wdh, 1 fM, 1 M abn, * 2 fM, 1 M abn; ab * noch 1 x wdh [24].

20. Rd: * 1 fM, 1 M abn; ab * noch 1 x wdh, 1 fM, 1 fM, 1 M abn, 3 fM, 1 M abn, 1 fM, 1 fM, 1 M abn, 2 fM, 1 M abn, 1 fM [18].

21. Rd: * 1 fM, 1 M abn; ab * noch 5 x wdh [12].

22. Rd: 6 x 1 M abn [6].

Beenden und den Faden vernähen. Vertiefe die Augen.

→ BILD 1–3

Arme (2 x in Apfelgrün)

1. Rd: 5 fM in einen Fadenring häkeln [5].

2. Rd: 5 x 1 M zun [10].

3. Rd: 10 fM häkeln [10].

Fülle die Kugel mit Füllmaterial.

4. Rd: 5 x 1 M abn [5].

5. Rd: 5 fM ivM häkeln [5].

6. Rd: 5 fM häkeln [5].

Diesen Teil benötigst du insgesamt 6 x. Vier Teile davon beendest du mit 1 Km und schneidest den Faden ab. Mit dem fünften und sechsten häkelst du jeweils die Hände zusammen. Häkle also den dritten mit dem zweiten und ersten Finger zusammen.

→ BILD 4–6

7. Rd: 2 fM in den zweiten Finger, 5 fM in den dritten Finger, 3 fM in den zweiten Finger, 5 in den ersten Finger [15].

8. Rd: 15 fM häkeln [15].

9. Rd: * 3 fM, 1 M abn; ab * noch 2 x wdh [12].

10. Rd: 6 x 1 M abn; ab * noch 5 x wdh [6].

11.–22. Rd: 6 fM häkeln [6].

Die Arme werden nicht gefüllt. Zusammenlegen und mit 3 fM zusammenhäkeln. Der Abschluss ist parallel zu den Fingern.

→ BILD 7

TIPP **Falls du Löcher zwischen deinen Fingern (und Zehen) hast, kannst du sie mit dem Endfaden der Finger zunähen.**

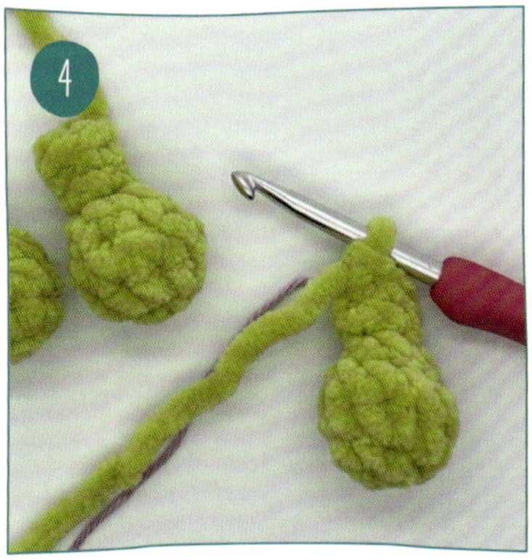

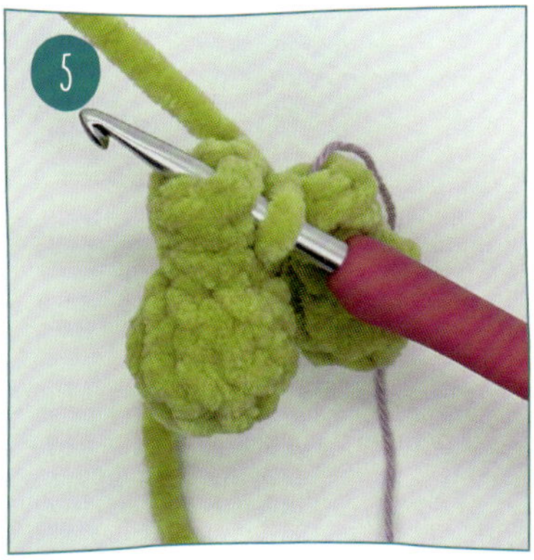

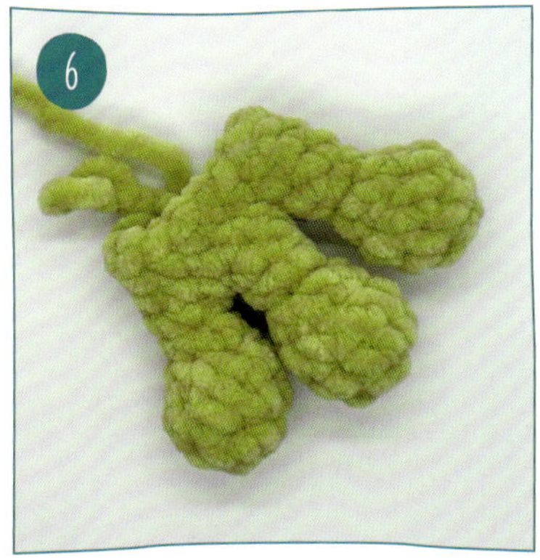

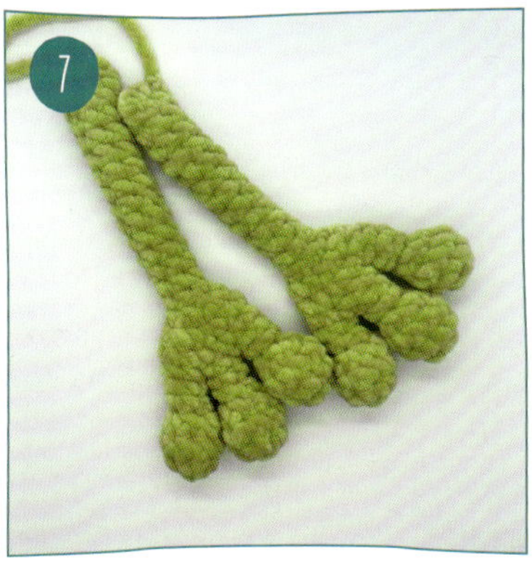

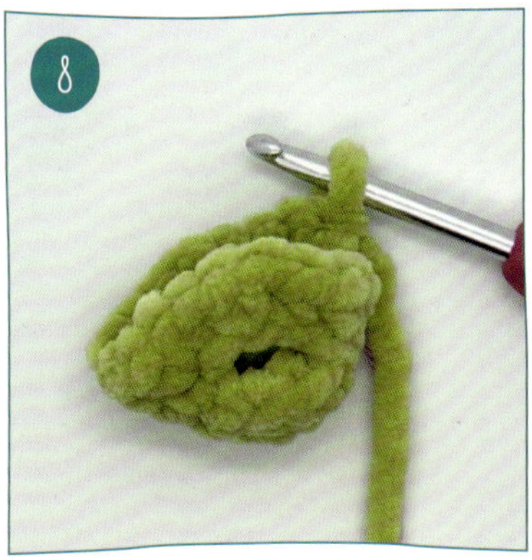

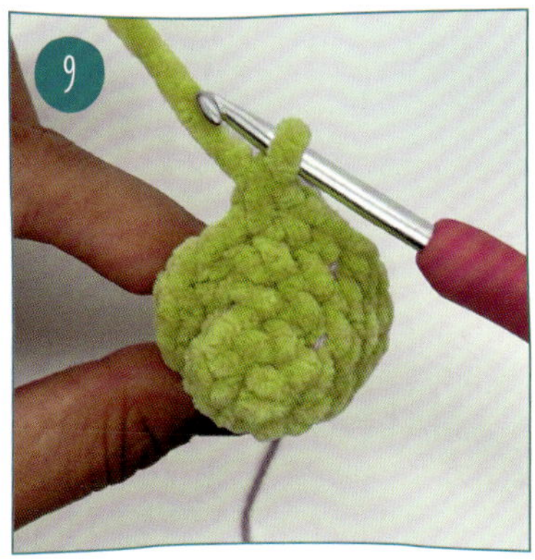

Füße (2 x in Apfelgrün)

1. Rd: 6 fM in einen Fadenring häkeln [6].
2. Rd: 6 x 1 M zun [12].
In der nächsten Rd entsteht eine Lücke für das Bein. Die Lücke sollte später mittig vom Fuß sein.
3. Rd: 2 fM, 3 Lm (3 M überspr), 7 fM [12].
4. Rd: * 1 fM, 1 M zun; ab * noch 5 x wdh [18].
Jetzt werden die Zehen gehäkelt.
→ BILD 8–12
5. Rd: Häkle 3 fM in der nächsten Rd, dann stichst du von vorne in die 16. M (dritte vor dem Rundenende) ein. Häkle 3 fM und schließe damit die erste Zehe [6].
6.–7 Rd: 6 fM häkeln [6].
8. Rd: 6 x 1 M zun ivM [12].
9. Rd: 12 fM häkeln [12].
10. Rd: 6 x 1 M abn [6].
Fülle die Kugel mit Füllmaterial. Beenden und den Faden vernähen.
Für die zweite Zehe stichst du in die 4. M von Rd 5 ein. Häkle wieder 3 fM, wende den Fuß und stich in die dritte M vor dem ersten Zeh ein. Wdh Rd 6–10.
Das Gleiche machst du auch für den dritten Zeh. Vernähe alle Fäden.

Beine (2 x in Apfelgrün und Grün)

Beginne mit der Farbe Apfelgrün. Für das Bein stichst du in eine M der Lücke vom Fuß (Rd 3) ein. Hole dir den Faden und häkle 1 Lm, in dieselbe M häkelst du deine 1. fM. Die Ecken werden auch behäkelt.
→ BILD 13
1.–10. Rd: 8 fM häkeln [8].
Das untere Bein wird nicht gefüllt. Zusammenlegen und mit 4 fM zusammenhäkeln. 1 Lm. Häkle in

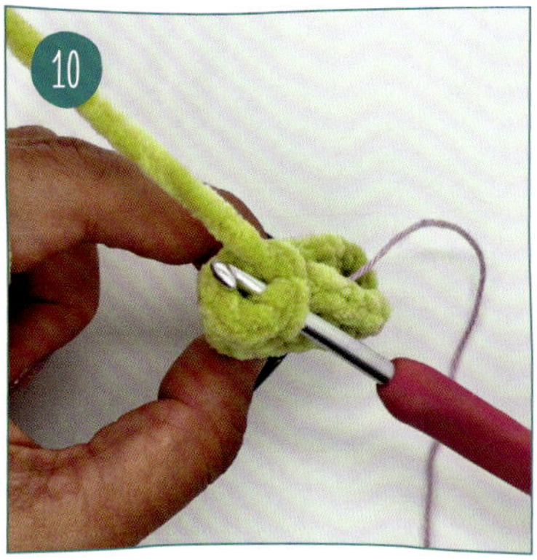

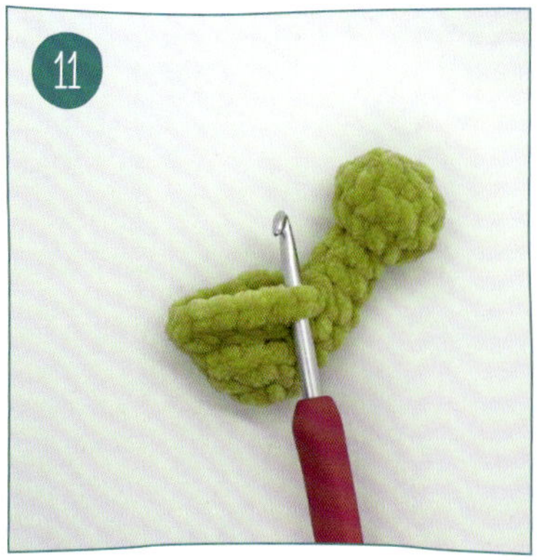

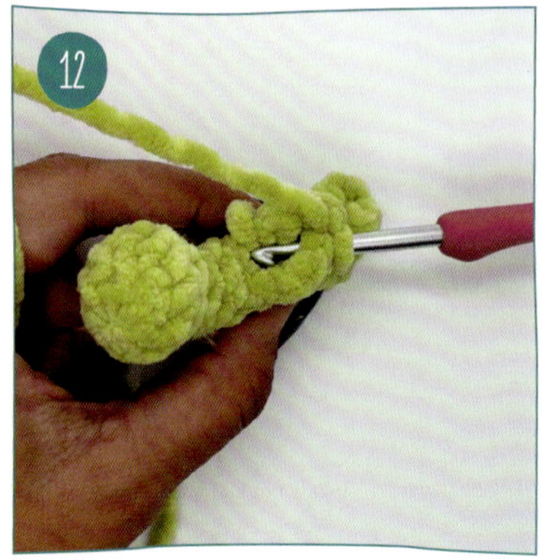

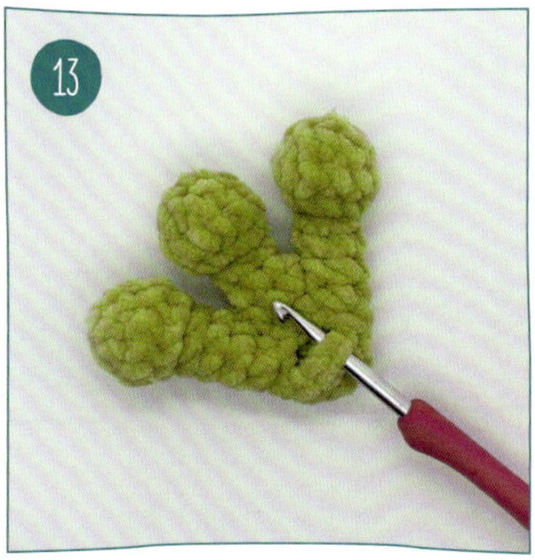

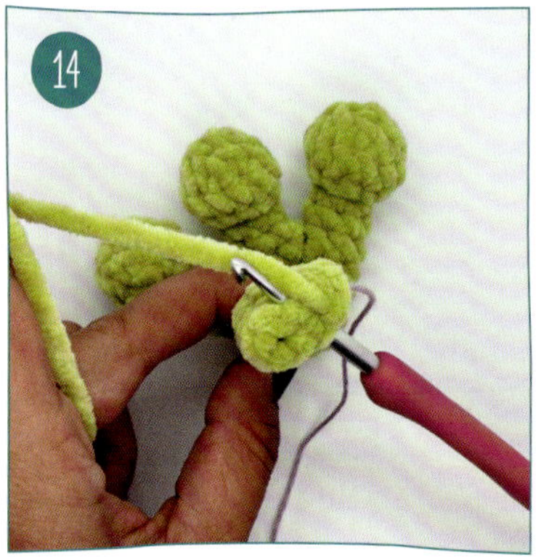

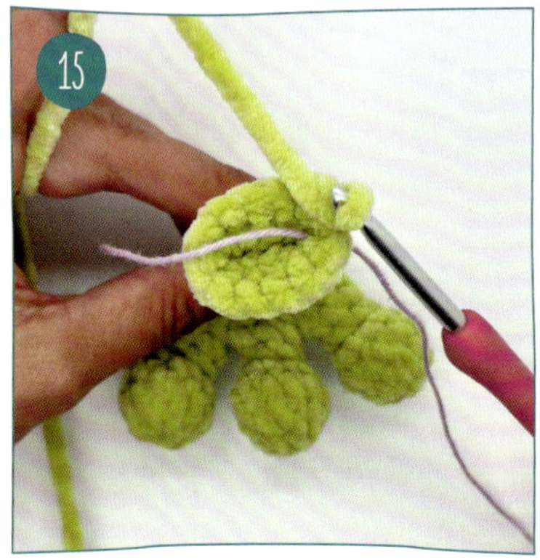

Spiralrunden weiter. Der Abschluss sollte parallel zu den Zehen sein.

→ **BILD 14–15**

11. Rd: * 1 fM, 1 M zun; ab * noch 3 x wdh ivM [12].

12. Rd: 12 fM häkeln [12].

13. Rd: * 1 fM, 1 M zun; ab * noch 5 x wdh [18].

14. Rd: 18 fM häkeln [18].

Linkes Bein (von vorne gesehen)

Die markierten pop häkelst du in **Grün.**

15. Rd: 6 fM, **pop**, 11 fM [18].

16. Rd: 18 fM häkeln [18].

17. Rd: 3 fM, **pop**, 14 fM [18].

18. Rd: 18 fM häkeln [18].

19. Rd: 6 fM, **pop**, 11 fM [18].

Rechtes Bein (von vorne gesehen)

Die markierten pop häkelst du in **Grün.**

15. Rd: 3 fM, **pop**, 14 fM [18].

16. Rd: 18 fM häkeln [18].

17. Rd: 6 fM, **pop**, 11 fM [18].

18. Rd: 18 fM häkeln [18].

19. Rd: 3 fM, **pop**, 14 fM [18].

→ **BILD 16**

20.–23. Rd: 18 fM häkeln [18].

24. Rd: * 1 fM, 1 M abn; ab * noch 5 x wdh [12].

25. Rd: * 2 fM, 1 M abn; ab * noch 2 x wdh [9].

Fülle den Oberschenkel mit Füllmaterial. Zusammenlegen und mit 4 fM zusammenhäkeln. Der Abschluss ist parallel zu den Zehen.

→ **BILD 17–18**

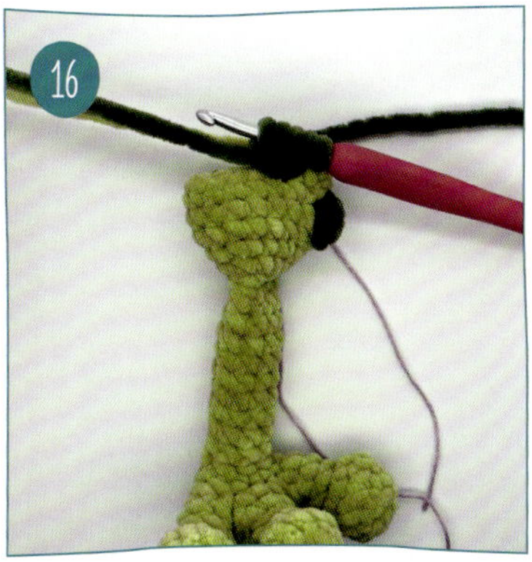

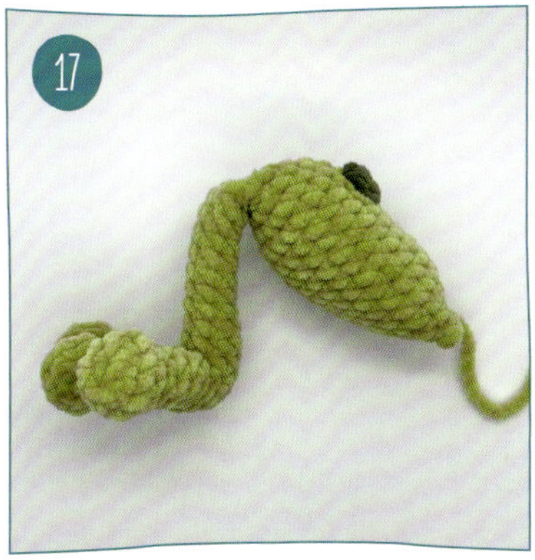

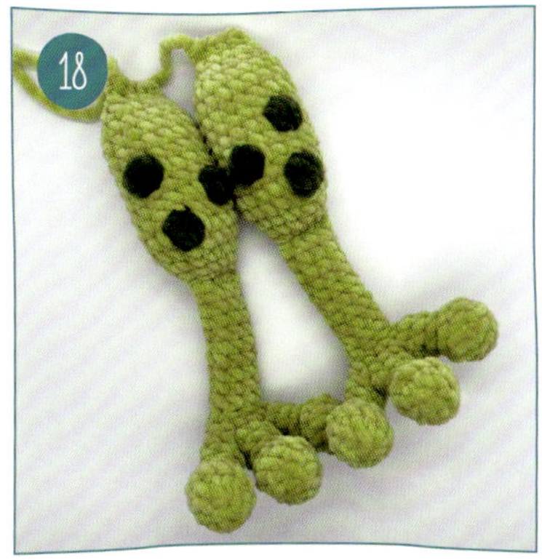

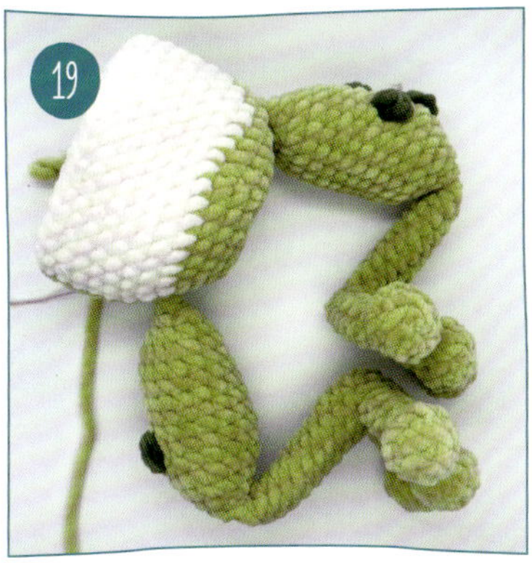

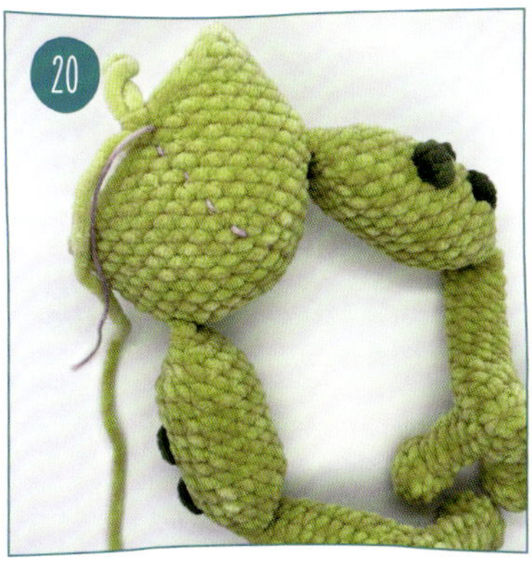

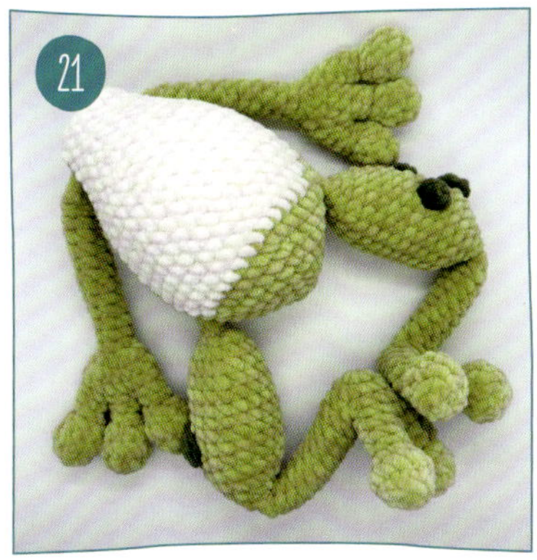

Körper (in Apfelgrün und Natur)

Beginne mit der Farbe Apfelgrün.

1. Rd: 6 fM in einen Fadenring häkeln [6].
2. Rd: 6 x 1 M zun [12].
3. Rd: * 1 fM, 1 M zun; ab * noch 5 x wdh [18].
4. Rd: * 2 fM, 1 M zun; ab * noch 5 x wdh [24].
5. Rd: * 3 fM, 1 M zun; ab * noch 5 x wdh [30].
6. Rd: * 4 fM, 1 M zun; ab * noch 5 x wdh [36].
7. Rd: * 5 fM, 1 M zun; ab * noch 5 x wdh [42].

Jetzt werden die Beine mit angehäkelt. Achte darauf, dass die Zehen nach außen zeigen. Der Rundenanfang liegt dabei hinten. Häkle alle markierten M in der Farbe Natur.

8. Rd: 7 fM, erstes Bein mit 4 fM anhäkeln, 3 fM, 14 fM, 3 fM, zweites Bein mit 4 fM anhäkeln, 7 fM [42].
9. Rd: 13 fM, 16 fM, 13 fM [42].
10.–15. Rd: 12 fM, 18 fM, 12 fM [42].
16. Rd: 6 fM, 1 M abn, 4 fM, 1 fM, 1 M abn, 3 fM, 1 M abn, 2 fM, 1 M abn, 3 fM, 1 M abn, 1 fM, 4 fM, 1 M abn, 6 fM [36].
17. Rd: 11 fM, 14 fM, 11 fM [36].
18. Rd: * 3 fM, 1 M abn; ab * noch 1 x wdh, 1 fM, 3 fM, 1 M abn, 4 fM, 1 M abn, 3 fM, 4 fM, 1 M abn, 3 fM, 1 M abn [30].
19. Rd: 9 fM, 12 fM, 9 fM [30].
20. Rd: * 2 fM, 1 M abn; ab * noch 1 x wdh, 1 fM, 3 fM, 1 M abn, 2 fM, 1 M abn, 3 fM, 1 fM, * 1 M abn, 2 fM; ab * noch 1 x wdh [24].
21. Rd: 7 fM, 10 fM, 7 fM [24].
22. Rd: * 1 fM, 1 M abn; ab * noch 1 x wdh, 1 fM, * 2 fM, 1 M abn; ab * noch 1 x wdh, 2 fM, 1 fM, * 1 M abn, 1 fM; ab * noch 1 x wdh [18].

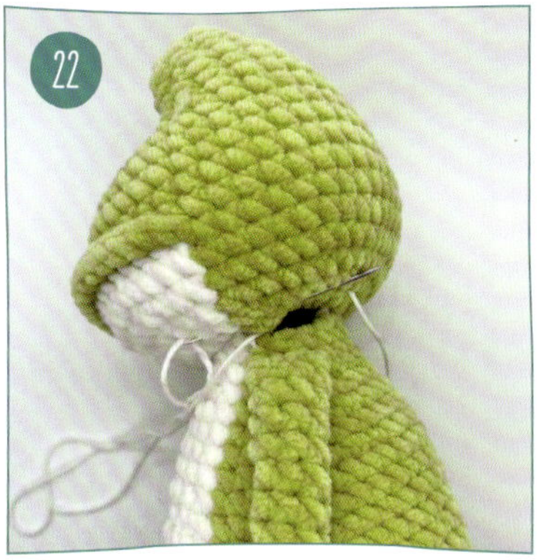

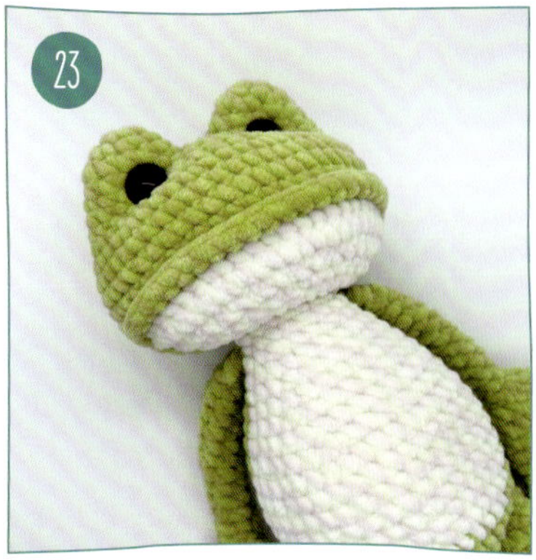

Jetzt werden die Arme mit angehäkelt.
23. Rd: 2 fM, ersten Arm mit 3 fM anhäkeln, 8 fM, zweiten Arm mit 3 fM anhäkeln, 2 fM [18].
24. Rd: 5 fM, 8 fM, 5 fM [18].
Mit 1 Km beenden. Fülle den Körper mit Füllmaterial.

→ BILD 19–21

Fertigstellung

Nähe den Kopf von deinem Frosch mit einem Baumwollfaden an den Körper. Den Anfangs- und Endfaden kannst du miteinander verknoten und nach innen ziehen.
Für die Details am Kopf häkelst du aus Baumwollgarn in Khaki einen Fadenring mit 6 fM, verdopple auf 12 fM und schließe ihn mit 1 Km. Drei weitere Kreise häkelst du nur mit 6 fM in den Fadenring und schließt sie mit 1 Km. Schneide den Faden lang ab und nähe sie nach Belieben zwischen die Augen an den Kopf. Sticke deinem Frosch noch ein paar schöne Augendetails und Brauen auf (siehe Seite 25–27).

→ BILD 22–23

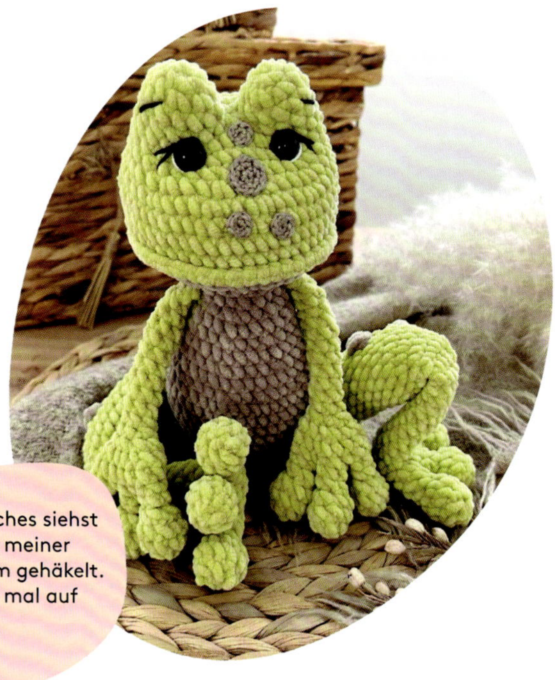

Eine Variante des Frosches siehst du hier – sie wurde von meiner Testhäklerin @kidzkram gehäkelt. Besuch sie doch gerne mal auf Instagram.

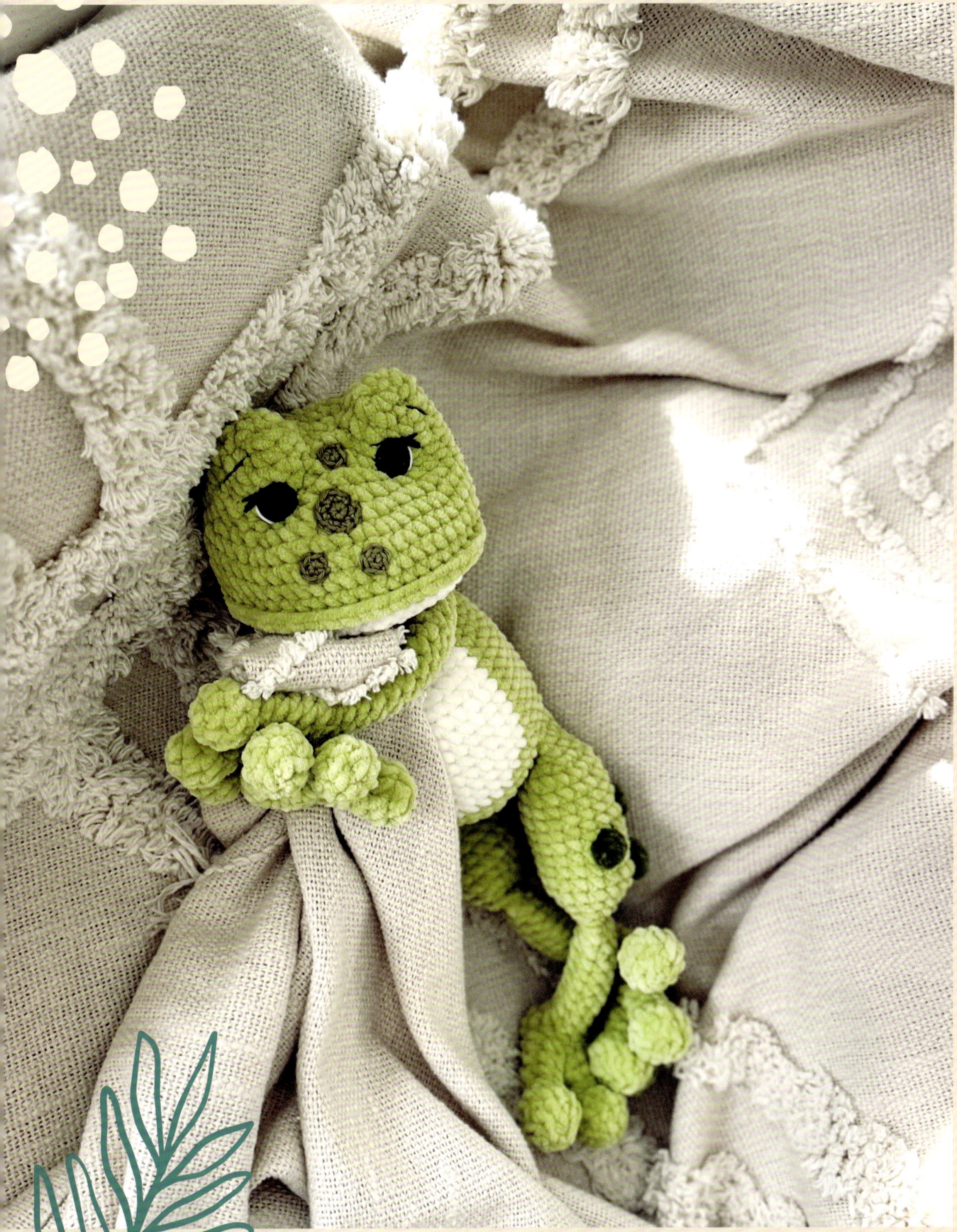

Kleine Fliege

DAS BENÖTIGST DU:

- Katia Velvet Fine (100 % Polyester, LL 160 m/50 g)
  - Anthrazit (Fb 210) 10 g
- Schachenmayr Catania (100 % Baumwolle, LL 125 m/50 g)
  - Weiß (Fb 106) Reste
- Füllwatte
- Stopfnadel zum Vernähen
- Maschenmarkierer
- Häkelnadel 2,5 mm
- Schere

So wird's gemacht

Wenn nicht anders angegeben, häkelst du alles in Spiralrunden. Die Flügel werden später angenäht.

Kopf & Körper (in Anthrazit)

1. Rd: 5 fM in einen Fadenring häkeln [5].
2. Rd: 5 x 1 M zun [10].
3. Rd: 10 fM häkeln [10].
4. Rd: * 3 fM, 1 M abn; ab * noch 1 x wdh [8].
Fülle den Kopf mit Füllmaterial.
5. Rd: ivM häkeln, * 1 fM, 1 M zun; ab * noch 3 x wdh [12].
6.–9. Rd: 12 fM häkeln [12].
10. Rd: 6 x 1 M abn [6].
Fülle den Kopf mit Füllmaterial.

Flügel (in Weiß)

1. Rd: dLmk mit 5 M [5].
Stich in die zweite M von der Nadel ein.
2. Rd: 1 M zun, 3 fM, 3 Stb, 3 fM [11].
Mit 1 Km schließen und den Faden etwas länger abschneiden.
Nähe die Flügel anschließend an den Körper der Fliege.

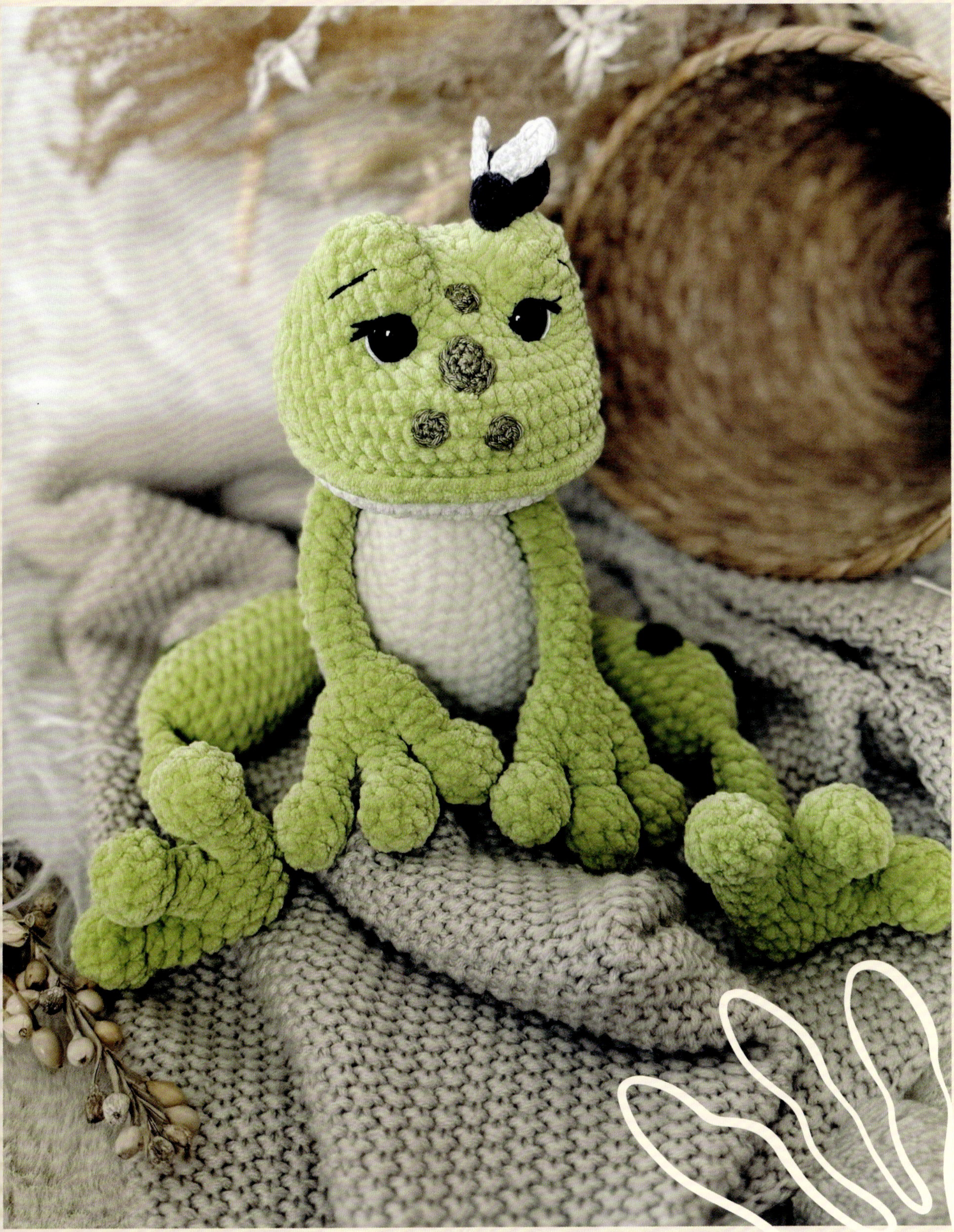

Hummer Mio

DAS BENÖTIGST DU:

- LEAMI Chenille Soft UNI (100 % Polyester, LL 120 m/100 g)
  - Fuchs (Fb 118) 150 g
  - Terracotta (Fb 139) 10 g
- Schachenmayr Catania (100 % Baumwolle, LL 125 m/50 g)
  - Marsalarot (Fb 396) Reste
- Sicherheitsaugen Ø 16 mm (großer Hummer), Ø 10 mm (kleiner Hummer)
- Füllwatte
- Stickgarn in Weiß und Schwarz
- Stopfnadel zum Vernähen
- Stecknadeln
- Maschenmarkierer
- Häkelnadel 4,0 mm & 2,5 mm (Baumwolle)
- Schere

So wird's gemacht

Wenn nicht anders angegeben, häkelst du alles in Spiralrunden. Die Bäckchen werden später angenäht.

Kleiner Scherenteil (2 x in Fuchs)

1. Rd: 6 fM in einen Fadenring häkeln [6].
2. Rd: 6 fM häkeln [6].
3. Rd: 3 x 1 M zun, 3 fM [9].
4. Rd: * 1 M zun, 1 fM; ab * noch 2 x wdh, 3 fM [12].
5.–6. Rd: 12 fM häkeln [12].
7. Rd: 3 fM, 3 x 1 M abn, 3 fM [9].
Mit 1 Km beenden und den Faden abschneiden.
Mit Füllmaterial füllen.

Großer Scherenteil & Arme (2 x in Fuchs)

1. Rd: 6 fM in einen Fadenring häkeln [6].
2. Rd: 6 fM häkeln [6].
3. Rd: 3 x 1 M zun, 3 fM [9].
4. Rd: * 1 M zun, 1 fM; ab * noch 2 x wdh, 3 fM [12].
5. Rd: 12 fM häkeln [12].
6. Rd: * 1 M zun, 1 fM; ab * noch 5 x wdh [18].
7.–10. Rd: 18 fM häkeln [18].
11. Rd: 3 fM, 6 x 1 M abn, 3 fM [12].

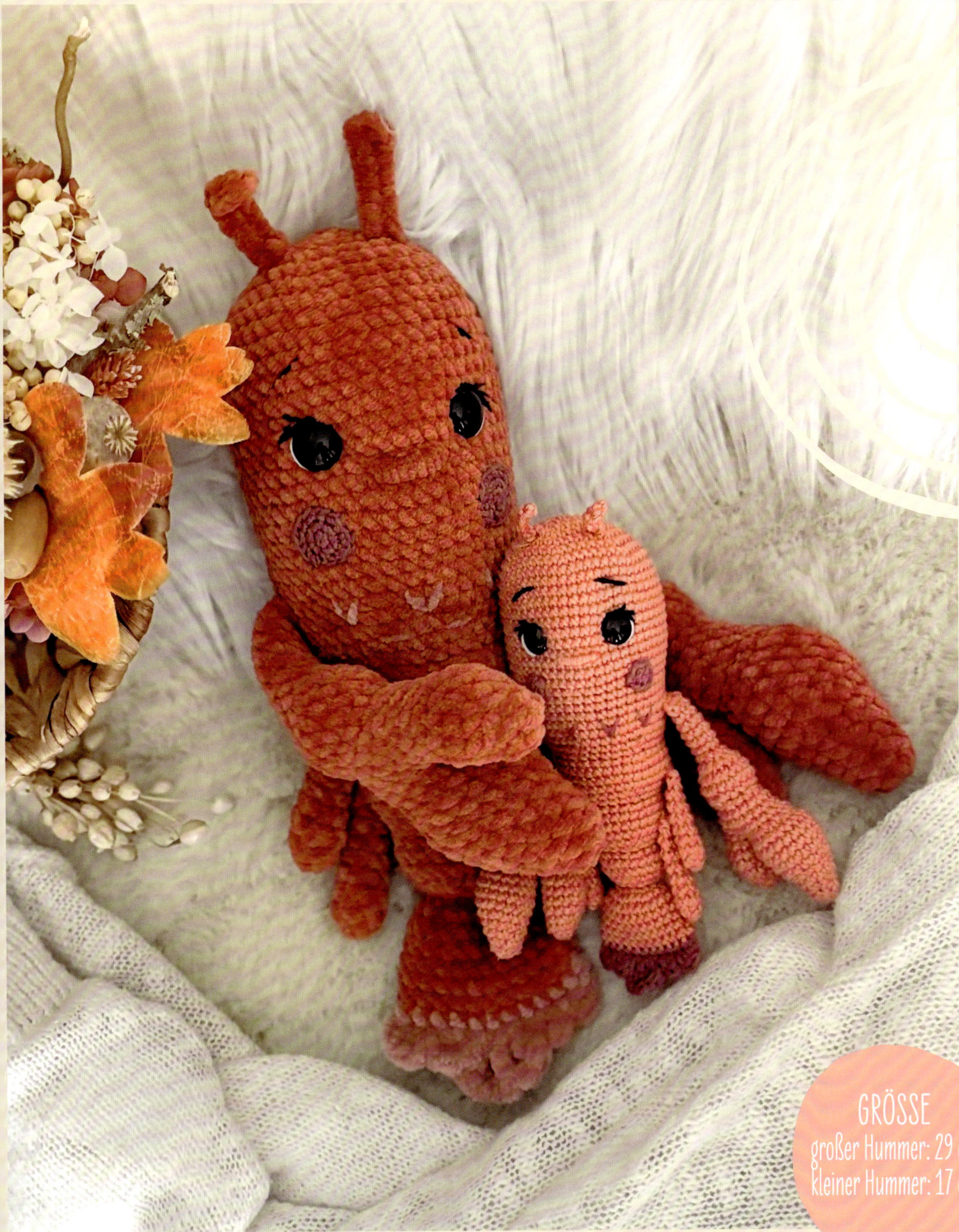

GRÖSSE
großer Hummer: 29 cm
kleiner Hummer: 17 cm

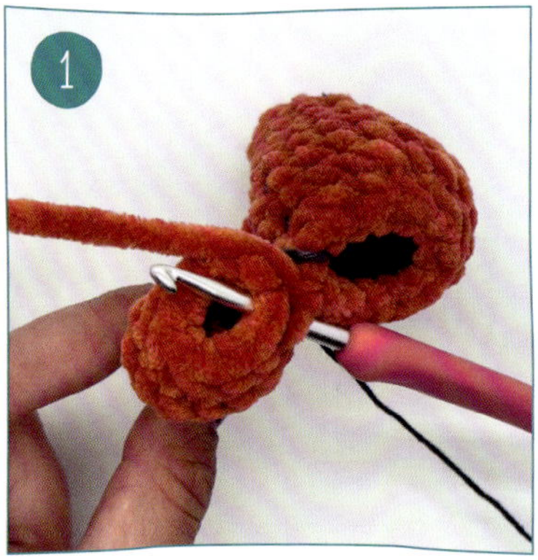

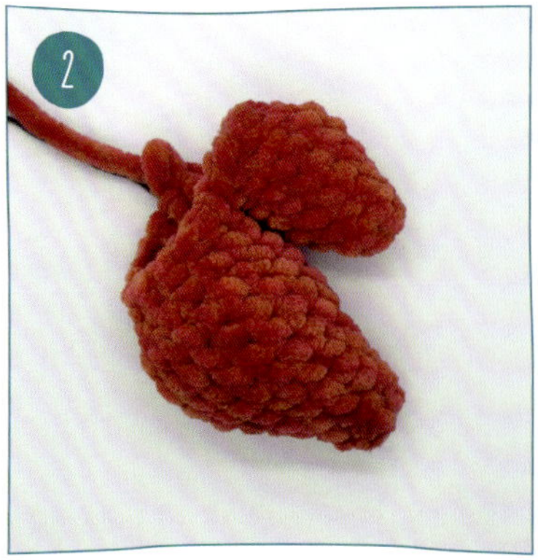

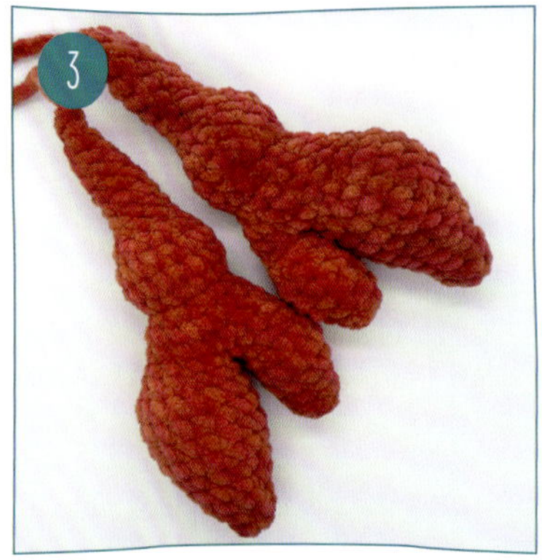

Fülle diesen Teil mit Füllmaterial.

12. Rd: Jetzt häkelst du diese zwei Teile zusammen. Stich hierfür in die erste M des kleinen Scherenteils ein und häkle anschließend 9 fM in diesen Teil. Jetzt stichst du in die erste Masche des zweiten Teils ein und häkelst 12 fM [21].

→ **BILD 1 –2**

13. Rd: * 5 fM, 1 M abn; ab * noch 2 x wdh [18].

14. Rd: 18 fM häkeln [18].

15. Rd: * 1 fM, 1 M abn; ab * noch 5 x wdh [12].

16. Rd: ivM häkeln, * 1 fM, 1 M zun; ab * noch 5 x wdh [18].

17.–18. Rd: 18 fM häkeln [18].

19. Rd: * 1 fM, 1 M abn; ab * noch 5 x wdh [12].

20. Rd: * 1 fM, 1 M abn; ab * noch 3 x wdh [8].

Mit Füllmaterial füllen.

21.–26. Rd: 8 fM häkeln [8].

Der restliche Arm wird nicht gefüllt. Zusammenlegen und mit 4 fM zusammenhäkeln. Der Abschluss ist parallel zu den Scheren. Faden abschneiden.

→ **BILD 3**

Beine (4 x in Fuchs)

1. Rd: 6 fM in einen Fadenring häkeln [6].

2.–8. Rd: 6 fM häkeln [6].

Die Beine werden nicht gefüllt. Zusammenlegen und mit 3 fM zusammenhäkeln. Faden abschneiden.

→ **BILD 4**

Kopf & Körper (in Fuchs und Terracotta)

Beginne mit der Farbe Fuchs.

1. Rd: 6 fM in einen Fadenring häkeln [6].

2. Rd: 6 x 1 M zun [12].

3. Rd: * 1 fM, 1 M zun; ab * noch 5 x wdh [18].

4. Rd: * 2 fM, 1 M zun; ab * noch 5 x wdh [24].

5. Rd: * 3 fM, 1 M zun; ab * noch 5 x wdh [30].

6. Rd: * 4 fM, 1 M zun; ab * noch 5 x wdh [36].

7. Rd: * 5 fM, 1 M zun; ab * noch 5 x wdh [42].

8. Rd: * 6 fM, 1 M zun; ab * noch 5 x wdh [48].

9.–20. Rd: 48 fM häkeln [48].

Sicherheitsaugen nach Rd 15 mit einem Abstand von 8 sichtbaren M anbringen. Bringe sie so an, dass der Rundenanfang hinten in der Mitte ist.

21. Rd: * 6 fM, 1 M abn; ab * noch 5 x wdh [42].

22.–24. Rd: 42 fM häkeln [42].

Jetzt werden die Arme mit angehäkelt. Achte darauf, dass die kleinere Schere nach innen zeigt, der Rundenanfang liegt dabei hinten.

→ **BILD 5–6**

25. Rd: 8 fM, ersten Arm mit 4 fM anhäkeln, 18 fM, zweiten Arm mit 4 fM anhäkeln, 8 fM [42].

26.–27. Rd: 42 fM häkeln [42].

28. Rd: * 5 fM, 1 M abn; ab * noch 5 x wdh [36].

29. Rd: * 4 fM, 1 M abn; ab * noch 5 x wdh [30].

30. Rd: ivM häkeln, * 4 fM, 1 M zun; ab * noch 5 x wdh [36].

31. Rd: 36 fM häkeln [36].

Jetzt häkelst du die ersten zwei Beine mit ein.

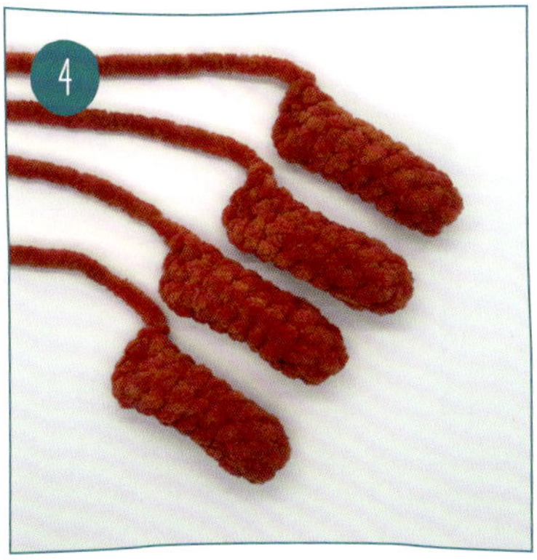

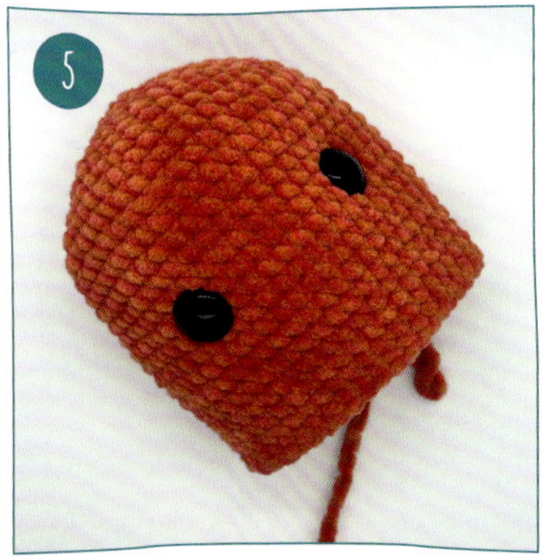

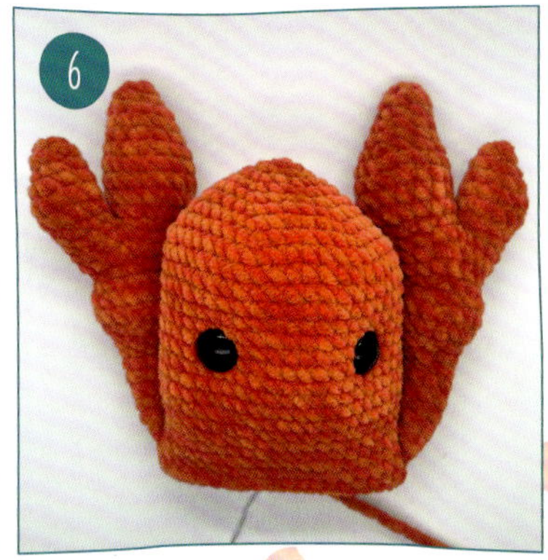

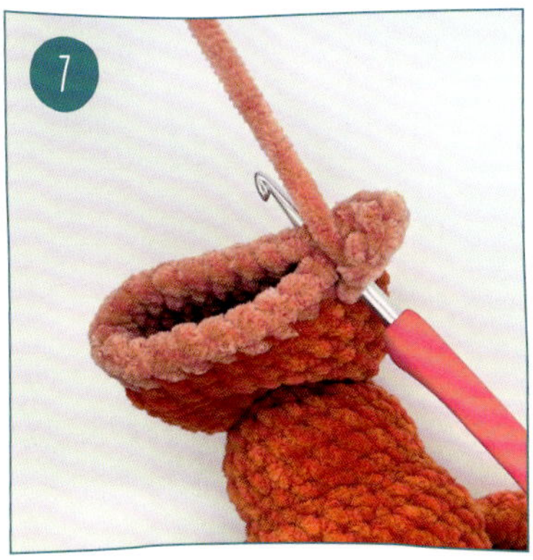

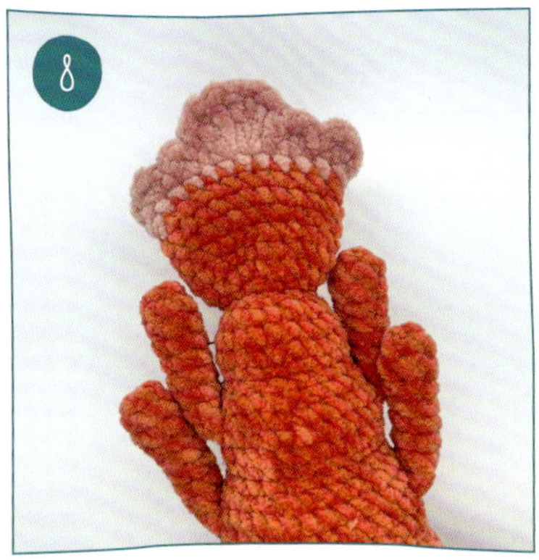

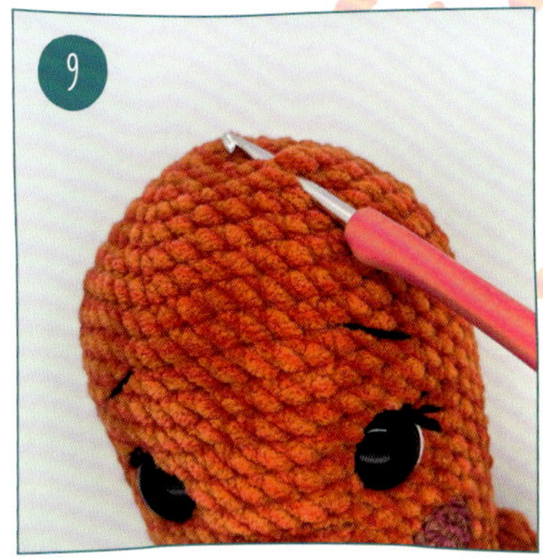

32. Rd: 8 fM, erstes Bein mit 3 fM anhäkeln, 14 fM, zweites Bein mit 3 fM anhäkeln, 8 fM [36].
33. Rd: 36 fM häkeln [36].
Fülle den Kopf mit Füllmaterial.
34. Rd: * 4 fM, 1 M abn; ab * noch 5 x wdh [30].
35. Rd: * 3 fM, 1 M abn; ab * noch 5 x wdh [24].
36. Rd: ivM häkeln, * 3 fM, 1 M zun; ab * noch 5 x wdh [30].
37. Rd: 30 fM häkeln [30].
Jetzt häkelst du die letzten zwei Beine mit ein.
38. Rd: 7 fM, erstes Bein mit 3 fM anhäkeln, 12 fM, zweites Bein mit 3 fM anhäkeln, 5 fM [30].
39. Rd: 30 fM häkeln [30].
40. Rd: * 3 fM, 1 M abn; ab * noch 5 x wdh [24].
41. Rd: * 2 fM, 1 M abn; ab * noch 5 x wdh [18].
42. Rd: ivM häkeln, * 2 fM, 1 M zun; ab * noch 5 x wdh [24].
43.–44. Rd: 24 fM häkeln [24].
45. Rd: * 2 fM, 1 M abn; ab * noch 5 x wdh [18].
46. Rd: * 1 fM, 1 M abn; ab * noch 5 x wdh [12].
Mit Füllmaterial füllen.
47. Rd: ivM häkeln, * 1 fM, 1 M zun; ab * noch 5 x wdh [18].
48. Rd: * 2 fM, 1 M zun; ab * noch 5 x wdh [24].
49.–53. Rd: 24 fM häkeln [24].
Häkle jetzt in der Farbe Terracotta weiter.
54. Rd: 24 fM häkeln [24].
Jetzt häkelst du noch 8–10 fM. Der Schwanz ist gerade zum Gesicht, wenn du ihn zusammenlegst. Häkle ihn wie folgt zusammen:
3 hStb in eine M, 1 Km, 3 Stb in eine M, 1 Km, 3 dStb in eine M, 3 dStb in eine M, 1 Km, 3 Stb in eine M, 1 Km, 3 hStb in eine M, 1 Km [23].
Der restliche Schwanz wird nicht gefüllt. Faden abschneiden und vernähen. Vertiefe die Augen.
→ BILD 7–8

TIPP **Du kannst die Bäckchen auch mit Baumwolle häkeln. Lasse den Faden beim Abschneiden dann etwas länger. Passe die Bäckchen deinem Hummer an.**

Fertigstellung

Für die Fühler stichst du von vorne in Rd 5 durch eine M.

→ BILD 9

Hole dir den Faden und häkle 1 Lm, in die gleiche M häkelst du 1 fM. Häkle anschließend 6 Lm. Stich in die zweite M von der Nadel aus ein und häkle 3 fM in diese M, 4 fM. Faden abschneiden. Den Anfangs- und Endfaden kannst du miteinander verknoten und nach innen ziehen. Wiederhole es auf der anderen Seite mit einem Abstand von 6 M.

Für die Bäckchen häkelst du einen Fadenring mit 6 fM, verdopple auf 12 fM und schließe ihn mit 1 Km. Anschließend nähst du sie mithilfe eines Baumwollfadens 2–3 M unterhalb der Augen auf.

Für die Nase stickst du nach Rd 17 2 x über 4–5 M, diese umwickelst du dann mit deinem Faden. Verknote die Enden miteinander und ziehe sie nach innen. Sticke deinem Hummer ein paar schöne Augendetails, Brauen, Nase und ein paar Verzierungen auf (siehe Seite 25–27).

TIPP **Die Anleitung für den Seestern auf dem Bild rechts findest du in meinem ersten Buch „Amigurumis – small & sweet"**

Eine Variante des Hummers siehst du hier – sie wurde von meiner Testhäklerin @kidzkram gehäkelt. Besuch sie doch gerne mal auf Instagram.

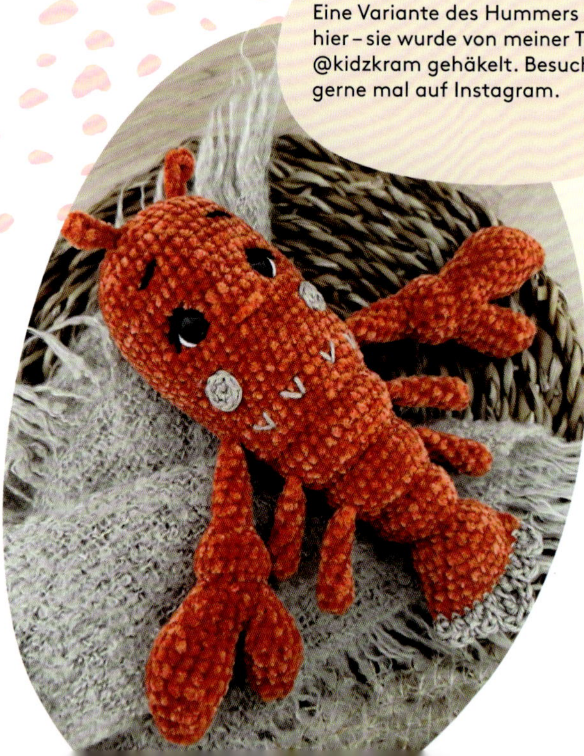

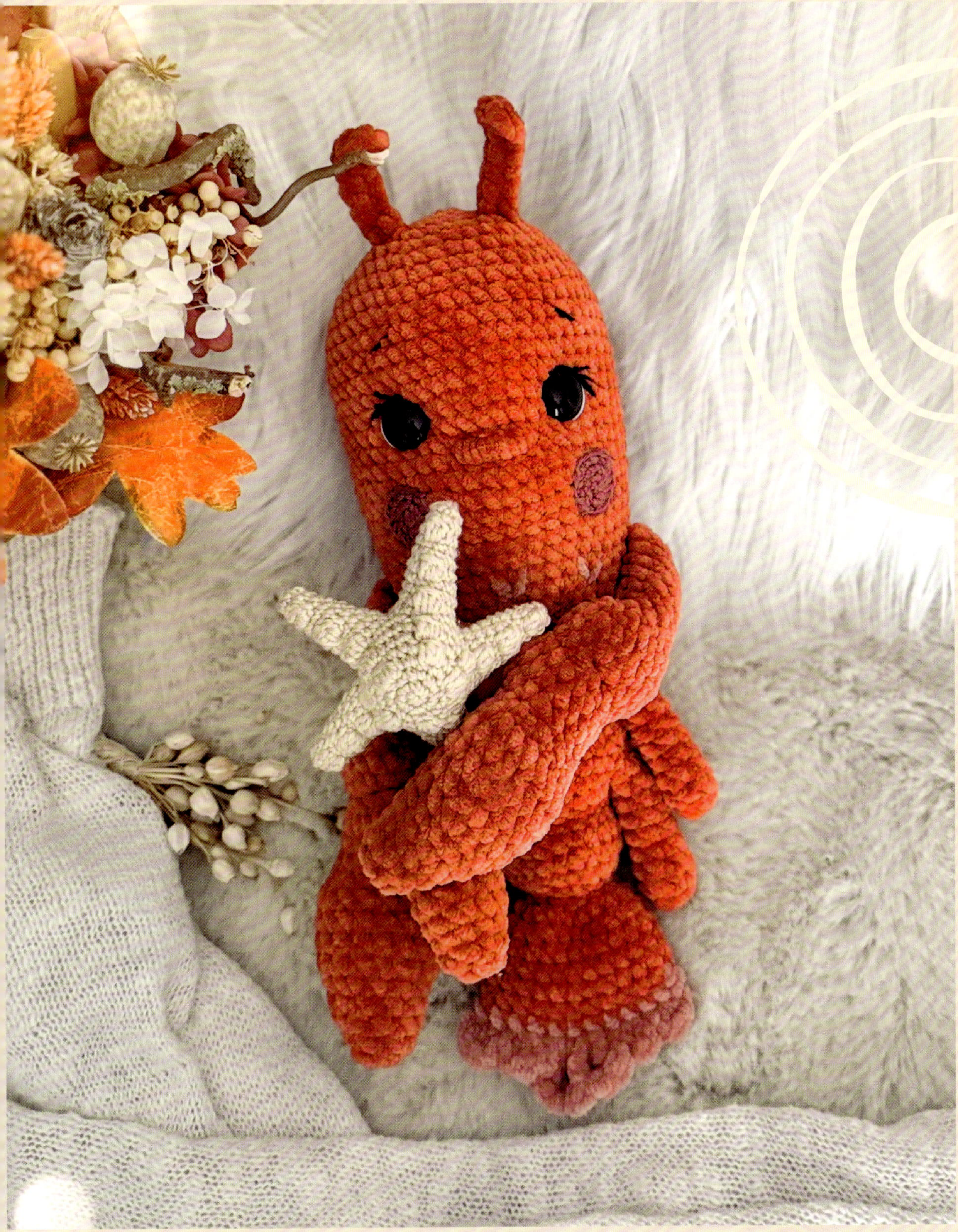

Qualle Runa

DAS BENÖTIGST DU:

- LEAMI Chenille Soft UNI (100 % Polyester, LL 120 m/100 g)
  - Beige (Fb 113) 90 g
  - Altrosa (Fb 129) 90 g
  - Dunkles Altrosa (Fb 138) 20 g
- Schachenmayr Catania (100 % Baumwolle, LL 125 m/50 g)
  - Altrosa (Fb 408) 10 g
- Sicherheitsaugen Ø 16 mm (große Qualle), Ø 10 mm (kleine Qualle)
- Füllwatte
- Stickgarn in Weiß und Schwarz
- Stopfnadel zum Vernähen
- Stecknadeln
- Maschenmarkierer
- Häkelnadel 4,0 mm & 2,5 mm (Baumwolle)
- Schere

So wird's gemacht

Wenn nicht anders angegeben, häkelst du alles in Spiralrunden. Die Details werden später angenäht.

Fangarme (6x in Altrosa)

1. Rd: 6 fM in einen Fadenring häkeln [6].
2. Rd: 6 x 1 M zun [12].
3.–5. Rd: 12 fM häkeln [12].
6. Rd: * 2 fM, 1 M abn; ab * noch 2 x wdh [9].
7.–8. Rd: 9 fM häkeln [9].
9. Rd: * 1 fM, 1 M abn; ab * noch 2 x wdh [6].
Fülle diesen Teil mit Füllmaterial.
10.–23. Rd: 6 fM häkeln [6].
Der restliche Teil wird nicht gefüllt. Zusammenlegen und mit 3 fM zusammenhäkeln.
→ **BILD 1**

Kopf/Körper (in Beige)

1. Rd: 6 fM in einen Fadenring häkeln [6].
2. Rd: 6 x 1 M zun [12].
3. Rd: * 1 fM, 1 M zun; ab * noch 5 x wdh [18].
4. Rd: * 2 fM, 1 M zun; ab * noch 5 x wdh [24].
5. Rd: * 3 fM, 1 M zun; ab * noch 5 x wdh [30].

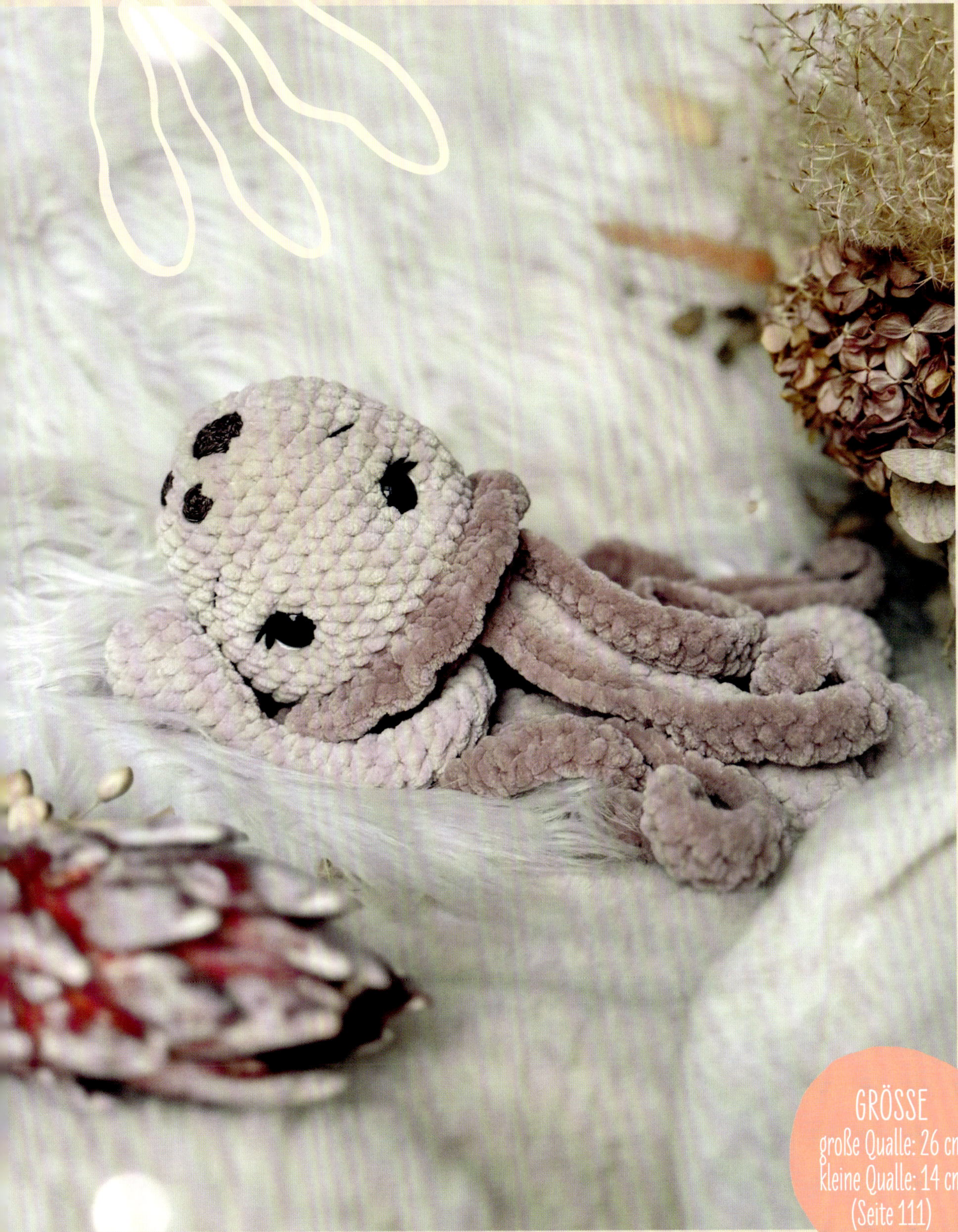

GRÖSSE
große Qualle: 26 cm
kleine Qualle: 14 cm
(Seite 111)

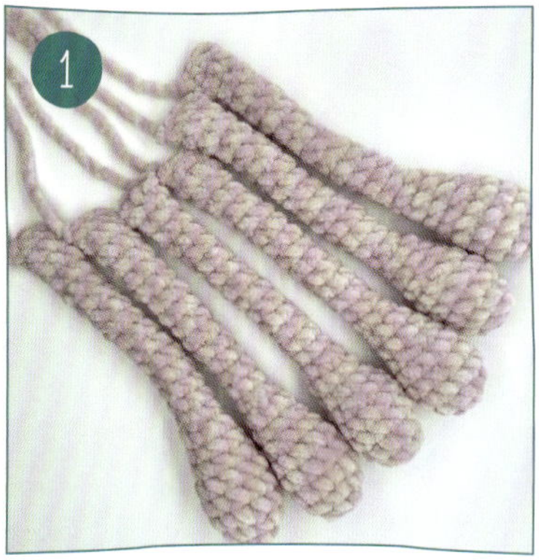

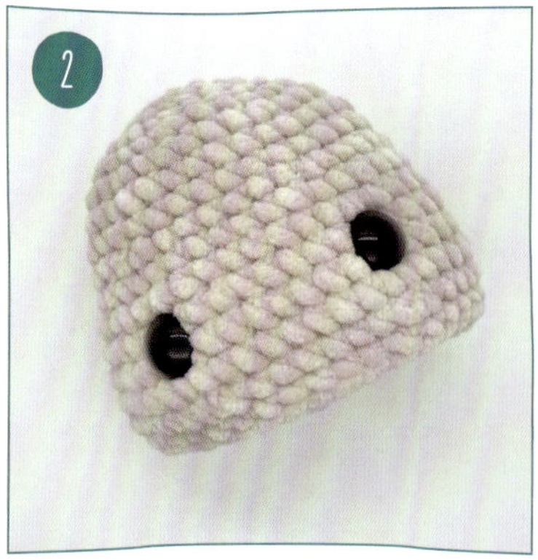

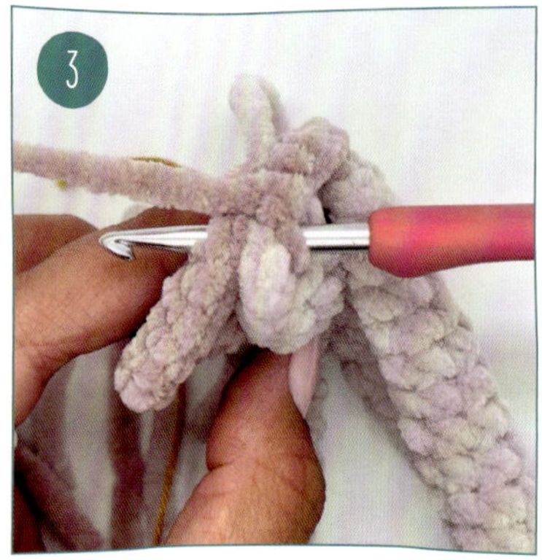

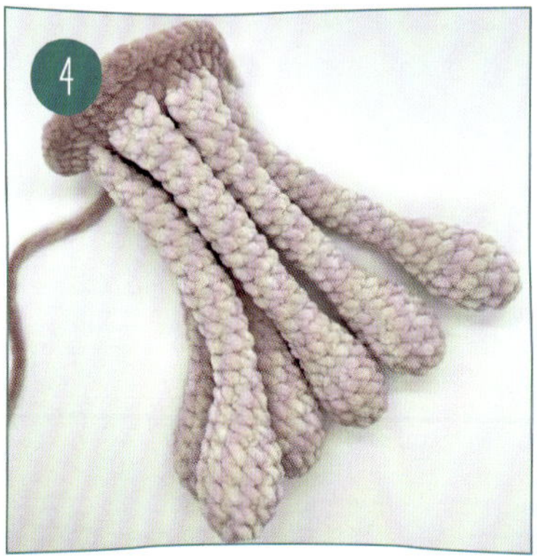

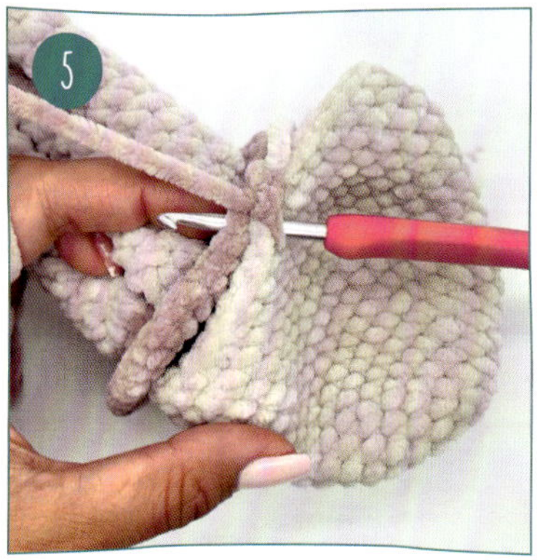

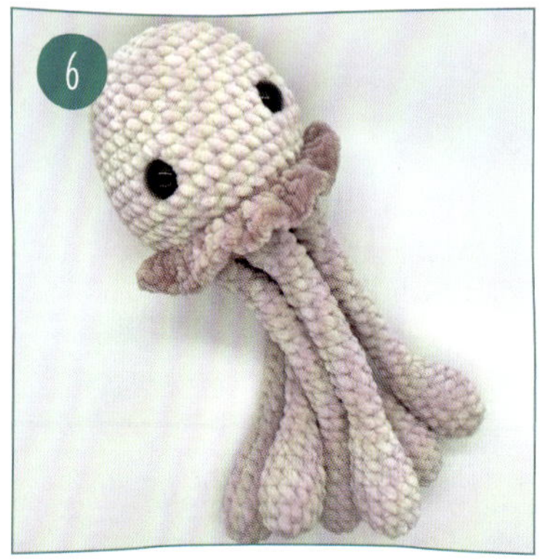

6. Rd: * 4 fM, 1 M zun; ab * noch 5 x wdh [36].
7. Rd: * 5 fM, 1 M zun; ab * noch 5 x wdh [42].
8.–9. Rd: 42 fM häkeln [42].
10. Rd: * 6 fM, 1 M zun; ab * noch 5 x wdh [48].
11. Rd: 48 fM häkeln [48].
12. Rd: * 7 fM, 1 M zun; ab * noch 5 x wdh [54].
13.–15. Rd: 54 fM häkeln [54].
16. Rd: * 7 fM, 1 M abn; ab * noch 5 x wdh [48].
17. Rd: * 6 fM, 1 M abn; ab * noch 5 x wdh [42].
Mit 1 Km beenden und den Faden abschneiden. Sicherheitsaugen nach Rd 13 mit einem Abstand von 7 sichtbaren M anbringen.

→ BILD 2

Unterer Teil des Körpers (in dunklem Altrosa)

1. Rd: 6 fM in einen Fadenring häkeln [6].
2. Rd: 6 x 1 M zun [12].
3. Rd: * 1 fM, 1 M zun; ab * noch 5 x wdh [18].
4. Rd: * 2 fM, 1 M zun; ab * noch 5 x wdh [24].
Jetzt werden die Fangarme mit angehäkelt.
5. Rd: * Fangarm mit 3 fM anhäkeln, 1 M zun; ab * noch 5 x wdh [30].
6. Rd: * 4 fM, 1 M zun; ab * noch 5 x wdh [36].
7. Rd: * 5 fM, 1 M zun; ab * noch 5 x wdh [42].

→ BILD 3–4

Jetzt häkelst du den unteren Teil mit dem Kopf zusammen. Häkle dafür 1 Lm und wende die Arbeit. Lege die zwei Teile zusammen und stich immer durch beide M. Die Fangarme schauen dabei nach oben. Du häkelst also 42 fM. Fülle den Kopf mit Füllmaterial, bevor du ihn komplett zusammenhäkelst.

→ BILD 5

Anschließend häkelst du 2 Lm (nicht wenden), 42 x 1 M zun (Stb) [84].
Mit 1 Km schließen, den Faden abschneiden und die Fäden vernähen. Die Fangarme befinden sich

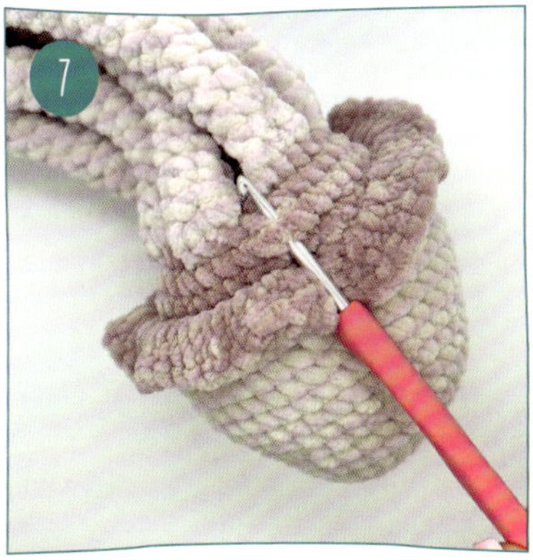

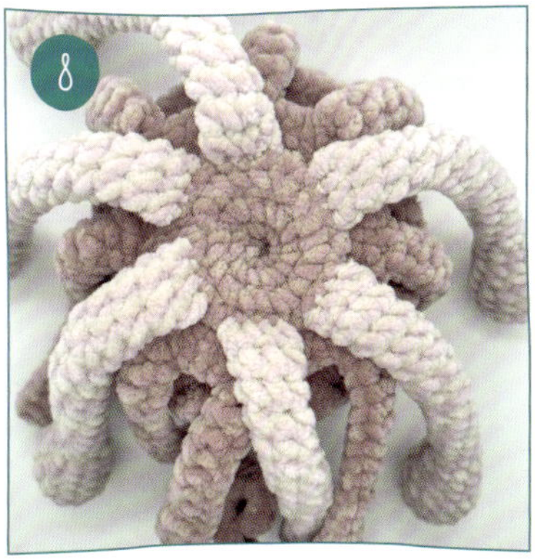

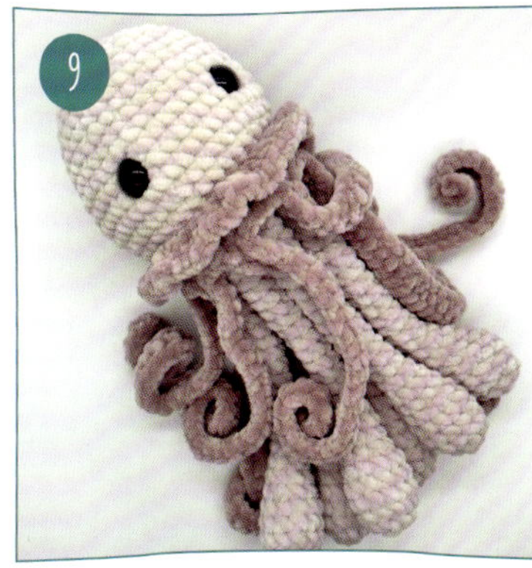

jetzt auf der unteren Seite deiner Qualle. Vertiefe die Augen.

→ **BILD 6**

TIPP Gehe beim Vertiefen der Augen durch den Fadenring des unteren Teils des Körpers. Der Knoten ist hier kaum sichtbar und du kannst deine Qualle noch etwas formen.

Tentakel (in dunklem Altrosa)

Stich von vorne durch Rd 6 vom unteren Teil des Körpers (am Rundenanfang des Kopfes).

→ **BILD 7**

Häkle 36 fM.

* Tentakel, 3 fM, Tentakel, 4 fM; ab * noch 3 x wdh [36, ohne Lmk].

Für die Tentakel häkelst du 1 fM, 30 Lm. Stich in die 3 M von der Nadel aus ein und häkle 3 hStb in diese M, 27 hStb. Beende den Tentakel, indem du in die 1. fM wieder 1 fM häkelst. Du hast nun 8 Tentakel. Mit 1 Km beenden, Faden abschneiden und vernähen.

→ **BILD 8–9**

Fertigstellung

Sticke deiner Qualle ein paar schöne Augendetails und Brauen auf (siehe Seite 25–27).

Für die Details am Kopf häkelst du 2 x je einen Fadenring mit 6 fM, verdoppelst auf 12 fM und schließt ihn mit 1 Km. Einen dritten, größeren Kreis verdoppelst du auf 18 fM. Nähe sie nach Belieben am Kopf fest.

TIPP Du kannst die Details in Baumwolle oder Chenille häkeln. Passe die Kreise hierfür einfach deiner Qualle an.

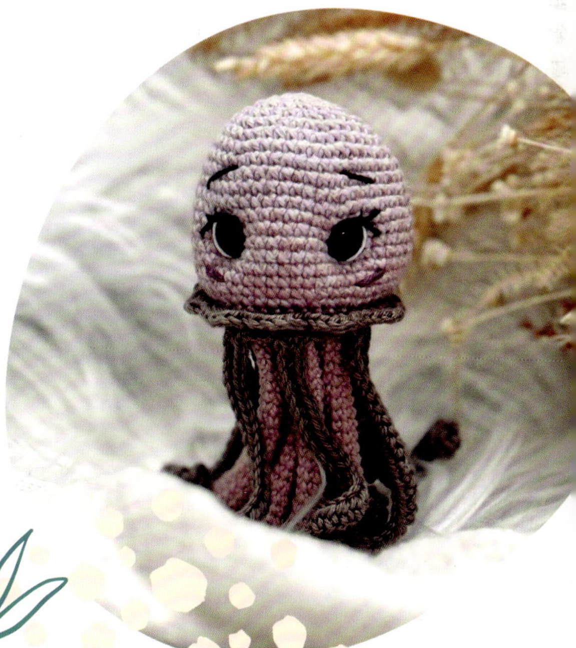

Delfin Joy

DAS BENÖTIGST DU:

- LEAMI Chenille Soft UNI (100 % Polyester, LL 120 m/100 g)
  - Hellgrau (Fb 107) 150 g
  - Natur (Fb 103) 10 g
- Schachenmayr Catania (100 % Baumwolle, LL 125 m/50 g)
  - Soft Apricot (Fb 263) Reste
- Sicherheitsaugen Ø 14 mm
- Füllwatte
- Stickgarn in Weiß und Schwarz
- Stopfnadel zum Vernähen
- Stecknadeln
- Maschenmarkierer
- Häkelnadel 4,0 mm & 2,5 mm (Baumwolle)
- Schere

So wird's gemacht

Wenn nicht anders angegeben, häkelst du alles in Spiralrunden. Die Flossen und die Wangen werden später angenäht.

Kopf & Körper (in Hellgrau und Weiß)

Beginne mit der Farbe Hellgrau.
1. Rd: 6 fM in einen Fadenring häkeln [6].
2. Rd: 6 x 1 M zun [12].
Alle markierten M häkelst du in der Farbe Natur.
3.–5. Rd: 8 fM, 4 fM [12].
6. Rd: 1 fM, ivM häkeln 6 x 1 M zun, 1 fM, 4 fM [18].
7. Rd: 1 fM, * 1 M zun, 1 fM; ab * noch 2 x wdh, * 1 fM, 1 M zun; ab * noch 2 x wdh, 5 fM [24].
8. Rd: 1 fM, 1 fM, * 1 M zun, 2 fM; ab * noch 4 x wdh, 1 M zun, 1 fM, 5 fM [30].
9. Rd: 1 fM, 1 fM, * 1 M zun, 3 fM; ab * noch 4 x wdh, 1 M zun, 1 fM, 6 fM [36].
10. Rd: 2 fM, 3 fM, * 1 M zun, 3 fM; ab * noch 5 x wdh, 7 fM [42].
11. Rd: 3 fM, 2 fM, * 1 M zun, 4 fM; ab * noch 4 x wdh, 1 M zun, 3 fM, 8 fM [48].
12.–20. Rd: 4 fM, 35 fM, 9 fM [48].

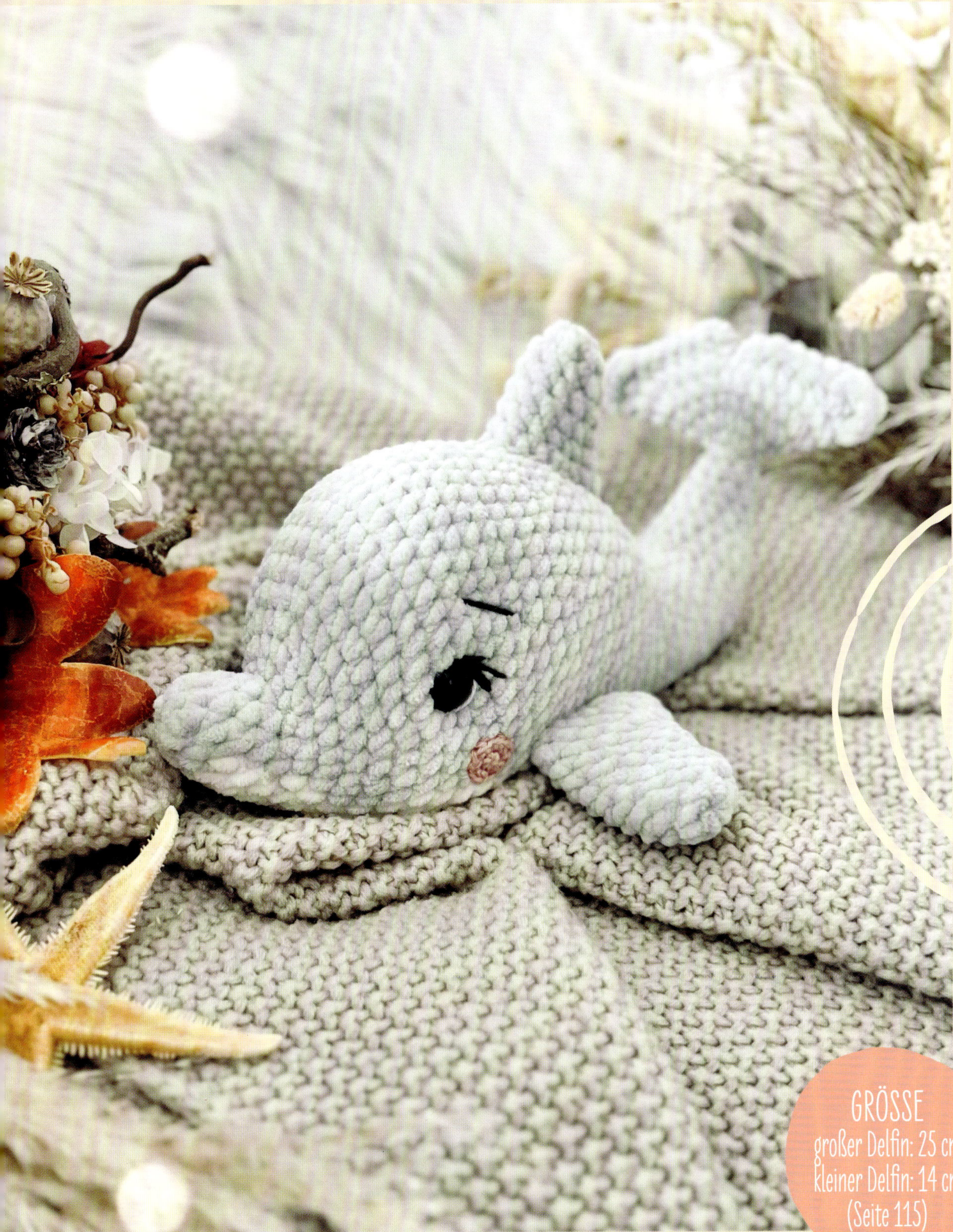

GRÖSSE
großer Delfin: 25 cm
kleiner Delfin: 14 cm
(Seite 115)

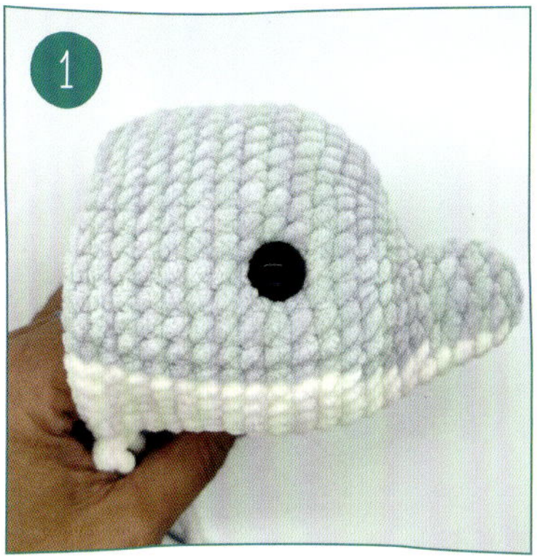

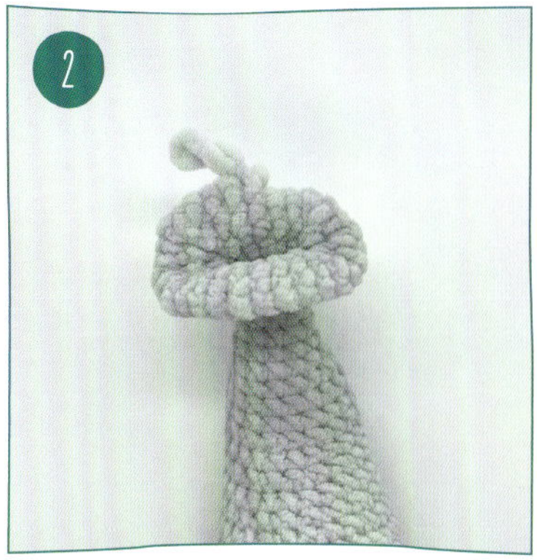

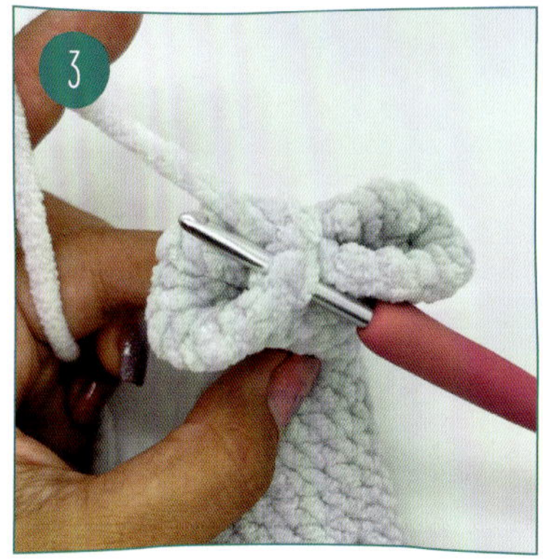

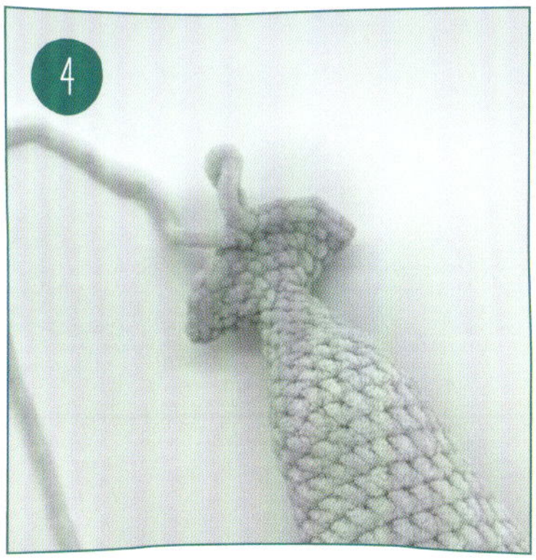

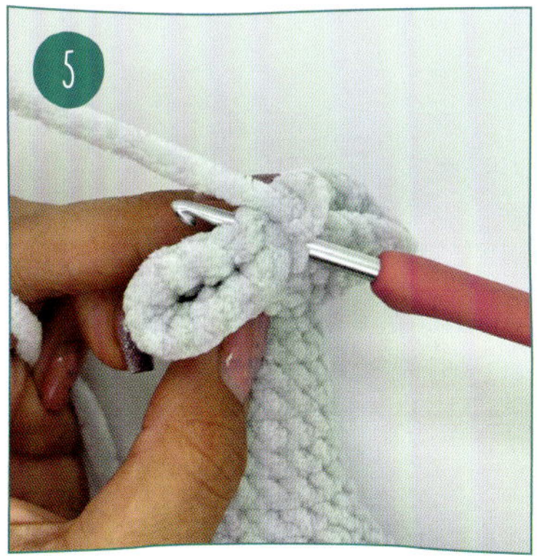

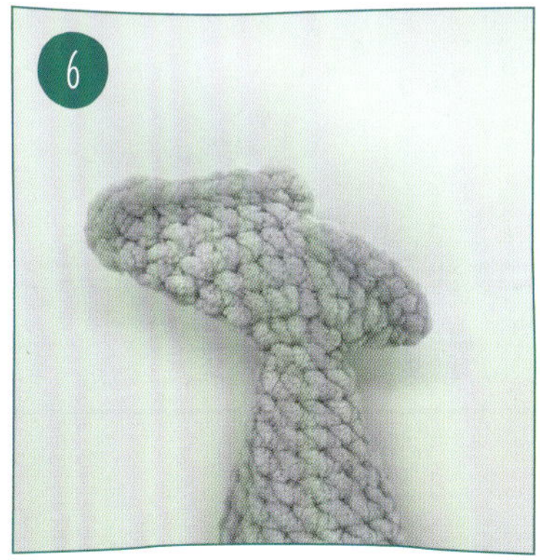

Sicherheitsaugen nach Rd 13 mit einem Abstand von 4 sichtbaren M anbringen. Lasse einen Abstand von 4 sichtbaren M zum Farbwechsel.

→ **BILD 1**

21. Rd: 4 fM, 1 fM, * 1 M abn, 4 fM; ab * noch 1 x wdh, 1 M abn, 6 fM, * 1 M abn, 4 fM; ab * noch 1 x wdh, 1 M abn, 1 fM, 8 fM [42].

22. Rd: 4 fM, 30 fM, 8 fM [42].

23. Rd: 1 fM, 1 M zun, 1 fM 32 fM, * 2 fM, 1 M zun; ab * noch 1 x wdh, 1 fM [45].

24. Rd: 3 fM, * 3 fM, 1 M abn; ab * noch 5 x wdh, 4 fM, 8 fM [39].

25. Rd: 2 fM, 30 fM, 7 fM [39].

26. Rd: 1 fM, 38 fM [39].

Ab jetzt häkelst du nur noch in der Farbe Hellgrau weiter.

27. Rd: 1 fM, 1 M zun, 4 fM, * 1 M abn, 2 fM; ab * noch 5 x wdh, 4 fM, 1 M zun, 2 fM, 1 M zun, 1 fM [36].

28. Rd: 36 fM häkeln [36].

29. Rd: 1 fM, 1 M zun, 4 fM, * 1 M abn, 1 fM; ab * noch 5 x wdh, 5 fM, 1 M zun, 3 fM, 1 M zun, 2 fM [33].

30. Rd: 33 fM häkeln [33].

31. Rd: 1 M zun, 4 fM, * 1 M abn, 1 fM; ab * noch 5 x wdh, 2 fM, * 1 M zun, 3 fM; ab * noch 1 x wdh [30].

32. Rd: 3 fM, * 1 M abn, 1 fM; ab * noch 5 x wdh, * 2 fM, 1 M zun; ab * noch 2 x wdh [27].

33. Rd: 27 fM häkeln [27].

Fülle den Delfin nach und nach mit Füllmaterial.

34. Rd: 1 fM, * 1 M abn, 1 fM; ab * noch 5 x wdh, 1 fM, * 1M zun, 2 fM; ab * noch 1 x wdh, 1 M zun [24].

35. Rd: 24 fM häkeln [24].

36. Rd: * 1 M abn, 1 fM; ab * noch 4 x wdh, 6 fM, 1 M abn, 1 fM [18].

37.–38. Rd: 18 fM häkeln [18].

39. Rd: 6 fM, 6 x 1 M abn [12].

40.–41. Rd: 12 fM häkeln [12].

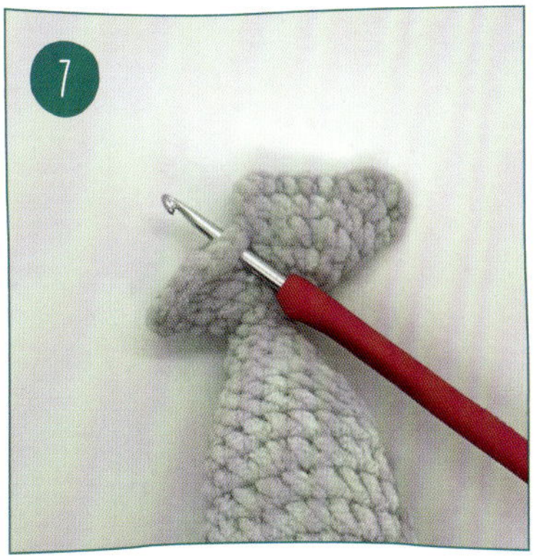

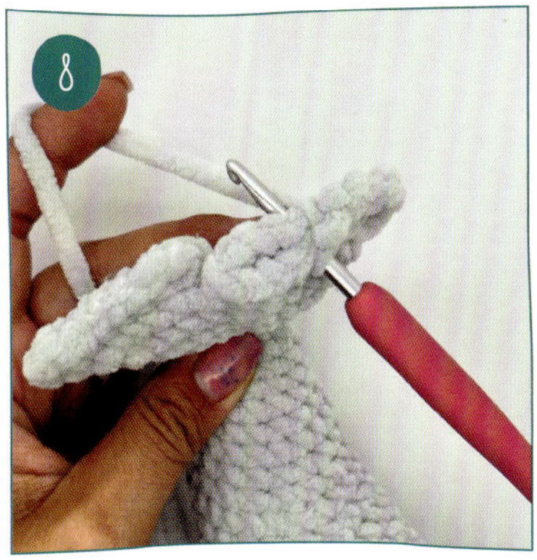

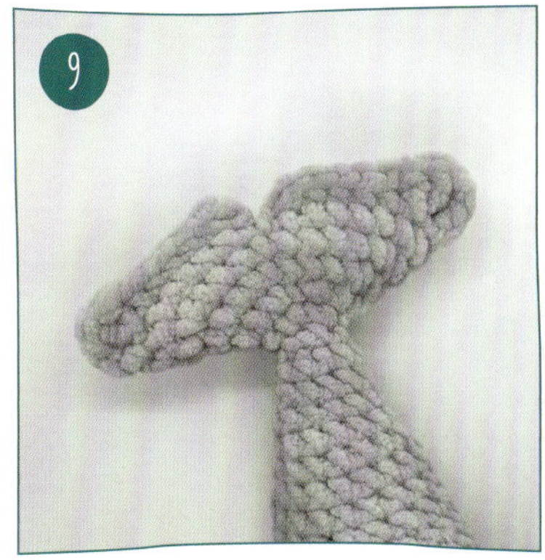

42. Rd: 6 fM, 3 x 1 M abn [9].
43. Rd: 9 fM häkeln [9].
Komplett mit Füllmaterial füllen.
44. Rd: * 1 fM, 1 M abn; ab * noch 2 x wdh [6].
Jetzt wird die Schwanzflosse gehäkelt.
45. Rd: 6 x 1 M zun [12].
46. Rd: * 1 fM, 1 M zun; ab * noch 5 x wdh [18].
47. Rd: 4 fM, 3 x 1 M zun, 7 fM, 3 x 1 M zun, 1 fM [24].
48. Rd: 4 fM, * 1 M zun, 1 fM; ab * noch 2 x wdh, 7 fM, * 1 M zun, 1 fM; ab * noch 2 x wdh, 1 fM [30].
Du solltest jetzt mittig bei der Flosse rauskommen. Falls nicht, häkelst du noch so viele fM, bis du in der Mitte der Schwanzflosse bist. Jetzt wird die Schwanzflosse in zwei Teile geteilt.
→ **BILD 2–9**

Stich auf der gegenüberliegenden Seite in die 16. M ein und häkele 15 fM. Jetzt legst du diesen Teil zusammen und häkelst 5 fM durch beide M. Dann 2 Stb in eine M, 2 Lm und mit 1 Km beenden. Faden abschneiden.
Für den zweiten Teil der Flosse stichst du in die nächste freie M von Rd 49 ein. Hole dir den Faden und häkle 1 Lm. In die gleiche M häkelst du deine erste fM, hier häkelst du auch wieder 15 fM. Jetzt häkelst du 7–8 fM und endest auf der Außenseite deiner Flosse. Diese legst du wieder zusammen. Häkle 2 Lm, 2 Stb in eine M, 5 fM. Mit einer Km beenden und den Faden abschneiden Die Schwanzflosse wird nicht gefüllt. Vernähe die Fäden. Vertiefe die Augen.

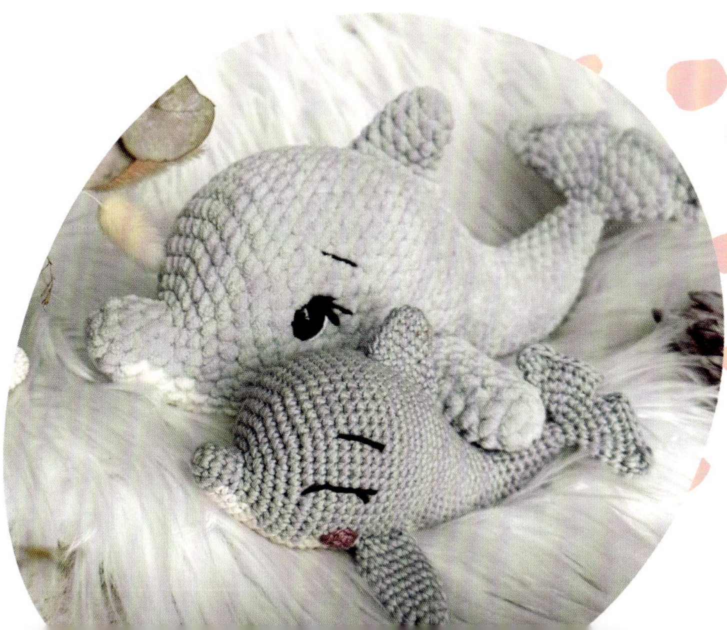

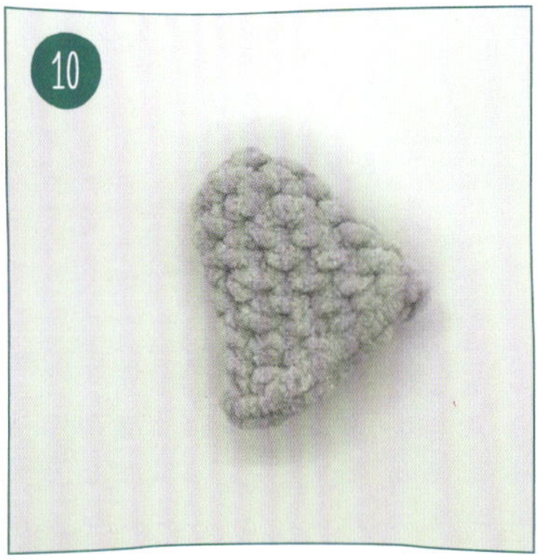

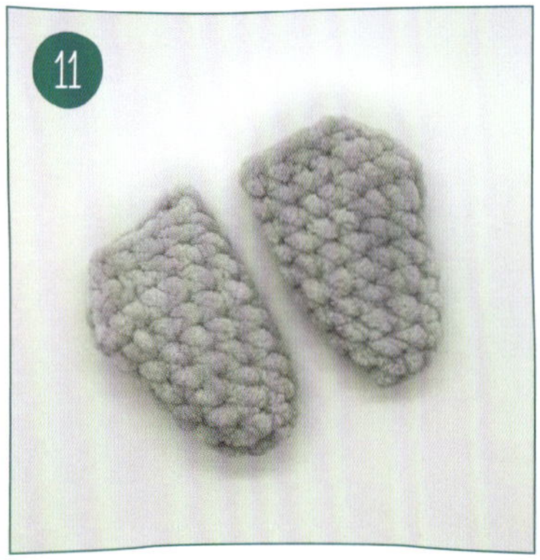

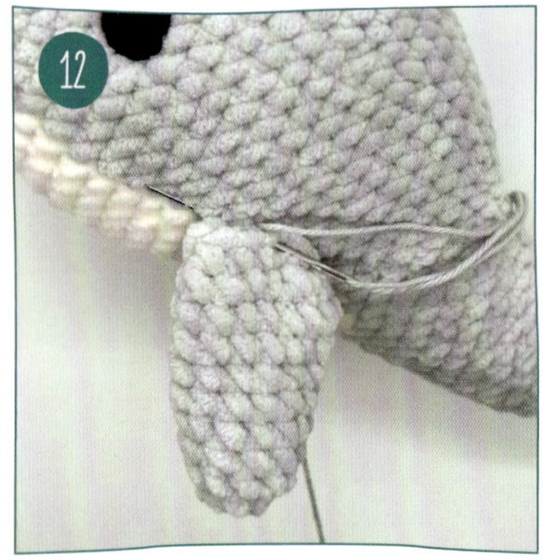

Seitenflossen (2x in Hellgrau)

1. Rd: 6 fM in einen Fadenring häkeln [6].
2. Rd: * 1 fM, 1 M zun; ab * noch 2 x wdh [9].
3. Rd: 9 fM häkeln [9].
4. Rd: * 2 fM, 1 M zun; ab * noch 2 x wdh [12].
5.–6. Rd: 12 fM häkeln [12].
7. Rd: 4 fM, 4 x 1 M zun, 4 fM [16].
8. Rd: 16 fM häkeln [16].
9. Rd: 4 fM, 4 x 1 M abn, 4 fM [12].
10. Rd: 4 fM, 2 x abn, 4 fM [10].
Mit 1 Km beenden und den Faden abschneiden. Die Flossen werden nicht gefüllt.
→ **BILD 10–11**

Rückenflosse (in Hellgrau)

1. Rd: 6 fM in einen Fadenring häkeln [6].
2. Rd: * 1 fM, 1 M zun; ab * noch 2 x wdh [9].
3. Rd: 9 fM häkeln [9].
4. Rd: 3 fM, 3 x 1 M zun, 3 fM [12].
5. Rd: 12 fM häkeln [12].
6. Rd: 3 fM, * 1 M zun, 1 fM; ab * noch 2 x wdh, 3 fM [15].
7. Rd: 3 fM, * 1 M zun, 2 fM; ab * noch 2 x wdh, 3 fM [18].
Häkle noch 5–6 fM. Die Flosse wird nicht gefüllt, nur zusammengelegt.

Fertigstellung

Die Seitenflossen nähst du mit einem Baumwollfaden zwischen Rd 18 und 22 genau an den Übergang von Natur und Hellgrau. Die Zu- und Abnahmen zeigen dabei nach hinten. Die Rückenflosse nähst du zwischen Rd 21 und 28 mittig an deinen Delfin. Für die Details an den Wangen häkelst du 2 x je einen Fadenring mit 6 fM und verdoppelst diese auf 12 M. Du kannst sie in Baumwolle oder Chenillegarn häkeln, passe die Größe deinem Delfin an. Dann nähst du sie 2 M unter dem Auge an. Sticke ihm außerdem noch ein paar schöne Augendetails und Brauen auf (siehe Seite 25–27).
→ **BILD 12–15**

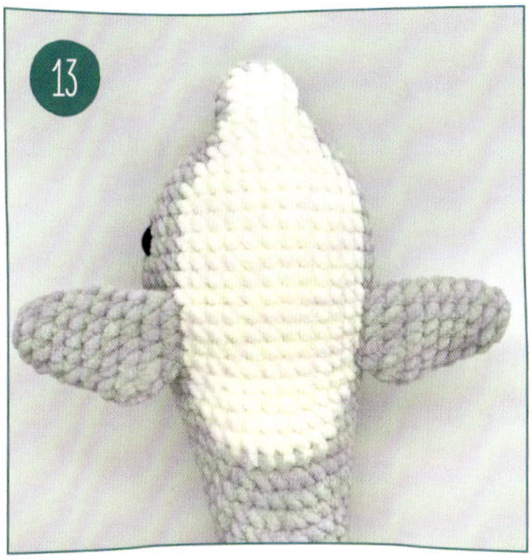

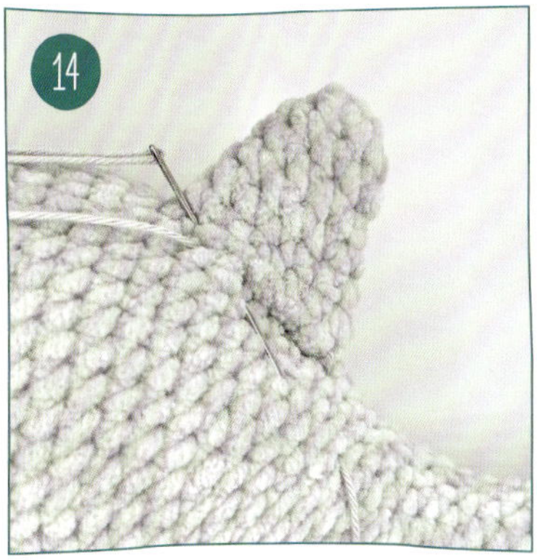

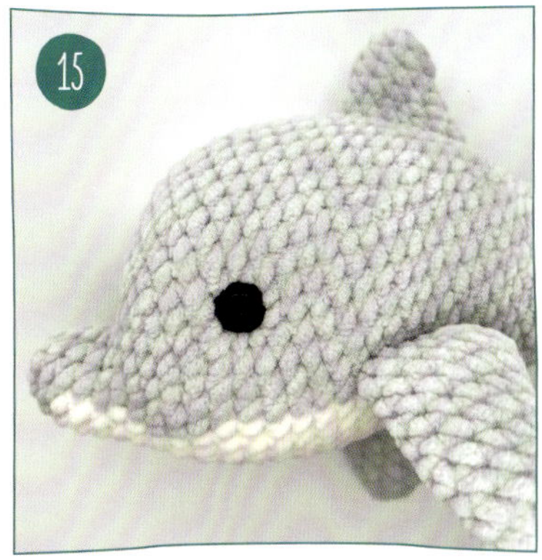

Eine Variante des Delfins siehst du hier – sie wurde von meiner Testhäklerin @elenas_nadelzauber gehäkelt. Besuch sie doch gerne mal auf Instagram.

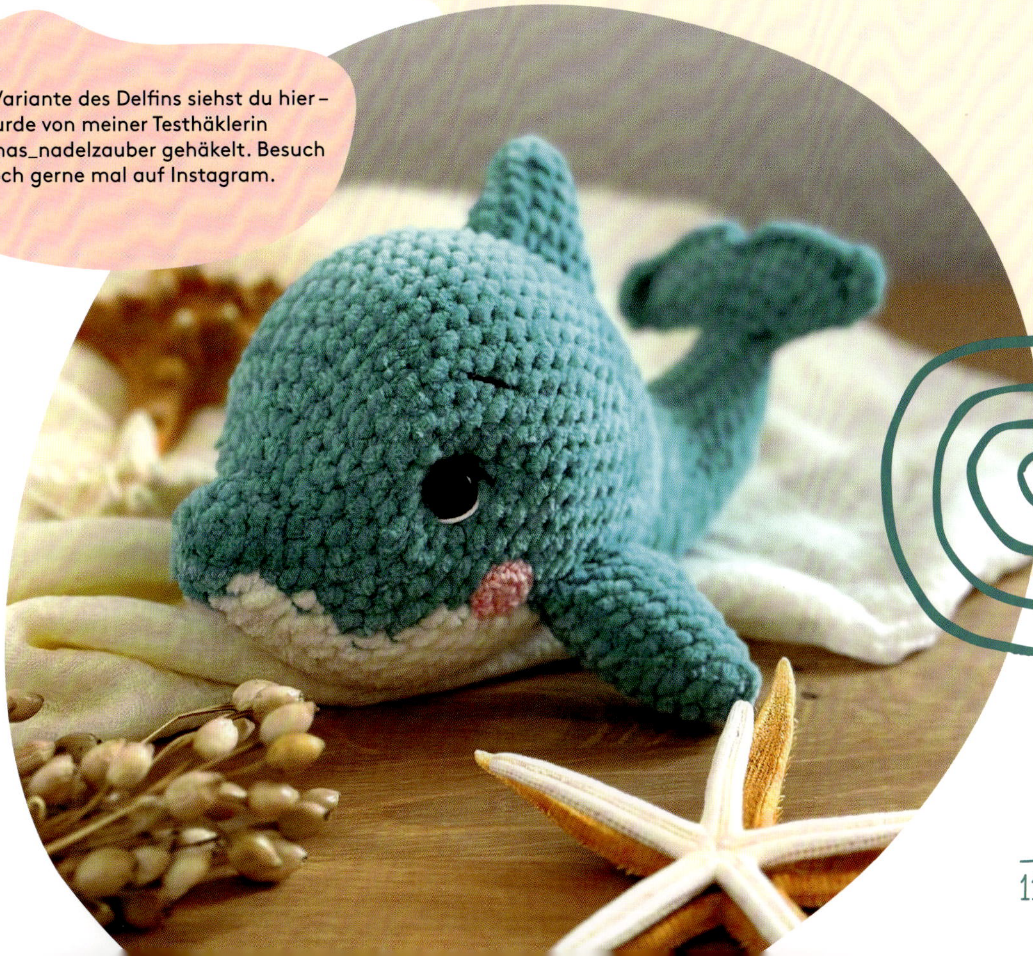

Rochen Jonu

DAS BENÖTIGST DU:

- LEAMI Chenille Soft UNI (100 % Polyester, LL 120 m/100 g)
  - Grau (Fb 108) 25 g
- Gründl Funny Uni (100% Polyester, LL 120 m/100 g)
  - Jeans (Fb 30) 100 g
- Sicherheitsaugen Ø 16 mm
- Schachenmayr Catania (100 % Baumwolle, LL 125 m/50 g)
  - Denim (Fb 421) 15 g
- Füllwatte
- Stickgarn in Weiß und Schwarz
- Stopfnadel zum Vernähen
- Stecknadeln
- Maschenmarkierer
- Häkelnadel 4,0 mm & 2,5 mm (Baumwolle)
- Schere

So wird's gemacht

Wenn nicht anders angegeben, häkelst du alles in Spiralrunden. Die Seitenflossen und Details werden später angenäht.

Kopf & Körper (in Jeans und Grau)

Beginne mit der Farbe Jeans.
1. Rd: 6 fM in einen Fadenring häkeln [6].
2. Rd: 6 x 1 M zun [12].
3. Rd: 12 fM häkeln [12].
Diesen Teil häkelst du 2 x. Einen davon beendest du mit 1 Km und schneidest den Faden ab. Mit dem zweiten Teil häkelst du weiter. Die zwei Teile werden dann miteinander verbunden. Häkle 6 Lm.
4. Rd: Stich jetzt in die erste M des ersten Teils ein und häkle 12 fM, 6 fM, LmK zurück zum zweiten Teil, 12 fM, 6 fM [36].
Alle markierten M häkelst du in der Farbe **Grau**.
5. Rd: 30 fM, **6 fM** [36].
6. Rd: 29 fM, **7 fM** [36].
7. Rd: 1 fM, 7 fM, * 1 M zun, 1 fM; ab * noch 5 x wdh, 8 fM, **8 fM** [42].
8. Rd: 2 fM, 31 fM, **9 fM** [42].
9. Rd: 3 fM, 29 fM, **10 fM** [42].
10. Rd: 4 fM, 27 fM, **11 fM** [42].
11. Rd: 5 fM, 25 fM, **12 fM** [42].

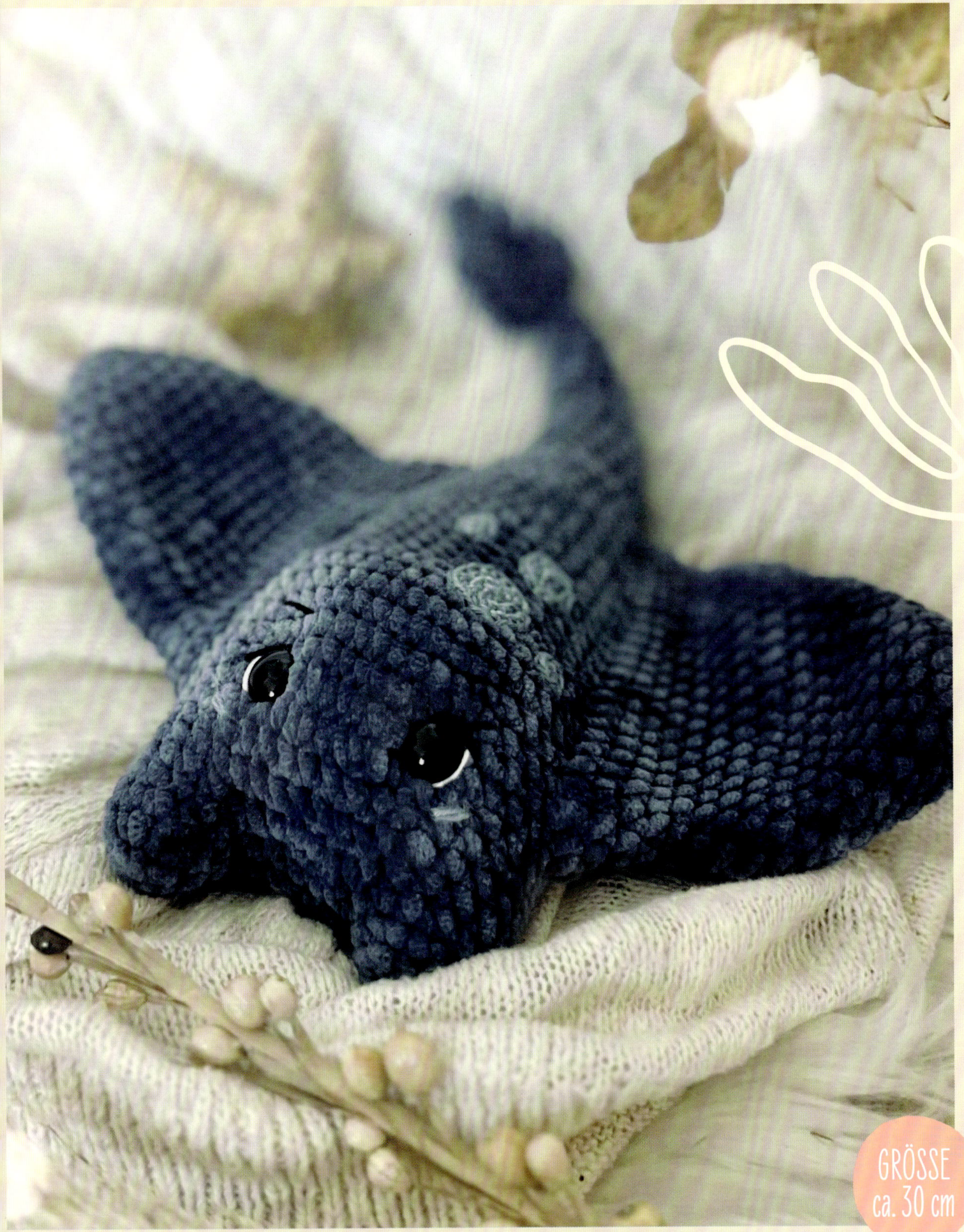
GRÖSSE
ca. 30 cm

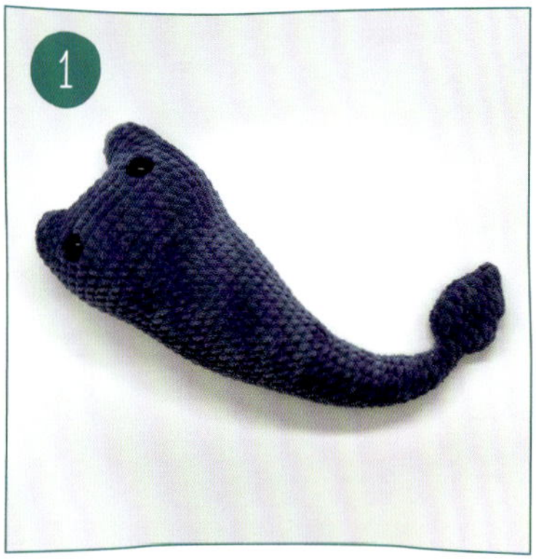

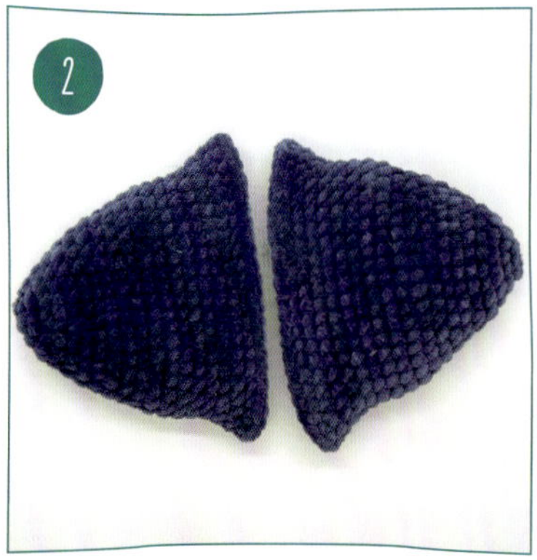

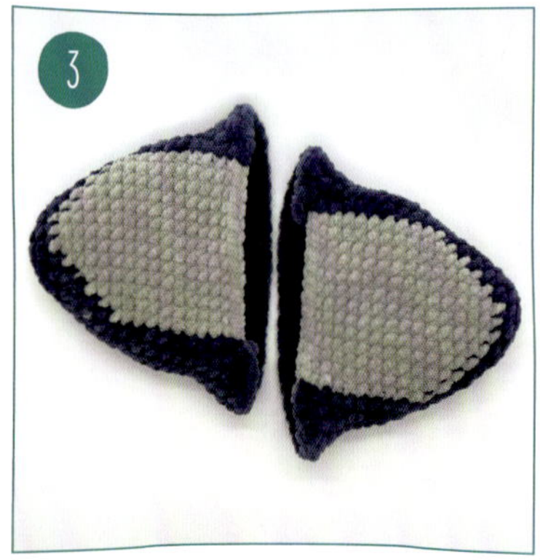

12.–14. Rd: 6 fM, 24 fM, **12 fM** [42].
15. Rd: 6 fM, 3 fM, * 1 M abn, 1 fM; ab * noch 5 x wdh, 3 fM, **12 fM** [36].
16.–23. Rd: 6 fM, 18 fM, **12 fM** [36].
Bringe die Sicherheitsaugen nach Rd 9 mit einem Abstand von 8 sichtbaren M an.
24. Rd: 6 fM, 1 fM, * 1 M abn, 5 fM; ab * noch 1 x wdh, 1 M abn, 1 fM, **12 fM** [33].
25. Rd: 2 fM, 1 M abn, 2 fM, 15 fM, ***2 fM, 1 M abn; ab * noch 1 x wdh, 4 fM** [30].
26. Rd: 5 fM, 15 fM, **10 fM** [30].
27. Rd: 5 fM, 16 fM, **9 fM** [30].
28. Rd: 1 fM, 1 M abn, 1 fM, 2 fM, 1 M abn, * 4 fM, 1 M abn; ab * noch 1 x wdh, 2 fM, ***2 fM, 1 M abn; ab * noch 1 x wdh** [24].
29. Rd: 2 fM, 17 fM, **5 fM** [24].
30. Rd: 1 fM, 23 fM [24].
Ab jetzt häkelst du nur noch in der Farbe Jeans.
31. Rd: 24 fM häkeln [24].
32. Rd: * 2 fM, 1 M abn; ab * noch 5 x wdh [18].
33.–35. Rd: 18 fM häkeln [18].
36. Rd: * 4 fM, 1 M abn; ab * noch 2 x wdh [15].
37.–38. Rd: 15 fM häkeln [15].
39. Rd: * 3 fM, 1 M abn; ab * noch 2 x wdh [12].
40.–42. Rd: 12 fM häkeln [12].
43. Rd: * 2 fM, 1 M abn; ab * noch 2 x wdh [9].
44.–45. Rd: 9 fM häkeln [9].
Fülle den Körper bis hier mit Füllmaterial.
46. Rd: * 1 fM, 1 M abn; ab * noch 2 x wdh [6].
47.–48. Rd: 6 fM häkeln [6].
49. Rd: ivM häkeln 6 x 1 M zun [12].
50. Rd: * 1 fM, 1 M zun; ab * noch 5 x wdh [18].
51. Rd: 18 fM häkeln [18].
52. Rd: * 1 fM, 1 M abn; ab * noch 5 x wdh [12].
53.–54. Rd: 12 fM häkeln [12].
55. Rd: 6 x 1 M abn [6].
56. Rd: 6 fM häkeln [6].
Das Schwanzende wird nicht gefüllt. Beenden und den Faden vernähen. Vertiefe die Augen.
→ **BILD 1**

Seitenflossen (2 x in Jeans und Grau)

Beginne mit der Farbe Jeans.
1. Rd: 6 fM in einen Fadenring häkeln [6].
2. Rd: 6 x 1 M zun [12].
3. Rd: * 1 fM, 1 M zun; ab * noch 5 x wdh [18].
Häkle alle markierten M in der Farbe **Grau.**
4. Rd: 5 fM, **3 fM**, 10 fM [18].
5. Rd: 3 x 1 M zun, 1 fM, **5 fM**, 1 fM, 3 x 1 M zun, 5 fM [24].
6. Rd: 6 fM, **7 fM**, 11 fM [24].
7. Rd: 1 fM, 3 x 1 M zun, 1 fM, **9 fM**, 1 fM, 3 x 1 M zun, 6 fM [30].
8. Rd: 7 fM, **11 fM**, 12 fM [30].
9. Rd: 6 fM, **13 fM**, 11 fM [30].
10. Rd: 2 fM, 3 x 1 M zun, 1 fM, **13 fM**, 1 fM, 3 x 1 M zun, 7 fM [36].
11.–15. Rd: 9 fM, **13 fM**, 14 fM [36].
16. Rd: 5 fM, 3 x 1 M zun, 1 fM, **13 fM**, 1 fM, 3 x 1 M zun, 10 fM [42].
17. Rd: 12 fM, **13 fM**, 17 fM [42].

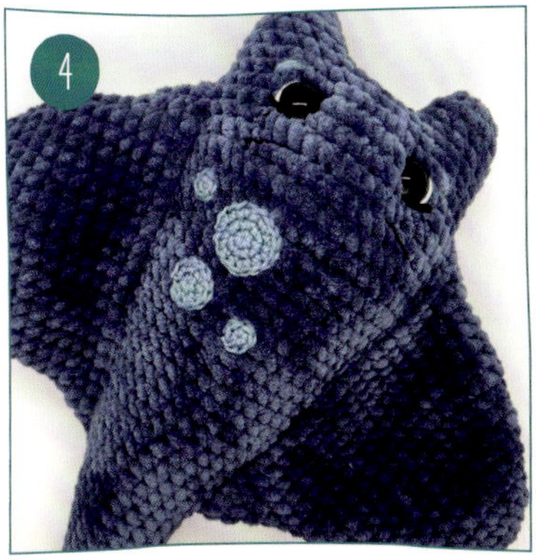

18. Rd: 5 fM, * 1 M zun, 1 fM; ab * noch 2 x wdh, 1 fM, **13 fM**, 1 fM, * 1 M zun, 1 fM; ab * noch 2 x wdh, 10 fM [48].
Häkle noch so viele fM, bis du seitlich bei der Flosse rauskommst (da wo sie zusammengedrückt wird). Mit 1 Km beenden und den Faden abschneiden. Die Seitenflossen werden nicht gefüllt, sondern nur zusammengedrückt.
→ BILD 2–3

Fertigstellung

Für die Details am Kopf häkelst du in Denim einen Fadenring mit 6 fM, verdoppelst auf 12 fM und schließt ihn mit 1 Km. Zwei weitere Kreise häkelst du nur mit 6 fM in den Fadenring und schließt diesen mit 1 Km. Einen vierten, größeren Kreis verdoppelst du jede Rd, bis er aus 18 fM besteht. Schneide den Faden lang ab und nähe die Kreise nach Belieben am Kopf fest. Sticke deinem Rochen ein paar schöne Augendetails, Brauen und Bäckchen auf (siehe Seite 25–27).
→ BILD 4

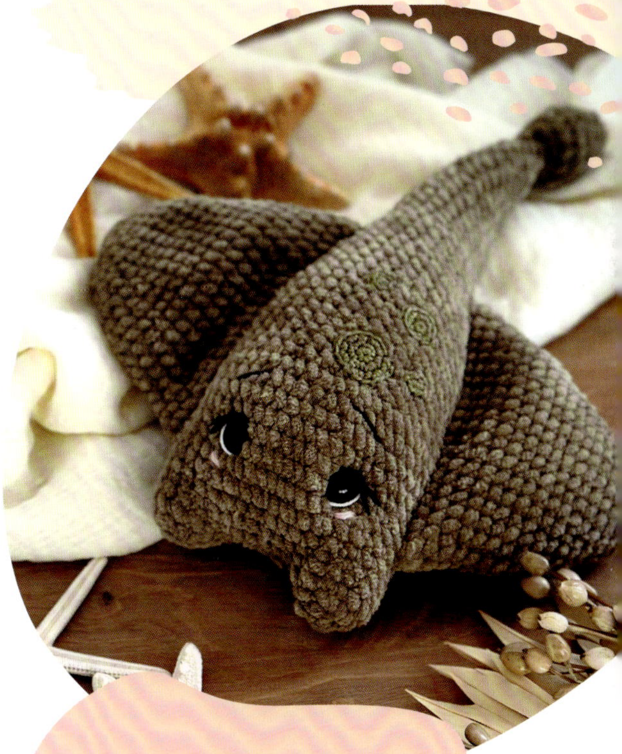

Eine Variante des Rochens siehst du hier – sie wurde von meiner Testhäklerin @elenas_nadelzauber gehäkelt. Besuch sie doch gerne mal auf Instagram.

Schal

DAS BENÖTIGST DU:

- LEAMI Chenille Soft UNI (100 % Polyester, LL 120 m/100 g)
  - Dunkeltürkis (Fb 104) 25 g
- Schachenmayr Catania (100 % Baumwolle, LL 125 m/50 g)
  - Denim (Fb 421) Reste
- Stopfnadel zum Vernähen
- Häkelnadel 4,0 mm
- Schere

TIPP **Passe den Schal deinem Tier an. Du kannst ihn in der Länge verändern.**

Die Lm werden bei der Maschenanzahl nicht mitgezählt, da sie nur für die Höhe in der nächsten Rd gehäkelt werden.

So geht's

1. Rd: Lmk mit 68 M [68].
Stich in die zweite M von der Nadel aus ein.
2. Rd: 66 hStb, 2 Lm, wenden [66].
→ BILD 1
3. Rd: ihM häkeln, 66 hStb [66].
Faden abschneiden, durchziehen und vernähen. Wenn du möchtest, kannst du an die Enden noch Baumwollfäden knüpfen. Nimm dir dafür ein paar kurze Baumwollfäden in Denim und lege sie zu einer Schlaufe. Diese ziehst du mithilfe deiner Häkelnadel durch eine M am Ende deines Schals. Nun fädelst du die Enden durch die Schlaufe und ziehst sie fest.
→ BILD 2–4
Schneide alle Fäden auf eine Länge. Wenn du möchtest, kannst du sie mit einer Nadel noch auseinanderzupfen, damit die Fransen etwas feiner wirken.

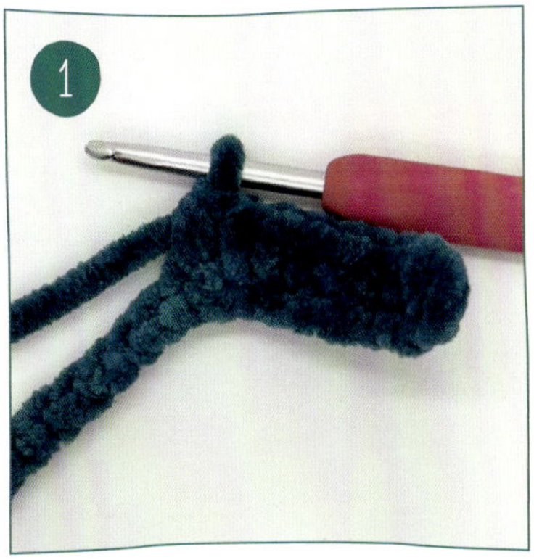

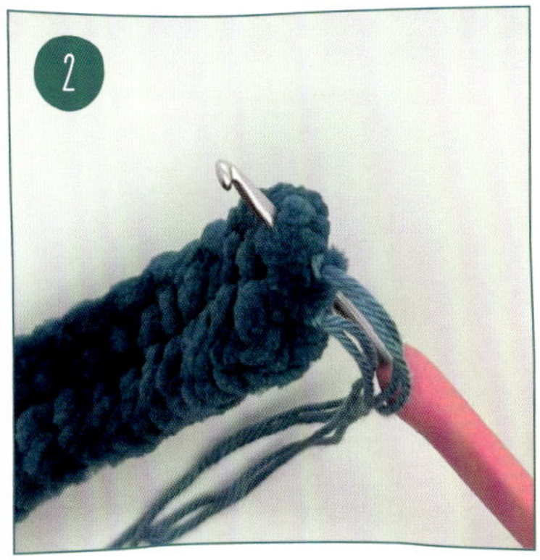

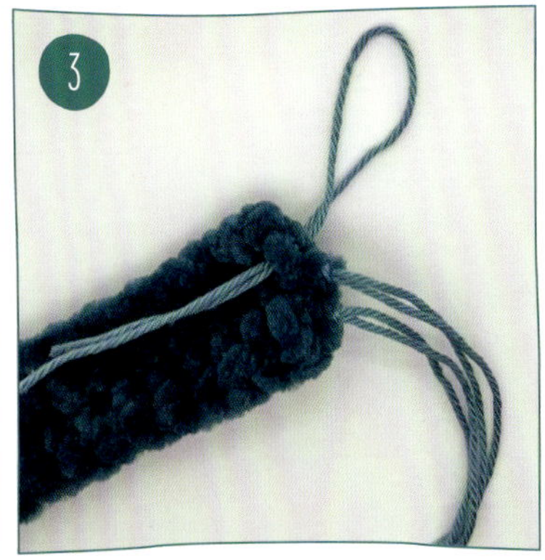

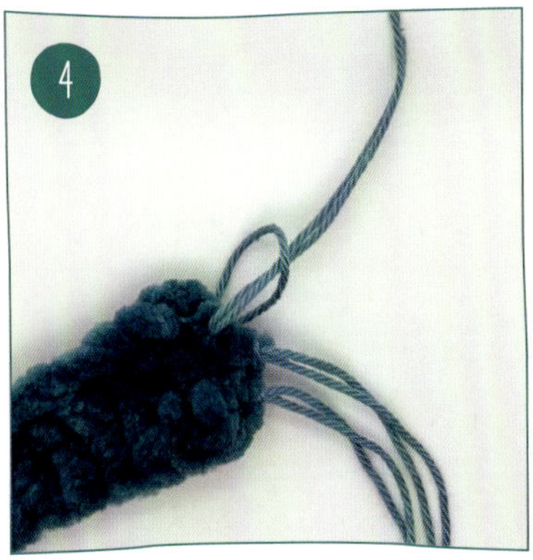

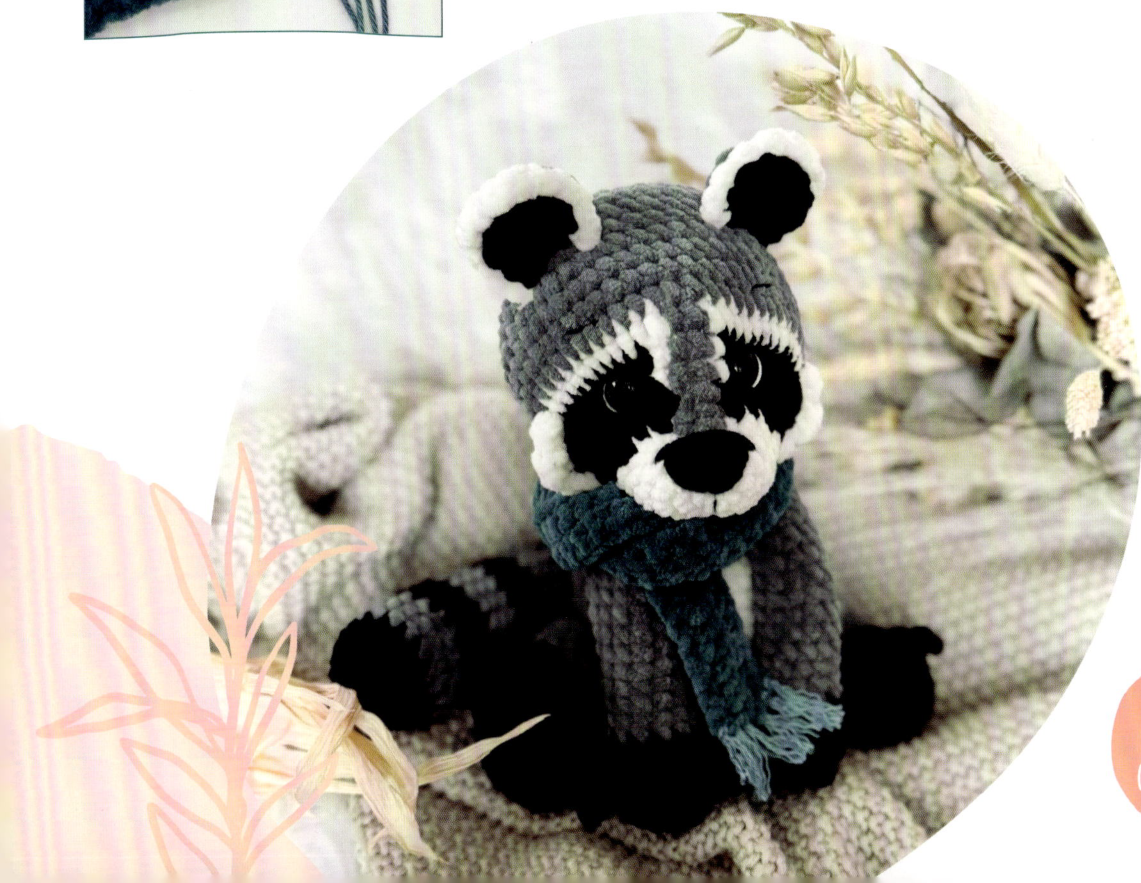

GRÖSSE
ca. 38 cm

Schleife

DAS BENÖTIGST DU:

- Schachenmayr Catania (100 % Baumwolle, LL 125 m/50 g)
  - Masalarot (Fb 396) 15 g
- Stopfnadel zum Vernähen
- Häkelnadel 2,5 mm
- Schere

TIPP Die Lm werden bei der Maschenanzahl nicht mitgezählt, da sie nur für die Höhe in der nächsten Rd sind.

Du kannst die Schleife auch aus Chenille-Garn häkeln, beachte aber, dass sie dann natürlich auch größer wird.

So geht's

1. R: Lmk mit 2 Lm [2].
Stich in die zweite M von der Nadel ein.
2. R: 1 fM, 1 Lm, wenden [1].
3. R: 1 M zun, 1 Lm, wenden [2].
4. R: 1 M zun, 1 fM, 1 Lm, wenden [3].
5. R: 1 M zun, 2 fM, 1 Lm, wenden [4].
6.–15. R: 4 fM häkeln, 1 Lm, wenden [4].
16. R: 1 M zun, 3 fM, 1 Lm, wenden [5].
17. R: 1 M zun, 4 fM, 1 Lm, wenden [6].
18. R: 1 M zun, 5 fM, 1 Lm, wenden [7].
19. R: 1 M zun, 6 fM, 1 Lm, wenden [8].
20. R: 1 M zun, 7 fM, 1 Lm, wenden [9].
21.–25. R: 9 fM häkeln, 1 Lm, wenden [9].
26. R: 1 M abn, 7 fM, 1 Lm, wenden [8].
27. R: 1 M abn, 6 fM, 1 Lm, wenden [7].
28. R: 1 M abn, 5 fM, 1 Lm, wenden [6].
29. R: 1 M abn, 4 fM, 1 Lm, wenden [5].
30. R: 1 M abn, 3 fM, 1 Lm, wenden [4].
31.–32. R: 4 fM häkeln, 1 Lm, wenden [4].
33.–47. R: wdh Rd 16–30.
48.–97. R: 4 fM häkeln, 1 Lm, wenden [4].
98. R: 1 M abn, 2 fM, 1 Lm, wenden [3].
99. R: 1 M abn, 1 fM, 1 Lm, wenden [2].
100. R: 1 M abn [1].

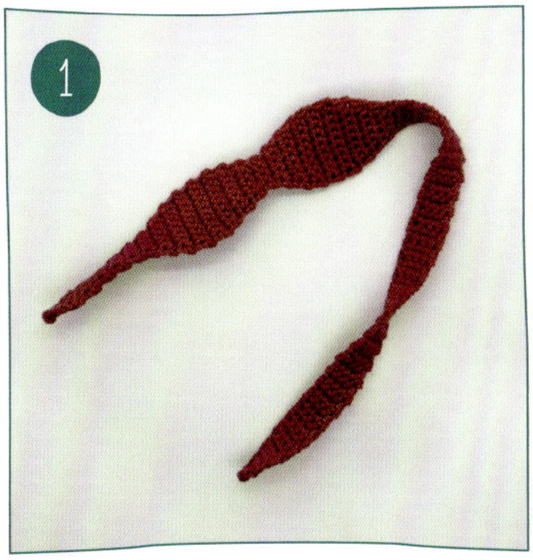

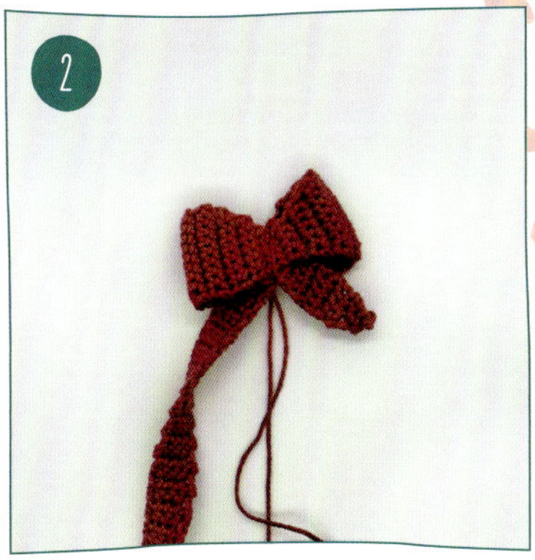

Faden abschneiden, durchziehen und vernähen. Jetzt legst du die Schleife mit der langen Seite um den Hals deines Tieres und formst eine Schleife. Über die Mitte der Schleife gehst du mehrfach mit einem Baumwollfaden.

→ BILD 1–2

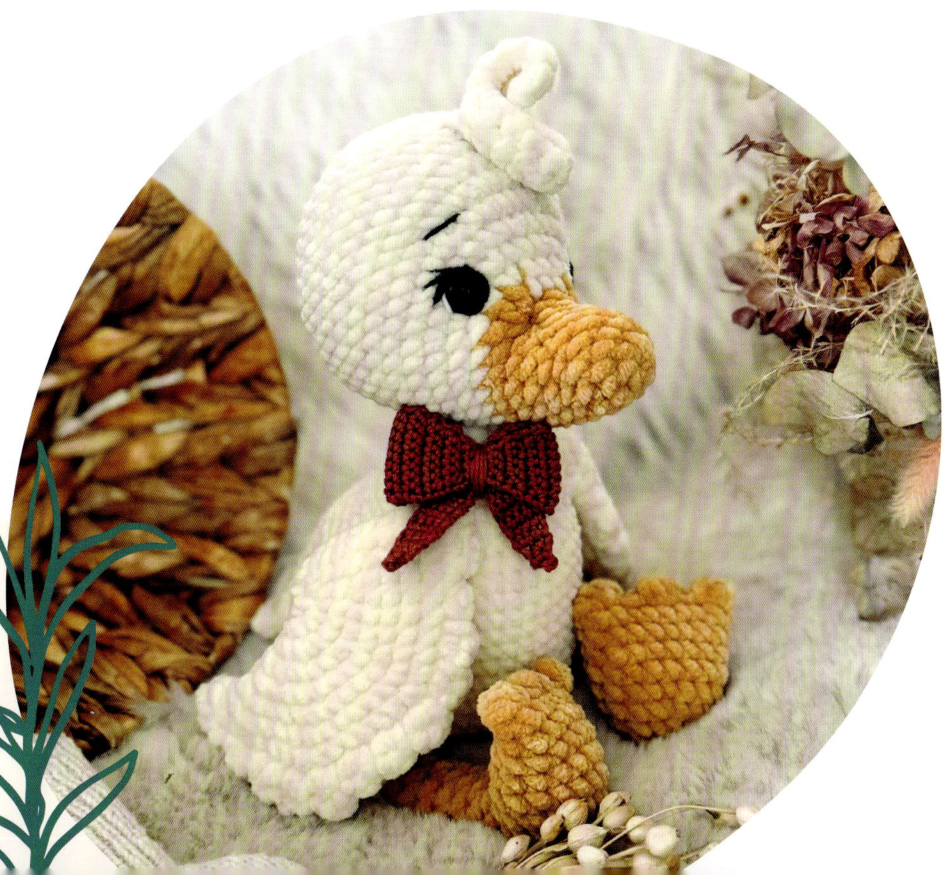

Danksagung

Natürlich möchte ich mich an allererster Stelle bei meiner lieben Lektorin Lisa bedanken. Danke, dass du mich auch dieses Mal in allem unterstützt hast und meinen Ideen freien Lauf gelassen hast. Es war mir mal wieder eine große Freude, mit dir zusammenzuarbeiten und alles Stück für Stück zusammenzusetzen. Ein großes Dankeschön geht an den EMF-Verlag für diese Chance und das Vertrauen, das ihr mir auch für mein zweites Buch entgegengebracht habt.

An zweiter Stelle bedanke ich mich herzlich bei den Kooperationspartnern, die mir so großzügig Wolle für meine Projekte zur Verfügung gestellt haben. Danke an Leami, Gründl, Katia und Schachenmayr. Bis jetzt immer noch ungeschlagen meine Favoriten, was Wolle angeht, sie sind täglich bei mir im Einsatz.

Der größte Dank geht auf jeden Fall an die allerbesten Testmädels und mittlerweile auch gute Freundinnen! Liebe Sandra und liebe Elena, ich bin wahnsinnig froh, euch an meiner Seite zu haben, und will mich für die ganze Zeit, die ihr euch für mich genommen habt, bedanken! Dieses Projekt hätte es ohne euch wahrscheinlich so nicht gegeben und es hat so wahnsinnig viel Spaß gemacht. Ihr seid einfach die besten und ich freue mich auf weitere Projekte mit euch an meiner Seite!

Ein großes Dankeschön geht an meine Famillie, an alle, die dazugehören. Ihr unterstützt mich, wo ihr könnt, und ich bin sehr dankbar dafür! Danke an meinen tollen Mann Chris, der mir, wo es nur geht, unter die Arme greift. Meine Kinder, die jedes einzelne meiner Tiere lieben. Danke an meine Mama und meinen Papa, weil ihr mir immer gut zuredet und immer für mich da seid, auch wenn ich mal Zweifel habe. Natürlich auch an meine Schwägerin Carolin und meine Schwestern Elisa und Mandy, auch auf euch ist immer Verlass. Ihr findet immer die richtigen Worte und unterstützt mich in allem. Danke, ich liebe euch sehr!

Zu guter Letzt möchte ich mich noch bei dir bedanken. Dafür, dass du dir mein Buch gekauft hast und mich somit auch unterstützt. Ich hoffe, es bereitet dir genauso viel Freude wie mir, und ich wünsche dir ganz viel Spaß beim Nachhäkeln.

Über die Autorin

Die gelernte Elektronikerin entdeckte in der ersten Schwangerschaft ihre Leidenschaft zum Häkeln. Seitdem verging kein Tag ohne Häkelnadel. Mit dem Namen „nadelkunst.handmade“ hat sie sich auf Instagram in kürzester Zeit in Tausende Herzen gehäkelt. Schon als Kind war sie sehr kreativ und zeichnete viel. Heute setzt die 31-Jährige ihre Gedanken in süße Amigurumis um und schreibt erfolgreich Anleitungen, die man auf „Etsy“ erwerben kann. So lässt sie viele Häkelbegeisterte an ihren niedlichen Designs teilhaben und freut sich für jeden über die entstandenen Werke von Herzen mit.

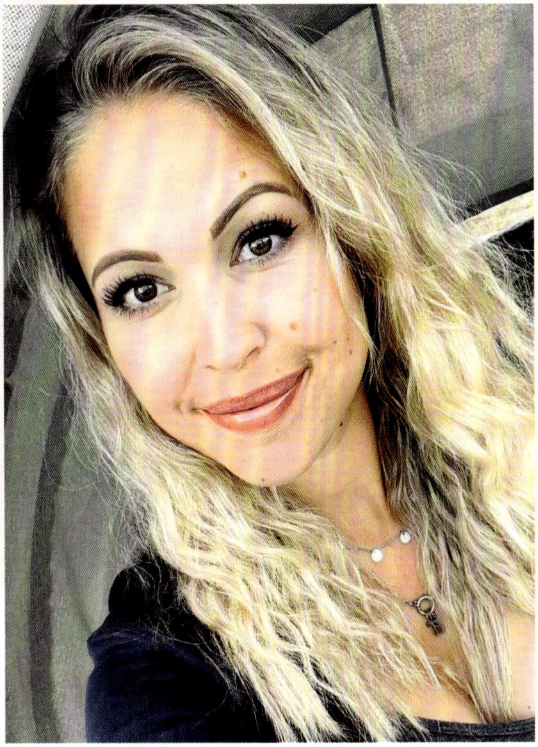

Impressum

Bibliografische Information der Deutschen Bibliothek.
Die Deutsche Bibliothek verzeichnet diese Publikation in der Deutschen Nationalbibliografie.
Detaillierte bibliografische Daten sind im Internet über http://www.dnb.de/ abrufbar.

Bei Fragen zur Produktsicherheit wenden Sie sich an
Edition Michael Fischer GmbH
Kistlerhofstr. 70
81379 München
kontakt@emf-verlag.de

EIN BUCH DER EDITION MICHAEL FISCHER

6. Auflage 2026

Covergestaltung: Anna Obermüller
Lektorat und Projektmanagement: Lisa Helmus, Melanie Kowalski
Layout und Satz: Carolin Mayer, Anna Obermüller
Aufmacher- und Stepbilder: © Annemarie Sichermann
Illustrationen: © Dedraw Studio/shutterstock

ISBN 978-3-7459-2109-0

www.emf-verlag.de